ZU DIESEM BUCH

Im September 1941 schloß sich der Belage-
rungsring um Leningrad; die Wehrmacht
hatte die Millionenstadt an der Newa eingekesselt. Der deutsche Generalstab rechnete in der «Blitzkrieg»-Euphorie mit einer
schnellen Kapitulation, doch die Einwohner Leningrads hielten die Stadt 900 Tage,
bis sie im Januar 1944 von der Roten
Armee befreit wurden.

Die Blockade von Leningrad war Teil
der nationalsozialistischen Vernichtungsstrategie gegenüber der Zivilbevölkerung.
Es gilt als sicher, daß über eine Million
Menschen umkamen, die meisten verhungerten. Dieses Kapitel des Überfalls auf die
Sowjetunion, die Vorgänge in der eingeschlossenen Stadt sind hierzulande fast
überhaupt nicht zur Kenntnis genommen
worden.

Im vorliegenden Buch äußern sich erstmals deutsche *und* sowjetische Autoren zur
Blockade. Zeitzeugen, die die Blockade
überlebt haben, kommen in persönlichen
Erinnerungen zu Wort, ein Tagebuch aus
der eingeschlossenen Stadt und Kriegstagebücher der Heeresgruppe Nord dokumentieren die Perspektive der Belagerten und
die der Aggressoren. Renommierte Publizisten und Historiker aus beiden Ländern
zeichnen in Aufsätzen zu einzelnen Aspek-
ten den jeweiligen nationalen Wissensstand
nach.

Zwar hatten die Behörden in der belagerten Stadt ein allgemeines Fotografierverbot verhängt, doch existieren zahlreiche
Bilddokumente in sowjetischen Archiven,
von denen viele hier zum erstenmal veröffentlicht werden. Auch in deutschen
Sammlungen fanden sich bislang unbe-
kannte Bilddokumente aus den Beständen
der Wehrmacht, die nun der Öffentlichkeit
vorgestellt werden.

Hinweise auf die Autoren siehe S. 255

BLOCKADE
LENINGRAD 1941 – 1944

**DOKUMENTE UND ESSAYS
VON RUSSEN UND DEUTSCHEN**

*Übersetzungen aus dem Russischen
von Günter Jäniche, Gennadi Kagan,
Renate Landa und Antje Leetz*

 ROWOHLT

Originalausgabe
Lektorat Antje Leetz und Barbara Wenner

7.–10. Tausend April 1992

Veröffentlicht im Rowohlt Taschenbuch Verlag GmbH,
Reinbek bei Hamburg, Februar 1992
Copyright © 1992 by Rowohlt Taschenbuch Verlag GmbH,
Reinbek bei Hamburg
Umschlaggestaltung Walter Hellmann
(Fotos: Luftaufnahme von Leningrad vom August 1939,
siehe auch S. 93: Privatarchiv Dr. Hubert Becker,
München; Straßenszene Leningrad 1941/42:
zero-film, Berlin)

Bildquellen: siehe Quellennachweis, alle übrigen:
Rowohlt Taschenbuch Verlag GmbH für zero-film,
Thomas Kufus & Martin Hagemann, Berlin
Layout Iris Farnschläder
Satz Sabon PostScript Linotype Library, PM 4.01,
Langosch Grafik & DTP, Hamburg
Druck und Bindung Clausen & Bosse, Leck
Printed in Germany
2990-ISBN 3 499 19161 X

Editorischer Hinweis:
Eine unklare Quellenlage bedingt, daß in einzelnen Beiträgen dieses Bandes voneinander abwei-
chende und zum Teil widersprüchliche Angaben
zu historischen Zahlen und Daten erscheinen.
Auf eine redaktionelle Vereinheitlichung wurde
verzichtet.

Dieses Buch steht in engem Zusammenhang mit dem Dokumentarfilm «Blockade» von Thomas Kufus (1991). Es konnte nur dank der intensiven Recherchen für dieses Filmprojekt in Leningrad realisiert werden. Insbesondere gilt dies für das Bildmaterial, das von Thomas Kufus aus sowjetischen und deutschen Archiven und Privatsammlungen zusammengetragen wurde.

INHALT

Vorbemerkung 13

Dmitri Lichatschow Wie wir am Leben blieben. Erinnerungen 19

Aus den Kriegstagebüchern der Heeresgruppe Nord und der Quartiermeisterabteilung der 18. Armee 38

Der Krieg kommt in die Stadt. *Fotos* 46

Das Blockade-Tagebuch von Georgi Zim 54

Die endlose Prozession der Schlitten.
Fotos 75

Arbeit, Leben, Tod. *Fotos* 82

Gerd R. Ueberschär Der Angriff auf Leningrad und die Blockade
der Stadt durch die deutsche Wehrmacht 94

Deutsche Präzision. *Fotos* 106

Walentin Kowaltschuk Die Verteidigung Leningrads durch die Rote
Armee 112

«Straße des Lebens» – «Straße des Todes».
Fotos 124

Evakuierung. *Fotos* 133

Juri Woronow Das lange Echo. Wie es war.
Erinnerungen 142

Die Kinder von Leningrad. *Fotos* 152

Wladimir Admoni Krieg und Blockade. Erinnerungen 161

Die Stadt der getarnten Denkmäler.
Fotos 169

Verteidigung und Zerstörung. *Fotos* 174

Andrej Tschernow   Die Todesration. Weiße Flecken im
sowjetischen Bild der Blockade 186

Sonderration für den Smolny.
Fotos 196

Peter Jahn   Schattenstadt. Der deutsche Blick auf
St. Petersburg–Petrograd–Leningrad 200

Frontfolklore. *Fotos* 211

Gefangene Besatzer. *Fotos* 216

Michael Schneider   Leningrad und die verdrängte Erblast
von 1941 218

Nach der Befreiung. *Fotos* 226

Ales Adamowitsch   Schweigen, Heroismus und Widerstand.
Wie das «Blockadebuch» entstand 232

Peter Brasch   Flut der Bilder 237

Peter Jahn   «Die Stadt Peters, Lenins, Dostojewskis und
Bloks». Kultur als Überlebensmittel 240

Anmerkungen 247
Chronologie 252
Die Autoren 255
Quellennachweis 256

Vormarsch der Heeresgruppe Nord, Sommer 1941

VORBEMERKUNG

> «Bei allen aufgesuchten Stellen wurde die Frage aufgeworfen, wie man sich zu verhalten hat, wenn die Stadt Leningrad ihre Übergabe anbietet und wie man sich gegenüber der aus der Stadt herausströmenden hungernden Bevölkerung verhalten soll. (…) In der Truppe bestehe volles Verständnis dafür, daß die Millionen Menschen, die in Leningrad eingeschlossen seien, von uns nicht ernährt werden können, ohne daß sich dies auf die Ernährung im eigenen Land nachteilig auswirkt. Aus diesem Grunde würde der deutsche Soldat auch mit Anwendung der Waffe derartige Ausbrüche verhindern.»
>
> (Aus dem Kriegstagebuch der Heeresgruppe Nord vom 24.10.1941)

Am 8. September 1941 schloß sich der Blockadering um Leningrad; die deutsche Wehrmacht hatte die Millionenstadt an der Newa endgültig eingekesselt. Erst nach 900 Tagen, am 27. Januar 1944, gelang es der Roten Armee, die Belagerung zu beenden.

Die Blockade war mehr als nur eine «gewöhnliche» Operation einer kriegführenden Macht. Sie war integraler Bestandteil einer Vernichtungsstrategie des NS-Regimes, die sich auf die Siedlungszentren richtete und die Ausrottung der Zivilbevölkerung durch systematische Aushungerung zum Ziel hatte.

Der deutsche Generalstab rechnete in der «Blitzkrieg»-Euphorie mit einer schnellen Kapitulation, doch die Einwohner Leningrads hielten die Stadt zwei Sommer und drei Winter lang. Es ist davon auszugehen, daß über eine Million Menschen umkamen, die meisten verhungerten (je nach zugrundegelegten Quellen weichen die Angaben zur Zahl der Opfer voneinander ab).

Im vorliegenden Buch äußern sich erstmals sowjetische *und* deutsche Autoren zur Blockade Leningrads. Ihre Beiträge belegen zugleich, woran bislang schon der Versuch eines Dialogs über dieses Thema gescheitert ist. Zu unterschiedlich sind die Positionen bei den Parteien des Dialogs. Manche sowjetische Autoren schreiben als Überlebende der Blockade. Und wenn sie der Nachkriegsgeneration angehören, so sind sie mit Erinnerungen enger Familienangehöriger, mit Geschichten von Überlebenden aufgewachsen.

Die Perspektive der deutschen Wissenschaftler und Publizisten dagegen, die mit der Wahl ihres Gegenstands auch gegen die historische Ignoranz Partei ergreifen, bleibt bei allem Engagement analytisch distanziert. Wo die gemeinsame Erfahrung fehlt, gibt es auch keine gemeinsame Sprache.

In beiden Ländern besteht jedoch ein gemeinsames Interesse. Es richtet sich auf die jüngere Vergangenheit, die Nachkriegszeit, die mit dem Wandel in Osteuropa während der letzten halben Dekade zu Ende gegangen ist. In der Sowjetunion vollzieht sich die Systemkrise auch als Revision alter, vielfach geklitterter Geschichtsbilder. Galt die Stadt Lenins als mythenumwobenes Symbol des heldenhaften Widerstands der Werktätigen im Großen Vaterländischen Krieg, so geht es gegenwärtig um eine Distanzierung von

heroisierenden Verzeichnungen und offen-
kundigen Fälschungen.

Daß die historischen Einschätzungen der
in diesem Band vertretenen Autoren nicht
einheitlich ausfallen, hängt nicht zuletzt mit
den politischen Kontroversen in der Sowjetunion zusammen.

Im Geschichtsbewußtsein der Deutschen
war die Blockade ein weißer Fleck. In der
DDR hatte der staatlich verordnete Anti-
faschismus zumindest für faktische Bekannt-
heit gesorgt; dies haben die bundesrepubli-
kanischen Medien während vorweihnacht-
licher Paketaktionen für die Sowjetunion
und anläßlich des 50. Jahrestages des deutschen Überfalls im Eilverfahren nachgeholt.
Während die sowjetische Literatur zum Thema ganze Regale füllt, beschränkt sich etwa
ein renommiertes deutsches Nachschlage-
werk ebenso lapidar wie bezeichnend auf die
Feststellung: «Während des 2. Weltkriegs
war L. 900 Tage von Ende 1941 bis Frühjahr
1944 belagert. Alle Kriegsschäden im
hist(orischen) Kern wurden bald nach 1945
behoben.» Nach Jahrzehnten der kollektiven
Verdrängung und Verharmlosung ist es hierzulande immer noch notwendig, elementares
Wissen zu erarbeiten.

Aus diesem Grund stehen die Beiträge
sowjetischer Augenzeugen und Autoren im
Zentrum des vorliegenden Bandes. Auch das
Bildmaterial stammt überwiegend aus sowjetischen Quellen.

Dmitri Lichatschow, ein Überlebender der
Blockade, hielt seine Erinnerungen 1957 für
seine Töchter fest. Sein Text gibt Auskunft
über die entsetzliche Verzweiflung, die in
der Stadt geherrscht hat. 1991 erstmals in
der Sowjetunion erschienen, rief seine Darstellung der Realität der Blockade heftige
Reaktionen hervor.

Auch Wladimir Admoni zählt zu den
Überlebenden, wie Lichatschow gehört er
zur Generation der «Petersburger Intellek-

tuellen», die tief in den literarischen und
philosophischen Traditionen des 19. Jahrhunderts verwurzelt sind. Admoni hat seinen
Beitrag auf deutsch geschrieben.

Erstmals wird hier ein Tagebuch veröffentlicht, das zwischen September 1941 und
Februar 1942 entstand. Sein Verfasser,
Georgi Zim, starb, wie viele Leningrader, die
evakuiert wurden, an den Folgen der Aus-
zehrung durch Hunger. Auch während des
härtesten Blockadewinters 1941/42 proto-
kollierte er lakonisch, wie eine Durch-
schnittsfamilie den Alltag des Grauens
erlebte. Das Schulheft mit Georgi Zims Aufzeichnungen wurde fast fünfzig Jahre von
einer Leningrader Familie aufbewahrt, versteckt in einer Schreibtischschublade, und
bei Recherchen für den Dokumentarfilm
«Blockade» von Thomas Kufus gefunden.

Die Großmutter des Journalisten Andrej
Tschernow starb nach der Blockade an den
Folgen des Hungers, sein Vater war unter
den Verteidigern der Stadt. Tschernow gehört zur sowjetischen Nachkriegsgeneration,
die mit den Erinnerungen an die Blockade
groß geworden ist. Seine Recherchen über
den Privilegienmißbrauch in der belagerten
Stadt und die stalinistischen Säuberungen,
die als «Leningrader Affäre» bekannt geworden sind, wurden in der Sowjetunion vehe-
ment diskutiert.

Der «Sieg über das faschistische Deutschland» ist für das Selbstverständnis der (Poli-
tiker-)Generation von Juri Woronow die zentrale Erfahrung. Woronow wurde als Kind
aus der belagerten Stadt evakuiert, zwei seiner Geschwister kamen im Winter 1941/42
um. Er war Leiter der Abteilung Kultur im
Zentralkomitee der KPdSU und lebte als
«Prawda»-Korrespondent lange in Ost-
Berlin.

Walentin Kowaltschuk ist als Spezialist
für die Geschichte Leningrads Mitautor der
zehnbändigen «Geschichte des Großen
Vaterländischen Krieges» und hat sich seit

Jahren intensiv und doktrinären Hemmnissen zum Trotz darum bemüht, die Zahl der Opfer genau zu rekonstruieren.

In der Stagnationszeit der siebziger Jahre – von Glasnost war noch nichts zu spüren – machte sich Ales Adamowitsch an ein für die damaligen Verhältnisse ungewöhnliches Projekt. Quer zur offiziellen Geschichtsschreibung versuchte er, der Realität in der blokkierten Stadt näherzukommen, die aus den vielen heroisierten und mitunter gefälschten Berichten ausgeblendet war. Gemeinsam mit Daniil Granin erarbeitete er das «Blockadetagebuch», die erste Sammlung von Interviews mit Überlebenden und authentischen Dokumenten. Erst 1981 konnte das Buch in der Sowjetunion erscheinen; es galt – wie auch die leider schnell vergriffene deutsche Ausgabe 1984 in der DDR – als politische Sensation. Wenn Adamowitsch von der Entstehungsgeschichte eines Buches erzählt, werden Probleme sichtbar, die sich sowjetischen Autoren bei dem Bemühen stellen, am eigenen Geschichtsbild Korrekturen anzubringen.

Am 10. 11. 1941 lasen die deutschen Volksgenossen im «Völkischen Beobachter», was nach dem Willen des «Führers» in der Stadt passieren sollte: «Wir waren vor Leningrad genauso lange offensiv, als dies notwendig war, um Leningrad einzuschließen. Jetzt sind wir defensiv, der andere muß jetzt auszubrechen versuchen, aber er wird in Leningrad verhungern!» Daß die Vorgänge in der Stadt auch deutschen Soldaten und Offizieren, die 20 km vor Leningrad lagen, sehr wohl bekannt waren, belegen Dokumente wie die Kriegstagebücher der Heeresgruppe Nord und des Quartiermeisters der 18. Armee, die hier in Auszügen abgedruckt werden.

Gerd R. Ueberschär rekonstruiert die Strategie der deutschen Wehrmacht. Seine Ergebnisse lassen keinen Zweifel daran, daß die Blockade Leningrads Bestandteil einer langfristig geplanten Vernichtungsstrategie war.

Peter Jahns Aufsatz liefert hierzu gewissermaßen die ideologischen und historischen Dispositionen, die sich aus der Tradition eines spezifisch deutschen Rußlandbildes speisen.

Von der Hartnäckigkeit in Jahrhunderten gewachsener Feindbilder handelt auch Michael Schneiders Text, der die Verdrängung des Themas in der westdeutschen Nachkriegsgesellschaft beschreibt. Dazu gehört auch der exemplarische Beleg dafür, daß hohe Wehrmachtsoffiziere, die die Vernichtungsstrategie vor Leningrad exekutierten, nach dem Krieg ihre Karriere in Bundeswehr und NATO fortsetzten.

Peter Braschs Beitrag ist Ausdruck einer subjektiven Erfahrung: wie einer, der im DDR-Sozialismus aufwuchs, jene Stadt erlebt, die die deutsche Wehrmacht vernichten wollte.

Die Behörden hatten in der belagerten Stadt ein allgemeines Fotografierverbot verhängt. Davon ausgenommen waren nur wenige Fotografen, die für Propagandazwecke arbeiteten. Dennoch existieren zahlreiche Bilddokumente, deren Entstehungsbedingungen und -daten aus naheliegenden Gründen oft nicht mehr zu rekonstruieren sind. Das bislang überwiegend unveröffentlichte sowjetische und deutsche Bildmaterial, das hier in thematischen Blöcken präsentiert wird, war über verschiedene Archive und Privatsammlungen verstreut und wurde von Thomas Kufus zusammengetragen.

Die Fotografien stehen für sich. Sie sind unter anderen Umständen und unabhängig von den Texten entstanden.

Antje Leetz und Barbara Wenner

Vorangegangene Doppelseite:
Leningrad, 8. 9. 1941. An diesem Tag
wurde Schlüsselburg erobert. Damit
schloß sich der Blockadering um die
Stadt. Beim ersten Luftangriff wurden
gezielt die Lebensmittellager zerstört.

Dmitri Lichatschow

WIE WIR AM LEBEN BLIEBEN   Für meine Töchter

Am Mittwoch, dem 26. Juni 1957, beschlossen eure Mama und ich, nicht wie gewöhnlich von Selenogorsk mit dem Autobus oder dem Zug in die Stadt zu fahren, sondern mit dem Motorboot. Der Schiffsverkehr zwischen Selenogorsk und Leningrad war gerade erst eröffnet worden, und wir wollten uns den Finnischen Meerbusen vom Wasser aus ansehen. Wir gingen also zur Anlegestelle und kamen ausgerechnet an der Datschensiedlung vorbei, wo wir im Frühling 1941 (es lag noch Schnee) für den Sommer ein Zimmer mieten wollten. Was uns damals nicht gelungen war, denn das Zimmer war bereits vergeben. Wir fragen uns: «Was wäre gewesen, wenn wir das Zimmer bekommen hätten? Hätten wir dann überlebt?» Wir kamen auf die Idee, alles aufzuschreiben, was wir über die Jahre 1941/42 in Erinnerung behalten hatten, für euch, für unsere Kinder.

Sonnabend, den 29. Juni 1957

Wir hatten also 1941 keine Datscha in Terijoki mieten können, sondern in Wyriza. Zu unserem Häuschen führte vom Bahnhof eine schnurgerade, breite Straße. Diese Straße hatte viele Querstraßen, alle trugen Namen russischer Schriftsteller. Einer davon war I. Krylow, auf seiner Straße mit den jungen Kiefern stand ganz in der Nähe des Flüßchens Oredesch unser Haus. Es heißt, die Datscha gebe es heute noch.

Die Miete war niedrig. Das war der springende Punkt, denn ich war damals ein kleiner wissenschaftlicher Mitarbeiter im Puschkinhaus (Institut für russische Literatur bei der Akademie der Wissenschaften, A. d. Ü.) und verdiente wenig. Mama und ich kriegten zwar vom Verlag Manuskripte zum Korrekturlesen und kamen sogar auf eine Idee, wie man die Arbeit rationalisieren konnte (statt die gestrichenen Buchstaben und Abschnitte mit Papierschnipseln zu überkleben, strichen wir sie einfach mit weißer Tusche aus und beschleunigten so den Arbeitsprozeß). Aber unser Verdienst war dennoch sehr gering.

Wir lebten in unserer billigen Datscha in einem Zimmer mit Balkon. In dem gerade fertiggestellten Haus wohnten auch noch andere Sommergäste. Am 11. Juni verteidigte ich meine Doktorarbeit, aber erst im August wurde ich als wissenschaftlicher Assistent anerkannt – und erst da wurde mein Gehalt erhöht. Unser Kindermädchen war damals Tamara Michailowna. Ich fuhr sehr häufig auf die Datscha und blieb manchmal zwei, drei Tage zum Arbeiten dort.

Der Sommer war schön. Wir gingen zum

Fluß, suchten uns einen kleinen Strand aus, nur für unsere Familie, badeten und sonnten uns. Das Ufer war steil, zu unserem winzigen Strand führte nur ein Pfad. Eines Tages, als wir uns gerade sonnten, drangen die Fetzen eines schrecklichen Gesprächs zu uns herüber. Sommergäste kletterten den Pfad hoch und redeten über einen Bombenangriff auf Kronstadt und über irgendwelche Flugzeuge. Zuerst dachten wir, sie erinnerten sich an den Finnischen Krieg von 1939, doch ihre aufgeregten Stimmen machten uns stutzig. Als wir zur Datscha zurückkehrten, erzählte man uns, daß der Krieg begonnen hatte. Abends hörten wir im Garten des Erholungsheims Radio. Der Lautsprecher hing ganz oben an einem Mast, und davor standen sehr viele Leute. Sie schwiegen finster. Am nächsten Morgen fuhr ich nach Leningrad rein. Mama und Jura hatten die Schreckensnachricht bereits aus dem Radio erfahren. Jura soll kreidebleich geworden sein. Die Stadt erschreckte mich durch ihre Düsterkeit und Stille. Nach den Blitzerfolgen Hitlers in Europa erwartete niemand etwas Gutes. Alle wunderten sich, warum sage und schreibe noch ein paar Tage vor Ausbruch des Krieges massenweise Weizen nach Finnland geliefert worden war. Das stand in allen Zeitungen. Die Leute im Puschkinhaus waren etwas redseliger, doch ebenfalls äußerst vorsichtig. A. I. Gruschkin redete am meisten: Er machte phantastische Vorschläge, natürlich alle «patriotischer» Art.

Was in den ersten Kriegstagen passierte, weiß ich nicht mehr. Dann kamen die «Direktiven» heraus: Die Einrichtungen der Akademie der Wissenschaften sollten erhalten werden, die Stellen wurden gekürzt, das dauerte bis zum Frühling 1942, die Mitarbeiter des Puschkinhauses wurden als Freiwillige registriert, überall wurde über eine Evakuierung getuschelt. Die Gerüchte, wohin das Puschkinhaus evakuiert werden sollte, änderten sich mehrmals in der Woche.

Die Zeitungen brachten verworrenes Zeug über die Lage an der Front, und so stützten sich die Leute auf das Gerede. Und Gerüchte wurden überall verbreitet: in den Kantinen, auf den Straßen, sonstwo... Aber man schenkte ihnen wenig Glauben, sie waren zu düster. Doch später sollten sie sich alle bewahrheiten.

So jagten uns beispielsweise die Gerüchte über die Evakuierung der Kinder einen Riesenschreck ein. Es kamen Evakuierungsbefehle heraus. Frauen wurden angeworben, die die Kinder begleiten sollten. Da die private Ausreise aus der Stadt verboten war, meldeten sich alle, die weg wollten, für die Kindertransporte. Das waren vor allem Juden. Ihre Furcht war besonders groß. Was Faschismus für Juden bedeutete, wußte damals bereits jeder. Die Juden verließen die Stadt auf den unterschiedlichsten Wegen, jeder nach seinen Möglichkeiten. Wir beschlossen, euch, unsere Kinder, nicht wegzuschicken, wir wollten uns nicht von euch trennen. Uns war klar, daß bei der Verschikkung der Kinder die schlimmsten Schlampereien passierten. Und tatsächlich erfuhren wir später, daß ein Großteil der Kinder in Richtung Nowgorod gebracht wurde, den Deutschen entgegen. Es wurde erzählt, wie die begleitenden «Damen» in Ljuban ihre eigenen Kinder unter den Arm klemmten und sich aus dem Staub machten, die fremden Kinder ließen sie im Stich. Die Kinder streunten hungrig und weinend umher. Als man sie endlich aufsammelte, konnten die Kleinen ihren Namen nicht nennen und verloren so für immer ihre Eltern. Später, 1945, forderten viele unglückliche Eltern in aller Öffentlichkeit, die Organisatoren der Evakuierung, darunter auch die «Stadtväter», vor Gericht zu stellen.

Die «Evakuierung» wurde mit Gewalt durchgesetzt, deshalb tauchten wir in Wyriza unter und beschlossen, so lange wie möglich dort zu bleiben. Neben uns wohnte

M. P. Barmanski mit den Familien seiner Söhne. Wir berieten uns mit ihm und versteckten unsere Kinder gemeinsam, wir euch, unsere Töchter, er seine Enkel.

Die Deutschen rückten schnell vor. Über der Stadt schwebten Dutzende Fesselballons zur Luftverteidigung. Auf dem Turm des Puschkinhauses hielten wir Tag und Nacht Wache. Es wurde immer komplizierter, auf die Datscha zu fahren. Das letzte Mal fuhr ich in einem Zug aus Wyriza los, der nur aus Erster-Klasse-Abteilen bestand. Er war von irgendwoher «rangeschafft» worden. Die Fensterscheiben waren kaputt, deutsche Flugzeuge hatten den Zug ganz in der Nähe bombardiert. Zweimal flogen deutsche Messerschmitts im Tiefflug über die Datschen. Sie tauchten ganz plötzlich über den Baumwipfeln auf, ihre Motoren dröhnten schrecklich, und dann verschwanden sie ebenso plötzlich, wie sie gekommen waren.

Einmal kam ich vom Wachdienst auf dem Turm des Puschkinhauses in unsere Wohnung in der Lachtinskaja und fand dort Sina mit euch Kindern vor. Es stellte sich heraus, daß M. P. Barmanski sie von der Datscha in die Stadt gebracht hatte. Er war zu der Erkenntnis gekommen, daß man «lange genug» in Wyriza gelebt hatte, daß es «reichte», er hatte seine Familie nach Leningrad befördert und war dann extra noch einmal rausgefahren, um meine Leute mit allem Plunder zu holen. Auf der Datscha blieben nur die Wanduhr, der Trog, die Kinderbetten, der Liegestuhl und noch ein paar Sachen zurück. W. L. Komarowitsch jedoch war mit seiner Familie in Siwerskaja geblieben, sie kehrten erst anderthalb Wochen später in die Stadt zurück. Da waren die Deutschen schon ganz in der Nähe. Und diese anderthalb Wochen erwiesen sich für die Komarowitschs als verhängnisvoll – sie schafften es nicht mehr, sich mit Lebensmitteln einzudecken…

Als wir aus Wyriza in die Stadt zurückkehrten, gab es dort schon Lebensmittelkarten. Die Läden leerten sich allmählich. Auch die Lebensmittel, die auf Karten verkauft wurden, verschwanden mit der Zeit: zuerst die Konserven und teuren Produkte. Brot konnte man in der ersten Zeit kaufen, wenn man Karten hatte. Wir konnten gar nicht alles verzehren, denn ihr habt kaum Brot gegessen. Sina, eure Mutter, wollte nicht einmal unsere ganze Brotration kaufen, aber ich bestand darauf. Mir war klar, daß uns eine Hungerzeit bevorstand. Das Durcheinander wurde immer größer. Deshalb trockneten wir das Brot auf dem Fensterbrett in der Sonne. Im Herbst hatten wir dann einen großen Kissenbezug mit getrocknetem Schwarzbrot. Wir hängten den Sack an die Wand, damit die Mäuse nicht ran konnten. Später, im Winter, sind alle Mäuse verhungert. In der Morgenstille, wenn wir alle noch in unseren Betten lagen, hörten wir, wie eine sterbende Maus verzweifelt hin und her rannte und dann verreckte: kein einziges Krümchen fand sie in unserem Zimmer. Aber vorher, im Juli und August, sagte ich immer wieder: Es kommt eine Hungersnot, es kommt eine Hungersnot! Und wir taten alles, um uns für den Winter einzudecken. Sina stand vor den Läden Schlange, vor den Fenstern der Läden wuchsen Kistenberge, in die Erde geschüttet wurde. Was haben wir in diesen ersten Wochen gekauft? Ich erinnere mich, daß wir Kaffee hatten, ein bißchen Gebäck. Später mußte ich immer an diese Zeit denken, als wir uns mit Vorrat eindeckten. Als ich dann im Winter im Bett lag, dachte ich gereizt nur an das eine, bis mir der Kopf zu platzen drohte: Damals hat es in den Läden noch Fischkonserven gegeben! Warum habe ich sie nicht gekauft?! Warum habe ich im April nur elf Flaschen Lebertran geholt und mich geniert, ein fünftes Mal in die Apotheke zu gehen, um noch drei Flaschen zu ergattern?! Warum habe ich nicht noch mehr Traubenzucker mit Vitamin C gekauft?! Dieses «Warum» bereitete mir unendliche Qualen. Ich dachte an jeden Teller Suppe, den ich nicht aufgegessen hatte, an jede Brotrinde oder Kartoffelschale, die ich weggeworfen hatte. Ich dachte mit solcher Reue daran, mit solcher Verzweiflung, als sei ich der Mörder meiner Kinder. Dennoch, wir hatten das Maximum von dem getan, was wir tun konnten, wir hatten den beschwichtigenden Erklärungen im Radio keinen Glauben geschenkt…

Ich erinnere mich an einen der ersten Nachtangriffe. Die Bomben flogen pfeifend über unser Haus. Wir lagen im Bett. Nach dem Bombengeheul fing unser Haus zu beben an, irgend etwas quietschte über uns auf dem Dachboden, und wir hörten eine Detonation. Am nächsten Tag stellte sich heraus, daß die Bomben auf der Kreuzung Gesslerowskaja und Rybazkaja eingeschlagen waren – also nicht einmal in unserer Nähe. Ein Milizposten war getötet worden. Eine Bombe hatte die Ecke des Gebäudes weggerissen, wo früher mal das kleine Restaurant war, in dem Alexander Blok immer saß. Die Bombe hatte den Luftschutzkeller zugeschüttet und die Wasserleitung zerstört. Die Menschen, die im Keller saßen, waren alle ertrunken. Nach diesem Ereignis beschlossen wir ein für allemal, nie in unseren Luftschutzkeller zu gehen. Erstens war das sinnlos, und zweitens kostete uns das Treppensteigen von der vierten Etage hinunter und wieder rauf sehr viel Kraft. Mein Vater war der erste, der nicht mehr gehen konnte. Er blieb bei Bombenangriffen einfach im Bett liegen. Die Kessarjews stiegen unermüdlich in den Luftschutzkeller runter und schleppten immer ihre Koffer mit (mit dem Ehepaar Kessarjew teilten wir die Gemeinschaftswohnung). Dennoch organisierten wir uns ein Zimmer im Erdgeschoß mit den Fenstern zum Hof und übernachteten dort eine Zeitlang. Die Besitzerin des Zimmers, eine alleinstehende Frau, arbeitete in Kronstadt und gab uns freundlicherweise ihren Schlüssel. Dort fühlten wir uns sicherer. Wir versuchten unter allen Umständen, unser Leben so normal wie möglich zu gestalten. Wir gingen mit euch sogar im Botanischen Garten spazieren. Die Fotos besitzen wir noch – wir mit den Kindern im Botanischen Garten. Mein Bruder Jura hatte uns aufgenommen. Einige Minuten später war Luftalarm. Doch im Botanischen Garten fühlten wir uns relativ sicher, sogar während des Bombenangriffs. Auf dem Foto habe ich den hellgrauen Mantel an. Wegen dieses Mantels wurde ich beinahe für einen Spion gehalten, denn helle Farben waren damals bei uns noch nicht üblich, helle Sachen trugen nur Ausländer. Die Geschichte passierte auf dem Witebsker Bahnhof, als ich nach Wyriza auf die Datscha fahren wollte. Einige Jungs beobachteten mich und meldeten die Gefahr, aber zum Glück fuhr mein Zug ab, sonst hätte meine Familie ziemlich lange auf mich warten müssen. Übrigens, zu den Spionen: Die «Spionomanie» in der Stadt nahm gigantische Ausmaße an. Spione wurden überall vermutet. Es brauchte nur jemand mit einem kleinen Koffer in der Banja zu erscheinen, gleich wurde er festgehalten und «überprüft». So etwas passierte zum Beispiel Michail Andrejewitsch Pantschenko (unserem wissenschaftlichen Sekretär). Spionagegeschichten wurden ohne Unterlaß erzählt. Zum Beispiel, daß die deutschen Flugzeuge von den Dächern aus Signale bekommen würden. Die Leuchtzeichen sollten in Schornsteinen versteckt sein, so daß man sie nur von oben sehen konnte. Etwa auf dem Marsfeld usw. Mag sein, daß an diesen Gerüchten etwas dran war, denn die Deutschen wußten tatsächlich alles, was in der Stadt vor sich ging.

Einmal gingen wir den Kamennoostrowski-Prospekt entlang. Es war Abend, und über der Stadt schwebte eine wunderschöne

Wolke. Sie war ganz weiß und sah aus wie Schlagsahne. Sie wuchs und wuchs, die Abendsonne färbte sie rosa. Am Ende nahm sie bedrohliche Ausmaße an. Später erfuhren wir, daß die Deutschen bei einem ihrer ersten Luftangriffe die Badajewer Lebensmittellager vernichtet hatten. Die Wolke war also aus dem Rauch brennenden Öls entstanden. In erster Linie zerstörten die Deutschen die Lebensmittellager. Offensichtlich bereiteten sie sich schon damals auf die Blockade vor. Unterdessen wurden immer mehr Lebensmittel aus Leningrad rausgebracht. Es wurde nichts unternommen, um die Lebensmittellager zu dezentralisieren, so wie es die Engländer in London gemacht hatten. Mit der Auslagerung von Lebensmitteln hörte man erst auf, als die Deutschen alle Eisenbahnstrecken abgeschnitten hatten. Das war Ende August.

Leningrad wurde auch noch in anderer Hinsicht auf die Übergabe vorbereitet: die Archive wurden verbrannt. Asche flog durch die Straßen. Die Asche von verbranntem Papier ist besonders leicht. Als ich einmal an einem besonders klaren Herbsttag aus dem Puschkinhaus nach Hause ging, überraschte mich auf dem Großen Prospekt ein richtiger Ascheregen. Dieses Mal waren es Bücher, die brannten, die Deutschen hatten das Büchermagazin vom «Druckhof» zerbombt. Die Asche verdeckte die Sonne, es wurde dunkel in der Stadt. Diese Asche und der weiße Rauch, der sich als drohende Wolke über der Stadt erhob, waren die Vorzeichen des kommenden Elends. Indes füllte sich die Stadt mit Menschen – Flüchtlinge aus der Vorstadt und Bauern, deren Fuhrwerke Leningrad wie ein Ring umgaben. Die Bauern lebten mit ihrem Vieh und ihren weinenden Kindern, die in den kalten Nächten froren, wie Zigeuner in einem Lager. In der ersten Zeit kauften die Leningrader bei ihnen Milch und Fleisch, das Vieh wurde geschlachtet. Ende 1941 war dieser ganze Bauerntroß tot. Es starben auch die Flüchtlinge, die in Schulen und anderen öffentlichen Einrichtungen untergebracht waren. Ich erinnere mich an ein Gebäude auf der Ligowka, das völlig überfüllt war. Die heute dort arbeiten, wissen nicht mehr, wie viele Menschen damals umgekommen sind. Schließlich starben auch die, die in die «innere Emigration» gehen mußten: die Bewohner der Südbezirke Leningrads. Auch sie hatten bei der Evakuierung in andere Stadtteile keine Vorräte mitnehmen können. Wenn man sie ansah, wurde einem die Ungeheuerlichkeit der Evakuierung bewußt.

In unserem Haus wurden in den frei gewordenen Wohnungen die Familien der Putilow-Arbeiter untergebracht. Als ich einmal aus dem Puschkinhaus zurückkam, bemerkte ich in der Lachtinskaja mehrere Autobusse. Frauen stiegen aus, vereinzelt auch Männer und viele Kinder. Es stellte sich heraus, daß die Deutschen ganz plötzlich bis zu den Putilow-Werken vorgerückt waren. Sie beschossen den Bezirk mit Granatwerfern. Die Bevölkerung wurde umgehend weggebracht. Später sind dann alle Familien, die dort in den südlichen Bezirken Leningrads wohnten, gestorben. Für sie begann die Hungersnot sehr früh. Von einer dieser Familien, die auf unserer Etage wohnte, erzähle ich später. Als sich die «Front» vor den Putilow-Werken stabilisierte, fuhren die Leningrader dorthin, um unter dem Feuer der Deutschen Gemüse aus den Gärten zu holen. Auch die Komarowitschs suchten nach Kohlstrünken. Auf diese Weise deckten sie sich ein wenig mit Lebensmitteln ein.

W. L. Komarowitsch war der einzige Bekannte in Leningrad, der uns besuchte. Damals kamen ansonsten nur Verwandte. Wie Onkel Wassja, den der Hunger früh heimsuchte. Wir gaben sowohl Komarowitsch als auch Onkel Wassja von unserem schwarzen Trockenbrot. Onkel Wassja beichtete uns, daß ihn der Hunger so geplagt hatte, daß er zu seinem Neffen Schura Kudrjawzew gegangen und vor ihm auf die Knie gefallen war und um etwas zu essen gebeten hatte. Schura gab ihm nichts, obwohl er Vorräte hatte. Später ist dann auch Onkel Wassja gestorben, Schura Kudrjawzew ebenfalls – allerdings ist er nicht verhungert. Doch sein Tod war nicht weniger schrecklich. Davon erzähle ich noch.

Komarowitsch übte sich die ganze Zeit in Prognosen. Er liebte es, über die Zukunft der Menschheit nachzudenken. Seine Ideen waren zwar hochinteressant, aber er behielt nicht immer recht. Ich weiß noch, wie er vor dem Krieg auf dem Kronwerk-Prospekt (heute Gorki-Prospekt) einen Zeitungsaushang las, in dem vom Untergang eines englischen Linienschiffs die Rede war. Alle waren damals überzeugt, daß Deutschland gewinnt, W. L. aber stand vor der Zeitung und sagte: «Der britische Löwe ist alt und erfahren. Der läßt sich nicht so leicht unterkriegen. Ich glaube, am Ende wird England siegen.» Diese Worte haben sich mir eingeprägt, denn sie überzeugten mich. Auch der panische P. besuchte uns. Er erzählte uns ständig, wie er es anstellte, etwas Eßbares zu ergattern. Er war ausgebombt. Während des Bombenangriffs ging seine Familie in den Luftschutzkeller, er selbst blieb unter der Treppe stehen. Die Bombe fiel haargenau ins Treppenhaus. Die Treppen stürzten auf ihn, aber wie durch ein Wunder kam er mit heiler Haut davon: die einstürzende Treppe schob sich über ihm zu einem Gewölbe zusammen. Lediglich am Brustkorb erlitt er starke Prellungen. Er wurde ausgegraben, auch seine Familie im Luftschutzkeller. Es war niemandem etwas passiert. P. wurde ins Krankenhaus gebracht, nach einigen Tagen aber wieder entlassen. Dank dieses Umstandes verhungerten sie nicht, und zwar weil P. auf eine Idee kam. Er erklärte den Behörden, daß bei dem Luftangriff die Pässe verbrannt seien. In dem neuen Haus, in dem sie ein-

quartiert wurden, händigte man ihnen neue Pässe aus. Auf diese Weise bekam er sowohl auf die alten als auch auf die neuen Pässe Essenmarken. Solche Fälle gab es in der Stadt in rauhen Mengen. Die Leute erhielten Marken für Evakuierte, Mobilisierte, bei Bombenangriffen Umgekommene und Verhungerte. Die Zahl der letzteren nahm rapide zu.

Ich weiß noch, wie ich einmal in der Poliklinik auf dem Großen Prospekt auf der Petrograder Seite war. Im Aufnahmezimmer lagen mehrere Menschen auf dem Boden, die man von der Straße aufgesammelt hatte. Sie bekamen Wärmflaschen auf Arme und Beine. Dabei hätte man ihnen einfach etwas zu essen geben müssen, aber Essen gab es nicht. Ich fragte: «Was passiert jetzt mit ihnen?» Und erhielt zur Antwort: «Sie werden sterben.» – «Kann man sie denn nicht ins Krankenhaus bringen?» – «Womit denn? Außerdem haben die dort auch nichts zu essen. Sie brauchen viel, denn sie sind in einem schweren Erschöpfungszustand.» Die Sanitäterinnen schleppten die Leichen in den Keller. Einer der Toten war noch ganz jung. Sein Gesicht war schwarz, die Gesichter hungernder Menschen wurden immer dunkel. Die Sanitäterinnen erklärten mir, man müsse die Leichen runterbringen, solange sie noch warm seien. Wenn sie erkalteten, kämen die Läuse raus. Die Stadt war übersät mit Läusen – den Hungernden stand der Sinn nicht nach «Hygiene».

Was ich in der Poliklinik auf dem Großen Prospekt sah, waren erste Paroxysmen des Hungers. Es hungerten die, die keine Marken bekamen: die Flüchtlinge aus den Vorstädten und aus anderen Orten. Sie waren die ersten, die starben, sie schliefen auf dem Fußboden in Bahnhöfen und Schulen. Es gab also Leute, die die doppelte Menge Marken hatten, und solche, die überhaupt keine hatten. Die Zahl der Flüchtlinge ohne Marken war unübersehbar, aber auch von den Leuten, die mehrere Marken hatten, gab es nicht wenige.

Besonders viele Marken hatten die Hausmeister. Sie nahmen den Sterbenden die Marken weg, erhielten die der Evakuierten, holten sich aus den leerstehenden Wohnungen die Sachen und tauschten sie gegen Ölkuchen. Der Ölkuchen rettete die Leningrader bereits zum zweitenmal. Das erste Mal aßen ihn die Petrograder 1918–1920, als die Stadt hungerte. Aber jene Hungersnot war nicht zu vergleichen mit der, die jetzt herrschte!

Die Straßenbahnen fuhren noch. Im August oder Anfang September sah ich einmal, wie Soldaten mit der Straßenbahn transportiert wurden – vom Süden Leningrads in den Norden: die Finnen hatten die Front durchbrochen und rückten schnell auf Leningrad vor, ohne auf Widerstand zu stoßen. Aber an ihrer alten Grenze blieben sie stehen. In der Folgezeit wurde von finnischer Seite kein einziger Schuß auf Leningrad abgegeben. Sie schickten auch keine Flugzeuge. Aber Polja Schirjajewa mußte gleich am ersten Kriegstag mit ihren Kindern aus Terijoki fliehen. Die Kinder fuhren mit einem der ersten Transporte der Akademie der Wissenschaften nach Tjetuschi, in die Nähe von Kasan. Auch wir hätten euch wegschicken müssen, wenn wir damals die Datscha in Terijoki bekommen hätten.

Jetzt erzähle ich euch, was im Puschkinhaus passierte. Im August und September gab es dort eine Kantine, auch der Speisesaal hatte geöffnet. Diese Orte wurden Zentren für Begegnungen und Gespräche. Hier erfuhr man die letzten Neuigkeiten, hier traf man sich wieder… oder auch nicht.

Bereits im Juli war mit der Registrierung der Freiwilligen begonnen worden. Alle Männer wurden in Listen eingetragen. Jeder wurde einzeln ins Arbeitszimmer des Direktors gebeten, wo L. A. Plotkin mit dem Parteisekretär A. I. Perepetsch auf uns Druck ausübte. Ich erinnere mich, wie M. A. Pantschenko bleich und mit zitternden Lippen aus dem Zimmer kam: er hatte sich geweigert, als Freiwilliger zu gehen. Man würde ihn ganz regulär einberufen und zur normalen Armee schicken. Er saß im Sekretariat und sagte: «Ich fühle, ich werde fallen.» Das habe ich mit eigenen Ohren gehört. Man beschimpfte ihn als Feigling. Doch einige Wochen später wurde er tatsächlich einberufen, so wie er es gesagt hatte. Er kämpfte mit den Partisanen und fiel in den Wäldern bei Kalinin.

Wir, die wir Besitzer eines weißen Ausweises (vom Kriegsdienst freigestellt, A. d. Ü.) waren, kamen in die mystischen Abteilungen der Selbstverteidigung. Wir kriegten Jagdgewehre und mußten vor der historischen Fakultät in Reih und Glied marschieren. Unter uns war auch W. W. Hippius. Er marschierte furchtbar komisch, auf Fußspitzen, den Oberkörper beugte er nach vorn. Unser Ausbilder und auch wir lachten heimlich über seinen Eifer. Dabei war das Objekt unseres Gespötts bereits dem Untergang geweiht …

Im Hof des Physiologischen Instituts heulten die hungrigen Hunde. (Später hat man sie aufgegessen, auf diese Weise retteten sie vielen Physiologen das Leben.) Im Institut für Bibliothekswesen wurden in Windeseile für uns alle Pritschen zusammengezimmert, denn wir sollten kaserniert werden. W. W. Hippius und mir wurden sogar schon unsere Plätze gezeigt. Wir gingen hin, sahen sie uns an und … verschwanden wieder. Überall herrschte ein heilloses Durcheinander, und uns war klar, daß es keinen Sinn hatte, über Nacht zu bleiben. Bald wurde die Ausbildung auch unterbrochen: die Leute waren zu erschöpft, kamen nicht zur Schulung und starben «unausgebildet». Ein Teil der Kollegen fuhr vor die Stadt, um Verteidigungsstellungen zu graben. Das war eine sinnvollere Beschäftigung. Ungeahnte Talente wurden entdeckt: W. E. Pokrowskaja zum Beispiel kannte sich in Kräuterheilkunde aus und rettete S. D. Baluchaty das Leben. M. O. Skripil kochte für die ganze Mannschaft. Von vorbeiziehenden Bauern hatte er sich ein Kalb besorgt. Es fand sich sogar jemand, der es schlachtete. Aber man begab sich auch aus anderen Gründen vor die Stadt: T. P. Den fuhr mit anderen Frauen auf die Felder, um Kohlstrünke zu sammeln. Die Kartoffelfelder wurden ein zweites Mal umgegraben, und auch im Wald fand sich alles mögliche Eßbare.

Das schrecklichste war die schrittweise Entlassung der Mitarbeiter. Auf Befehl des Präsidiums der Akademie und unseres Institutsdirektors P. I. Lewbedew-Poljanski, der in Moskau lebte und keine Ahnung hatte, was in Leningrad vor sich ging, wurden die «Stellen gekürzt». Jede Woche wurden Entlassungsbefehle ausgehändigt. In unserer Abteilung wurde W. F. Pokrowskaja und danach M. O. Skripil entlassen.

Alle Sekretärinnen wurden entlassen, dafür setzte man mich im Sekretariat ein. Die Entlassungen waren grauenhaft, sie kamen der Todesstrafe gleich, denn die Entlassenen erhielten keine Marken mehr und fanden auch nirgendwo anders Arbeit. W. F. Pokrowskaja konnte sich dadurch retten, daß sie Krankenschwester wurde. Skripil verließ Leningrad im Winter.

Später haben wir in Kasan viel über die Entlassungen und die Registrierung der Freiwilligen gehört: W. M. Molotow zitierte einen der Vizepräsidenten der Akademie zu sich und fragte ihn: «Wie viele wissenschaftliche Mitarbeiter wurden bei Ihnen als Freiwillige registriert?» Der Vizepräsident nannte eine Zahl. «Und wie viele Doktoren gibt es bei Ihnen?» Der Vizepräsident nannte wieder eine Zahl. «Und wie viele Akademiemitglieder?» Der Vizepräsident wurde verlegen und sagte, die Akademiemitglieder

wären noch nicht registriert worden. «Und Sie selbst, lassen Sie sich auch registrieren?» Der Vizepräsident wurde blaß und bejahte die Frage. Da wurde Molotow wütend und beschuldigte den Vizepräsidenten der Schädlingstätigkeit, er wurde seines Postens enthoben. Er war ein Übereifriger, doch die Fakten sprechen eine eigene Sprache: Viele wissenschaftliche Mitarbeiter sind sinnlos in der Kirower Freiwilligendivision umgekommen, ohne Ausbildung und ohne Waffen. Und noch mehr Menschen kamen durch die sinnlosen Entlassungen ums Leben. Alle Ethnographen starben. Auch von den Bibliothekaren blieb kaum jemand übrig, viele Mathematiker starben – junge, talentierte. Doch die Zoologen blieben am Leben: sie verstanden zu jagen.

In der Kantine versammelten sich die «Feuerwehrleute», die «Funker», alle waren mit doppelläufigen Jagdflinten ausgerüstet. Sie tranken heißes Wasser, bekamen ihre Portion Suppe mit grünen Kohlblättern (nicht die zarten inneren, sondern die harten äußeren) und unterhielten sich. Besonders viel redete G. A. G. Es stellte sich heraus, daß er mütterlicherseits Russe war, ein Rechtgläubiger, daß er aus Odessa stammte und in Venedig gewesen war. G. hatte panische Angst. In Panik verfiel auch Alexander Israiljewitsch G. An dem Tag, an dem die Deutschen direkt vor Leningrad standen, erschien er mit einer schiefsitzenden Schirmmütze und einem kaukasischen Hemd in der Kantine und salutierte zur Begrüßung. Er flüsterte uns zu, er wolle sich als Armenier ausgeben, wenn die Deutschen kommen.

An die Universitätsklinik kann ich mich gut erinnern: Ich bekam dort meinen Schein für Weißbrot. Das half uns sehr. Im September bekam ich Schmerzen, die von einem Magengeschwür herrührten, aber sie gingen schnell vorüber. Die Fenster in der Poliklinik waren bereits zugenagelt, und die Ärzte hielten ihre Sprechstunden bei elektrischem Licht ab. Dann hörten die Sprechstunden auf, es gab keine Elektrizität mehr. Auch die Fenster im Speisesaal der Akademie neben dem Museum für Anthropologie und Ethnographie waren zugenagelt. Hier wurde Essen auf Spezialmarken ausgegeben. Viele Mitarbeiter bekamen keine Marken und kamen hierher, um … die Teller abzulecken. Auch ein lieber Alter leckte die Teller ab, der Französischübersetzer Jakow Maximowitsch Kaplan. Er war offiziell nirgendwo angestellt und übersetzte frei für einen Verlag, deshalb standen ihm keine Marken zu. In der ersten Zeit bemühte sich W. L. Komarowitsch, Marken für den Speisesaal der Akademie zu bekommen, aber bereits im Oktober verweigerte man sie ihm. Zu dieser Zeit war er schon vor Hunger aufgedunsen. Ich weiß noch, wie er nach der Ablehnung zu mir kam – ich aß an einem Tisch, auf dem eine Petroleumleuchte brannte – und mich in heftiger Erregung anschrie: «Dmitri Sergejewitsch, geben Sie mir Brot – sonst schaffe ich es nicht nach Hause!» Ich gab ihm meine Portion. Seine geschwächten Finger gehorchten ihm nicht mehr, er konnte nicht einmal seinen Mantel zuknöpfen. Die Muskeln, die nicht oder kaum benutzt wurden, starben zuerst ab. Die Beine versagten zuletzt ihren Dienst. Doch wenn ein Mensch für längere Zeit liegen blieb, stand er nicht mehr auf.

Ich erinnere mich, wie zwei Schieber zu uns kamen. Ich lag im Bett, ihr Kinder ebenfalls. Das Zimmer war dunkel. Wir machten uns gewöhnlich mit elektrischen Batterien und Taschenlampenbirnen Licht. Zwei junge Männer kamen herein und leierten ihre Sprüche herunter: «Haben Sie Kristall, Zirkelkästen, Fotoapparate?» Auch andere Gegenstände waren gefragt. Schließlich kauften sie uns etwas ab. Das war bereits im Februar oder März. Sie waren so schrecklich wie Leichenwürmer. Wir bewegten uns

noch in unserer dunklen Gruft, aber sie wollten uns bereits auffressen.

Davor, im Herbst, kam Dmitri Pawlowitsch Kalistow bei uns vorbei und fragte im Spaß, ob wir keine «kleinen Hündchen» verkauften oder ob wir Bekannte hätten, die ihre Hündchen in «zuverlässige Hände» geben wollten. Zu dieser Zeit aßen die Kalistows bereits Hunde und salzten Hundefleisch auf Vorrat ein. Dmitri Pawlowitsch schlachtete die Hunde nicht selbst, das besorgte man für ihn im Physiologischen Institut. Als er zu uns kam, gab es übrigens in der Stadt keinen einzigen Hund mehr, keine einzige Katze, keine Tauben und keine Spatzen. In der Lachtinskaja lebten früher viele Tauben. Wir sahen, wie sie gefangen wurden. Die Pawlow-Hunde im Physiologischen Institut waren auch schon alle aufgegessen. Von ihrem Fleisch hatte Dmitri Pawlowitsch etwas abbekommen. Ich erinnere mich, wie ich ihn an der Großen Puschkarskaja traf, er hatte einen Rucksack auf, in dem ein «Hündchen» aus dem Physiologischen Institut lag. Er ging schnell: Hundefleisch, so hieß es, soll reich an Eiweiß sein.

Eine gewisse Zeit gelang es mir, Marken für den Diätspeisesaal zu bekommen. Er befand sich hinter der Wwedenskaja, ich glaube, auf der Pawlow-Straße, nicht weit vom Großen Prospekt. Im Speisesaal war es dunkel, nur auf einigen Tischen brannten Ölfunzeln. An diesen Tischen schnitten die «Essensteilnehmer» die erforderlichen Marken ab. Einmal gingen plötzlich die Ölfunzeln aus, und Diebe grapschten nach den abgeschnittenen Marken und Karten. Auch mir wurden einmal meine Marken geklaut. Schreckliche Szenen spielten sich ab. Einige Hungernde krochen förmlich zur Mensa, andere wurden in den ersten Stock, wo sich der Speisesaal befand, getragen, weil sie alleine nicht mehr die Treppe hochkamen. Wieder andere konnten ihren Mund nicht mehr schließen, und der Speichel floß auf die Kleider. Die Gesichter der einen waren aufgedunsen, mit einer bläulichen Flüssigkeit angefüllt, bleich, die Gesichter anderer wiederum waren schrecklich abgemagert und dunkel. Und die Kleidung erst! Die Menschen quälte weniger der Hunger als vielmehr die Kälte, die von innen kam, eine undefinierbare, unwahrscheinlich schmerzende Kälte. Deswegen hüllte man sich in alles ein, was einem unter die Finger kam. Die Frauen trugen die Hosen ihrer verstorbenen Männer, Söhne und Brüder (die Männer starben zuerst) und wickelten sich in Tücher ein. Das Essen nahmen die Frauen mit nach Hause, sie aßen nicht im Speisesaal. Sie brachten es ihren Kindern oder denen, die nicht mehr gehen konnten. Über der Schulter hing an einem Strick eine Kanne, und in diese Kanne wurde alles gefüllt: die Suppe, der Hauptgang – die Suppe nur Wasser, Brei zwei Löffel. Dennoch galt es als vorteilhaft, sich sein Essen in der Mensa auf Marken geben zu lassen, denn es selbst zuzubereiten war schier unmöglich.

Als ich einmal aus der Mensa kam, sah ich eine schreckliche Szene. An der Ecke Großer Prospekt/Wwedenskaja befand sich eine Militärschule für junge Männer. Die Schüler hungerten dort wie überall. Und starben wie überall. Schließlich beschloß man, die Schule aufzulösen. Wer konnte, der lief. Einige wurden von ihren Müttern und Schwestern gestützt, sie wankten, verhedderten sich in ihren langen Militärmänteln, die an ihnen hingen wie an Bügeln und herunterfielen. Es lag bereits Schnee, den natürlich kein Mensch wegräumte, es war hundekalt. Unter der Militärschule war ein Lebensmittelgeschäft. Hier wurde Brot ausgegeben. Die Käufer baten immer um eine kleine Zugabe, und diese Krümel wurden auf der Stelle aufgegessen. Eifersüchtig beobachtete man beim Schein der Ölfunzeln die Waage (die Geschäfte waren besonders dunkel, die Schaufenster waren mit Holzplatten und

Erde geschützt). Hier entstand auch der typische Leningrader Diebstahl. Die Jungs, die am meisten unter dem Hunger litten (sie wuchsen und brauchten mehr als andere), warfen sich förmlich auf das Brot. Sie rannten mit ihrer Beute nicht einmal weg, sie wollten nur so viel wie möglich verschlingen, bevor man es ihnen wieder wegnahm. In Erwartung von Prügeln schlugen sie ihre Mantelkragen hoch, legten sich auf das Brot und aßen so schnell sie konnten. Zu Hause auf den Treppen warteten schon die nächsten Diebe, die den Schwachen Lebensmittel, Karten und Pässe abnahmen. Besonders schwer hatten es die Alten. Waren die Karten einmal geklaut, konnte man keine neuen beantragen. Wenn diese Schwachen nur ein oder zwei Tage nichts aßen, konnten sie nicht mehr laufen; und versagten die Beine ihren Dienst, kam das Ende. Gewöhnlich starben nicht alle Familienmitglieder zur selben Zeit. Solange noch einer gehen und Brot kaufen konnte, blieben die anderen, die bereits im Bett lagen, am Leben. Aber wenn auch dieser letzte nicht mehr laufen konnte oder irgendwo auf der Straße oder auf der Treppe zusammenbrach, dann war für die ganze Familie das Ende gekommen.

Auf den Straßen lagen Leichen. Niemand schaffte sie weg. Wer waren diese Toten? Vielleicht lebte das Kind dieser Frau noch und wartete in der leeren, kalten und dunklen Wohnung auf sie? Es gab viele Frauen, die ihre Kinder mit den Lebensmitteln ernährten, die sie eigentlich selbst nötig gehabt hätten. Diese Mütter starben zuerst, das Kind blieb allein zurück. Auf diese Weise starb unsere Kollegin aus dem Verlag O. G. Dawidowitsch. Sie gab alles ihrem Kind. Man fand sie tot in ihrem Zimmer. Sie lag in ihrem Bett, das Kind lag neben ihr unter der Decke und zog die Mutter an der Nase, um sie «aufzuwecken». Einige Tage darauf kamen ihre «reichen» Verwandten und holten ... nein, nicht etwa das Kind, sondern ihre Ringe und Broschen. Das Kind starb später im Kindergarten.

Die Menschenfresserei begann. Von den Leichen, die auf der Straße herumlagen, wurden die weichen Teile abgeschnitten. Zuerst wurden die Leichen entkleidet, und dann schnitt man alles bis auf die Knochen ab. Sie hatten kaum Fleisch. Diese verstümmelten, nackten Leichen waren entsetzlich.

Die Menschenfresserei darf man nicht von oben herab verurteilen. In den meisten Fällen geschah das nicht bewußt. Derjenige, der das Fleisch abgeschnitten hatte, aß es nur selten selbst. Entweder er verkaufte das Fleisch, indem er den Käufer betrog, oder aber er gab es seinen Verwandten, um ihnen das Leben zu retten. Das wichtigste am Essen war doch das Eiweiß. Wenn dein Kind stirbt und du weißt, daß nur Fleisch es retten kann, dann schneidest du auch welches von einer Leiche ab ...

Aber es gab auch Kriminelle, die Menschen umbrachten, um ihr Fleisch zu verkaufen. In dem riesigen roten Haus der früheren Gesellschaft für Menschenliebe an der Ecke Seljoninaja-Straße/Gesslerowskaja geschah folgendes Verbrechen: Jemand verkaufte dort angeblich Kartoffeln. Der Käufer wurde gebeten, unter das Sofa zu schauen, wo die Kartoffeln liegen sollten, und wenn er sich bückte, bekam er mit dem Beil einen Schlag ins Genick. Das Verbrechen wurde von einem Käufer enthüllt, der auf dem Fußboden Blutspuren entdeckte. Man fand die Knochen vieler Menschen.

Auf diese Weise wurde eine Angestellte des Verlags der Akademie der Wissenschaften aufgegessen – Frau Wawilowa. Sie ging weg, um Fleisch zu kaufen (ihr wurde eine Adresse genannt, wo man angeblich Sachen gegen Fleisch eintauschen konnte), und kehrte nicht zurück. Sie kam in der Nähe des Sytny-Markts ums Leben. Sie sah verhältnismäßig gut aus. Wir hatten sogar tagsüber Angst, die Kinder auf die Straße zu lassen.

Es gab weder Licht noch Wasser, noch Zeitungen (die erste Zeitung wurde, glaube ich, im Frühling an die Zäune geklebt – ein kleines Blatt, zweimal in der Woche), noch Telefon, noch Radio! Und dennoch wurde eine gewisse Kommunikation zwischen den Menschen aufrechterhalten. Die Leute warteten sehnsüchtig auf einen gewissen General Kulik, der angeblich Leningrad retten wollte. Mit heimlicher Hoffnung wiederholten alle: «Bald kommt General Kulik.»

Die Straßen waren zugeschneit. Nur in der Mitte gab es einen Trampelpfad. Alle waren aufs äußerste gereizt. Einmal ging ich in der Mitte der Lachtinskaja, und vor mir auf dem Pfad eine typische Blockade-Gestalt: über dem Mantel ein Tuch oder eine Decke, aus dem Mantel schauten Hosen heraus. Diese Gestalt (ob Mann oder Frau, war nicht zu erkennen) ging langsam und schlurfte mit den Füßen, die Füße zu heben war zu schwer, aber schlurfen konnte man gerade noch. Ich stapfte hinter ihr, in meinem grünen Filzumhang und meinem «Romanowschen» Halbpelz, den ich noch aus Solowki (GULAG im Weißen Meer, A. d. Ü.) hatte, ebenfalls langsam schlurfend, auf einen Stock gestützt, den mir S. D. Baluchaty aus der Sammlung von A. S. Orlow besorgt hatte (Orlow liebte Stöcke aus Wacholderbaumholz, und Baluchaty lebte nach der Abreise Orlows in dessen Wohnung und verteilte an alle «Bedürftigen» Stöcke). Plötzlich blieb die Gestalt vor mir stehen, drehte sich um und zischte mich verzweifelt an: «So gehen Sie doch endlich vorbei.» Die Figur war aufgebracht, weil ich immer hinter ihr herging, doch wie sollte ich sie überholen, wo der Pfad doch eng und alles zugeschneit war.

Obwohl es weder Licht, Wasser, Radio noch Zeitungen gab, blieb die Staatsmacht wachsam auf dem Posten. G. A. G. wurde verhaftet. Aus Angst plauderte er alles mögliche aus und brachte damit B. I. Koplan und

A. I. Nikiforow ins Gefängnis. Auch W. M. Schirmunski wurde verhaftet. Schirmunski und G. wurden bald wieder entlassen und mit dem Flugzeug aus Leningrad rausgebracht. Doch Koplan ist im Gefängnis verhungert. Zu Hause starb seine Frau – die Tochter von A. A. Schachmatow. Nikiforow wurde entlassen, dermaßen erschöpft, daß er bald zu Hause starb, dabei war er ein Hüne gewesen, ein russischer Recke wie aus dem Märchenbuch, er badete im Winter immer in dem Eisloch gegenüber der Börse – auf der Strelka. Es starb W. W. Hippius. Es starben N. N. Andrejew, S. W. Ewald, J. I. Jassinski (der Sohn des Schriftstellers), M. G. Uspenskaja (die Tochter der Schriftstellerin) – alles Mitarbeiter des Puschkinhauses, doch das waren bei weitem nicht alle Toten.

Ich erinnere mich noch an den Tod von J. I. Jassinski. Er war ein hochgewachsener, hagerer und sehr schöner alter Mann, er sah aus wie Don Quichotte. Er lebte in der Bibliothek des Puschkinhauses. Hinter den Bücherregalen stand seine Feldliege. Zu Hause hatte er niemanden, er konnte nicht mehr alleine gehen. So lag er hinter seinen Büchern und kam ganz selten ins Vestibül. Seinen Mund konnte er nicht mehr schließen, und der Speichel floß heraus, sein Gesicht war schwarz, die Haare grau und lang – ein gruseliger Gegensatz zur schwarzen Farbe des Gesichts. Die Haut hing an den Knochen. Besonders schrecklich sah die Haut um den Mund aus. Sie war hauchdünn und bedeckte die Zähne nicht mehr, der Kopf hatte Ähnlichkeit mit einem Totenschädel. Einmal schlurfte er mit einer Decke über der Schulter hinter seinen Bücherregalen hervor und fragte: «Wie spät ist es?» Man sagte es ihm. Er fragte zurück (die Stimme eines Dystrophikers ist dumpf, weil die Stimmbänder atrophiert sind): «Tag oder Nacht?» Er stand zwar im Vestibül, aber Fensterscheiben gab es ja nicht, die Fenster waren alle zugenagelt, und er konnte nicht sehen,

ob es draußen hell oder dunkel war. Ein oder zwei Tage später jagte ihn der stellvertretende ökonomische Leiter unseres Instituts, Kanaillow, aus dem Puschkinhaus. Kanaillow (ein sprechender Familienname!) jagte alle davon, die sich anschickten, im Puschkinhaus zu sterben, um nicht die Leichen raustragen zu müssen. Dort lagen mehrere Arbeiter, Hausmeister und Putzfrauen im Sterben, die man hier kaserniert und von ihren Familien weggerissen hatte. Und jetzt, als viele es nicht mehr schafften, nach Hause zu gehen, warf man sie auf die Straße, um sie bei minus 30 Grad erfrieren zu lassen. Kanaillow verfolgte aufmerksam jeden, der schwächer wurde. Kein einziger Mensch ist im Puschkinhaus gestorben.

Einmal habe ich eine solche Szene beobachtet. Eine der Putzfrauen war noch einigermaßen bei Kräften, sie nahm den Sterbenden für sich und für Kanaillow die Essenskarten weg. Ich war gerade in seinem Arbeitszimmer, als ein sterbender Arbeiter hereinkam (Kanaillow und die Putzfrau hatten geglaubt, er könne sich nicht mehr vom Bett erheben), er sah schrecklich aus, der Speichel lief ihm aus dem Mund, die Augen und die Zähne traten hervor. Er stand wie ein Gespenst in der Tür des Arbeitszimmers von Kanaillow, wie ein halbverwester Leichnam, und sagte dumpf nur ein Wort: «Karten, Karten!» Kanaillow verstand nicht sogleich, was er meinte, aber als er begriff, daß jener die Karten zurückwollte, wurde er wütend, schrie ihn an und stieß ihn um. Was weiter geschah, weiß ich nicht mehr. Wahrscheinlich haben sie ihn auf die Straße gesetzt.

Der Folkloreforscher N. P. Andrejew starb folgendermaßen: Zuerst machte er Dienst im Institut, sowohl für sich als auch für M. K. Asadowski. Asadowski hatte gerade einen Sohn bekommen – im Luftschutzkeller. Die doppelte Schicht hatte Andrejew bis aufs äußerste erschöpft, seine Tochter arbeitete im Krankenhaus als Schwester (auch eine Methode zu überleben) und konnte dem Vater nicht helfen. An dem besagten Tag machte er sich vom Herzen-Institut aus auf den Heimweg und kam im Puschkinhaus vorbei, um jemanden zu bitten, ihn nach Hause zu bringen. Allein schaffte er es nicht mehr. A. M. Astachowa begleitete ihn. Sie brauchten unendlich lange. Unterwegs suchten sie zweimal fremde Wohnungen auf, um sich auszuruhen. In einer Wohnung schenkte man Andrejew Zucker. So bekam er Kraft, bis nach Hause durchzuhalten. Es gab noch Menschen, die es fertigbrachten, sich und ihre Familien um ein Stück Zucker – ein Stück Leben – zu berauben. Essen wirkte Wunder: Man brauchte nur ein Stück Zucker zu lutschen, und schon wuchsen die Kräfte. Essen regte an und machte trunken. Das war wie Hexerei! Einige Tage später ging ich zu Andrejew, um ihm die Fahrkarte für das Flugzeug zu bringen. Jemand aus dem Institut flog nicht (jemand, der von der Obrigkeit begünstigt worden war), und wenige Stunden vor Abflug sollte Andrejew das Ticket bekommen. Ich ging nachts zu ihm. Die Straßen waren leer, ich ging in meinem «Romanowschen» Halbpelz und mit meinem Stock auf dem Trampelpfad in der Mitte der Brückenstraße. Auf der Großen Puschkarskaja fiel ich hin und verletzte mir das Knie, dennoch stand ich wieder auf (völlig Erschöpfte konnten nicht mehr aufstehen, sie konnten nur gehen). Ich schaffte es gerade noch zu seiner Wohnung und war sogar in der Lage zu klopfen (das war eine Leistung), aber er war nicht mehr fähig zu fliegen. Einige Tage später starb er. Nach seinem Tod kam seine Frau vom Alten Newski zu ihm (seine junge Frau lebte woanders) und suchte das Sparbuch, auf dem ziemlich viel Geld war ...

Im Dezember gab es manchmal die Möglichkeit, sich mit dem LKW über den Ladogasee evakuieren zu lassen. Diese Straße über das Eis wurde «Straße des Todes» genannt (und nicht «Straße des Lebens», wie sie unsere Schriftsteller später schönfärberisch bezeichneten). Die Deutschen beschossen die Straße, sie war voller Schneewehen, und die LKWs brachen häufig ein (man fuhr nachts). Es wurde erzählt, wie eine Mutter den Verstand verlor: Sie saß im hinteren LKW, ihre Kinder im vorderen. Vor ihren Augen versank der erste Laster unter dem Eis. Ihr Fahrer machte einen Bogen um das Eisloch, in dem ihre Kinder ertranken, und fuhr schnell weiter, ohne anzuhalten. Wie viele Menschen auf dieser Straße vor Erschöpfung oder bei Bombenangriffen starben, im Wasser versanken, erfroren oder unterwegs verlorengingen, das weiß Gott allein! Der Mann der Folkloreforscherin A. N. Losanowa kam auf dieser Straße ums Leben. Sie zog ihn auf einem Kinderschlitten, denn er konnte nicht mehr laufen. Auf der anderen Seite des Ladogasees ließ sie ihn mit den Koffern auf dem Schlitten sitzen und ging ihre Brotration holen. Als sie mit dem Brot wiederkam, waren weder Schlitten noch Mann, noch Koffer da. Die Leute stahlen, sie nahmen den Erschöpften die Koffer weg und stießen sie unters Eis. Es wurde sehr viel gestohlen. Auf Schritt und Tritt nebeneinander – Gemeinheit und Menschlichkeit, Selbstaufopferung und schlimmer Egoismus, Diebstahl und Ehrlichkeit.

Auf diesem Weg kam auch der Verbrecher Kanaillow aus Leningrad raus. Er stellte zuvor noch einige gesunde Männer im Institut ein, um sich mit ihnen evakuieren zu lassen. Allerdings unter einer Bedingung: sie durften keine eigenen Sachen mitnehmen, sondern mußten seine Koffer tragen. Die Koffer gehörten übrigens nicht wirklich Kanaillow – sie stammten aus dem Besitz der Onegins und wurden von Onegin, dem unehelichen Sohn Alexanders III., der ein großer Verehrer und Sammler Puschkins war, dem Puschkinhaus testamentarisch vermacht. Die Oneginschen Koffer aus gelbem Leder wurden mit Antiquitäten aus dem Puschkinhaus vollgepackt – auch der herrliche blaue französische Teppich aus dem 18. Jahrhundert kam hinein. Kanaillow verließ zusammen mit seinem Gehilfen Jechalow die Stadt. Der war ebenfalls ein Krimineller ersten Ranges. Zuerst hielt er als Gewerkschaftssekretär auf Versammlungen flammende Reden. Dann wurde er unser ökonomischer Leiter und stahl. Die ganze Gesellschaft kam wohlbehalten über den Ladogasee. Auf irgendeiner Bahnstation überredete Jechalow die Arbeiter, sich samt den Teppichen in einen anderen Zug zu setzen, nicht in den, den Kanaillow benutzen wollte, und als der Zug abfuhr, winkte er Kanaillow zu. Der konnte nichts mehr ausrichten. Heute (1957, D. L.) arbeitet Kanaillow in Saratow, ich glaube, er ist dort Mitglied des Stadtsowjets, bekleidet eine «hohe Funktion». Nach Leningrad traut er sich nicht zurück. Anders Jechalow. Der brachte es sogar fertig, gleich nach dem Krieg dem Puschkinhaus seine Dienste anzubieten, aber er wurde zur Wirtschaftsleitung der Akademie der Wissenschaften bestellt, wo man ihm mitteilte, daß er vom Kriminalamt gesucht würde. Er verschwand aus der Akademie, doch er kam bei der Wohnungsverwaltung unter und verteilte auf der Wassili-Insel Quartiere. In seiner Eigenschaft als Chef der Verwaltung schob er sich mehrere Wohnungen zu, nahm Bestechungsgelder an und wurde am Ende doch verhaftet. Davor war er auch in Kasan aufgetaucht, in Militäruniform (er war niemals bei der Armee) und mit einem Stock: er spielte den Kriegsinvaliden.

Nach der Abfahrt Kanaillows wurde das Institut von M. M. Kalauschin geleitet. Die Entlassungen hörten auf, es wurden sogar neue Leute eingestellt, unter anderem auch unsere Kinderfrau Tamara Michailowna. Kalauschin war vorher als einer der ersten aus dem Institut entlassen worden. Er hatte als Sanitäter gearbeitet, und als er sich vor Kanaillows Abfahrt bei uns im Institut bewarb, erkannte ich ihn kaum wieder. Sein Gesicht war aufgedunsen und fleckig, er war völlig deformiert.

Immer wenn ich ins Arbeitszimmer von Kalauschin kam, aß er Brot, das er in Pflanzenöl tunkte. Offensichtlich hatte er sich die Karten derer organisiert, die ausgeflogen oder auf der «Straße des Todes» aus der Stadt gebracht worden waren.

Eine Begleiterscheinung der Dystrophie war die Kleptomanie, auch bei den Mitarbeitern unseres Instituts. Die Büroangestellte Walentina (ihren Vater- und Familiennamen habe ich vergessen) nahm im Institut sogar die Wanduhr ab. Später ging sie ins Krankenhaus arbeiten, und ich habe sie nicht mehr im Institut gesehen. Sie war eine Bekannte von Kanaillow.

Im Winter machten uns die Brände zu schaffen. Die Häuser brannten wochenlang. Es war nichts da, womit man sie hätte löschen können. Die geschwächten Menschen waren nicht in der Lage, auf ihre «Burschuika» (Kanonenofen, A. d. Ü.) zu achten. In jeder Wohnung gab es Schwache, die sich nicht fortbewegen konnten, sie verbrannten bei lebendigem Leib. Eine schreckliche Geschichte passierte in dem großen Haus auf dem Suworowski-Prospekt (das Haus steht heute noch – gegenüber den Fenstern von Anna Achmatowa). In dieses Haus, das als Lazarett genutzt wurde, fiel eine Bombe. Eine kombinierte Spreng-Brand-Bombe. Sie schlug durch alle Stockwerke hindurch und zerstörte die Treppe. Der Brand breitete sich von unten aus, keiner konnte das Gebäude verlassen. Die Verwundeten stürzten sich aus dem Fenster: lieber zu Tode fallen als verbrennen.

Im Botanischen Garten erfroren der jahrhundertealte Farn und die berühmten

Palmen (könnt ihr euch an Garschins Erzählung von der Palme erinnern, die das Glasdach der Orangerie durchstieß und, endlich in Freiheit, erfror?).

In unserem Haus starben die Familien der Putilow-Arbeiter. Unser Hausmeister Trofim Kondratjewitsch bekam ihre Karten und blieb auf diese Weise gesund. In unserem Stockwerk, in der Wohnung der Kolossows, passierte, wie wir später erfuhren, folgendes: Eine Frau nahm die Kinder der gestorbenen Putilow-Arbeiter zu sich ins Zimmer (ich schrieb bereits, daß die Kinder sehr häufig nach ihren Eltern starben, weil die Eltern ihnen ihre Brotrationen abgaben) und bekam ihre Karten, aber ... sie ernährte sie nicht. Sie schloß die Kinder ein. Die waren so geschwächt, daß sie nicht aufstehen konnten, sie lagen reglos im Bett, wo sie still starben. Die Leichen blieben ungefähr vier Wochen dort liegen, so erhielt die Frau noch für einen weiteren Monat ihre Karten. Das war auch eine Form von Menschenfresserei, eine der schrecklichsten.

Die Körper der Gestorbenen verwesten lange nicht, sie waren so ausgetrocknet, daß sie eine ganze Weile liegenbleiben konnten. Die Familien der Toten begruben ihre Verwandten nicht, weil sie ihre Karten bekamen. Vor den Leichen hatte keiner Angst, Verwandte wurden nicht beweint, denn keiner hatte Tränen. Die Wohnungstüren gingen nicht zu, auf den Schwellen lag Eis, wie auf der ganzen Treppe. Das Wasser wurde in Eimern nach oben getragen, schwappte über – die Leute waren zu schwach – und gefror auf der Stelle. Die Kälte kroch durch die Wohnungen. So starb der Folkloreforscher Kalezki: er wohnte in der Nähe des Kirow-Prospekts. Als jemand zu ihm kam, stand seine Wohnungstür offen. Man sah, daß die letzten Bewohner versucht hatten, das Eis wegzuhacken, um die Tür zu schließen, aber sie hatten es nicht geschafft. In den kalten Zimmern lagen unter Decken, Teppichen,

Pelzen ausgetrocknete, nicht verweste Leichen. Wann mochten diese Leute gestorben sein?

Auf dem Großen Prospekt neben der Gatschinskaja wurde ein Brotladen ausgeraubt. Wie sie das nur geschafft haben? Jede beliebige Verkäuferin (sie hatten noch viel Kraft) wäre mit einer ganzen Gruppe ausgemergelter Leute fertig geworden. Die Staatsmacht füllte ihre Kräfte in der Stadt auf: ausgemergelte Milizionäre wurden durch neue, gesunde ersetzt, die auf der «Straße des Todes» nach Leningrad gebracht wurden.

Beim Schlangestehen machten sich die Leute gegenseitig Hoffnung: Außer General Kulik erwartete man noch einen Helden, der sich bereits auf dem Weg nach Leningrad befand. Was außerhalb der Stadt geschah, wußten wir nicht. Wir wußten nur, die Deutschen waren nicht überall. Es gab Rußland. Nach Rußland führte die «Straße des Todes», dorthin flogen Flugzeuge, aber von dort kamen fast keine Lebensmittel, jedenfalls nicht für uns. Jura und Ninotschka fuhren mit einem Laster, der zu einem Wohnmobil umgerüstet worden war, über die «Straße des Todes». Vor der Abfahrt versprach Jura, uns etwas zu essen zu schicken. Mein Vater wartete mit großer Ungeduld auf diese Sendung. Seine Gedanken kreisten nur darum, um Juras Rauchwurst. Er sprach die ganze Zeit vom Essen, erinnerte sich an das Mittagessen auf dem Wolgadampfer, und wenn er seine Suppe aß (das heißt das, was wir Suppe nannten), dann schnaufte er. Ich war durch die Dystrophie bereits sehr gereizt, und dieses Geschnaufe (ich wußte nicht, daß es vom Herzen kam) und diese Rauchwurst brachten mich zur Weißglut.

Ich berichte jetzt davon, wie wir in unserer Wohnung in der Lachtinskaja (Haus Nr. 9, Wohnung 12) lebten.

Wir bemühten uns, so lange wie möglich im Bett zu bleiben. Wir zogen alle warmen Sachen an, die wir hatten. Zum Glück waren unsere Fensterscheiben ganz. Einige Fenster waren mit Brettern zugenagelt, andere mit überkreuzten Binden zugeklebt. Dennoch war es tagsüber hell. Wir legten uns um sechs ins Bett. Dort lasen wir ein bißchen beim Schein der Batterielampen und der Ölfunzeln. (Ich konnte mich erinnern, wie ich 1919 und 1920 Ölfunzeln hergestellt hatte, und diese Erfahrung kam uns jetzt zugute.) Aber es fiel uns schwer zu schlafen. Die Kälte erfüllte uns inwendig, sie drang durch Mark und Bein. Der Körper erzeugte kaum Wärme. Die Kälte war schlimmer als der Hunger. Sie machte die Leute gereizt. Als ob dich jemand von innen abkitzelt. Dieses Kitzelgefühl erfaßte den ganzen Körper und zwang einen, sich von einer Seite auf die andere zu wälzen. Die Gedanken kreisten nur ums Essen. Und diese Gedanken waren äußerst dumm: Wenn ich das früher gewußt hätte, daß eine Hungersnot kommt! Hätte ich mich doch nur mit Konserven, Mehl, Zucker und Rauchwurst eingedeckt!

Sina und ich rechneten aus, wie lange wir mit unseren Vorräten noch durchhalten konnten: Wenn wir jeden Tag eine Scheibe Tischlerleim aufbrauchten, dann reichte es für soundso viele Tage, wenn aber nur jeden dritten Tag – dann für soundso viele Tage. Gleichzeitig zermarterten wir uns den Kopf: Warum habe ich damals meinen Teller nicht leer gegessen?! Wie gut könnte ich den Rest jetzt gebrauchen?! Warum habe ich im Juni kein Gebäck gekauft?! Ich wußte doch, daß eine Hungersnot kommt. Warum habe ich nur elf Flaschen Lebertran gekauft?! Sina hätte ja noch mal in die Apotheke gehen können. Und so weiter und so fort, ohne Ende. Und wieder das inwendige Kitzeln, und wieder das Wälzen von einer Seite auf die andere.

Morgens heizten wir die «Burschuika». Mit Büchern. Wir nahmen die dicken Sitzungsprotokollbände der Staatsduma. Ich verbrannte sie alle, bis auf die Korrekturfah-

nen der letzten Sitzungen: das waren Dokumente von äußerster Seltenheit. Dieses Buch konnte man nicht einfach in den Ofen stekken, es hätte nicht gebrannt. Ich mußte jede Seite einzeln prüfen und warf dann Blatt für Blatt in den Ofen. Dazu mußte man die Blätter zusammenknüllen und von Zeit zu Zeit die Asche rausholen, im Papier war nämlich viel Kreide. Morgens beteten wir, ihr Kinder auch. Wir lernten mit euch Gedichte auswendig. Zum Beispiel «Tatjanas Schlaf», den «Ball bei den Larins» (aus «Eugen Onegin» von Puschkin, A. d. Ü.), Gedichte von Pleschtschejew: «Die Kinder kommen aus der Schule, vom Frost sind ihre Wangen rot…». Gedichte von Anna Achmatowa: «Meine Großmutter, die Tatarin…» und andere. Ihr wart schon vier und habt bereits eine ganze Menge verstanden. Essen verlangtet ihr nicht, aber wenn wir bei Tisch saßen, habt ihr genau darauf geachtet, daß gerecht verteilt wurde. Ihr saßt schon eine oder anderthalb Stunden vor dem Essen am Tisch – sobald Mama sich an den Herd stellte. Ich stampfte im Mörser Knochen. Diese Knochen kochten wir mehrere Male. Der Brei war dünn, dünner als eine normale Suppe. Damit er dicker wurde, fügten wir Kartoffelmehl hinzu. Ihr Kinder habt selbst den Tisch gedeckt und euch schweigend auf eure Plätze gesetzt. Ihr habt aufgepaßt, wie das «Essen» gekocht wurde. Kein einziges Mal habt ihr geweint, kein einziges Mal um Nachschlag gebettelt, ihr wußtet, daß alles gerecht aufgeteilt wurde.

Wenn wir das Öfchen heizten, wurde es sofort warm im Zimmer. Manchmal heizten wir so stark, daß der Ofen glühte. Das war wunderbar…

Nein, Hunger kann man mit nichts vergleichen, mit keiner anderen Realität. Hunger kann nicht neben einem anderen Leben existieren: eines von beiden ist eine Fata Morgana: entweder der Hunger oder das satte

Leben. Mir scheint, das wahre Leben ist der Hunger, alles andere ist eine Vision. Während der Hungersnot zeigten die Leute ihr wahres Gesicht, sie taten den äußerlichen Flitter ab: die einen erwiesen sich als wunderbare, beispiellose Helden, die anderen als Böse, als Kriminelle, Mörder, Menschenfresser. Eine Mitte gab es nicht. Die Wolken rissen auseinander, und sichtbar wurde Gott. Die Guten konnten ihn sehen.

Das menschliche Hirn starb zuletzt. Wenn Arme und Beine schon längst den Dienst versagt hatten, wenn die Finger den Mantel nicht mehr zuknöpfen konnten, wenn der Mensch keine Kraft mehr hatte, um den Mund zu schließen, die Haut dunkel wurde, wenn das Gesicht wie ein Totenschädel mit grinsenden Zähnen aussah – dann arbeitete das Gehirn weiter. Die Leute schrieben Tagebücher und legten ein ungeahntes Durchhaltevermögen an den Tag.

Der Maler Tschupjatow und seine Frau verhungerten. Während er starb, malte er. Als er keine Leinwand mehr hatte, malte er auf Sperrholz oder Pappe. Er war ein «linker» Maler, entstammte einer alten aristokratischen Familie, die Anitschkows kannten ihn gut. Sie gaben uns zwei Skizzen, die er vor seinem Tod gemalt hatte: ein apokalyptischer Engel mit rotem Gesicht, der über die Gemeinheit der Bösen in Wut geraten war, und der Erlöser, der mit einem großköpfigen Leningrader Dystrophiker Ähnlichkeit hatte. Sein bestes Bild behielten die Anitschkows selbst: ein finsterer Leningrader Hofschacht, dunkle Fenster, kein einziges Licht, der Tod hat das Leben besiegt. Möglicherweise gibt es irgendwo noch Leben, aber es hat keine Kraft, die Ölfunzeln anzuzünden. Über dem Hof im Hintergrund der nächtliche Himmel und das Gewand der Muttergottes. Sie hält den Kopf gesenkt und blickt entsetzt nach unten, als sähe sie, was in den dunklen Leningrader Wohnungen passiert …

Hoffentlich geht dieses Bild nicht verloren. Es drückt besser als alles andere den Geist der Blockade aus. Der Himmel riß auf, und die Sterbenden sahen Gott …

Übersetzung: Antje Leetz

Abb. auf der folgenden Doppelseite: Diesen Stadtplan trugen deutsche Soldaten bereits im Oktober 1941 mit sich. Solche Beutekarten wurden von kartographischen Abteilungen in der Etappe übersetzt und kamen auf schnellstem Weg an der Front zum Einsatz.

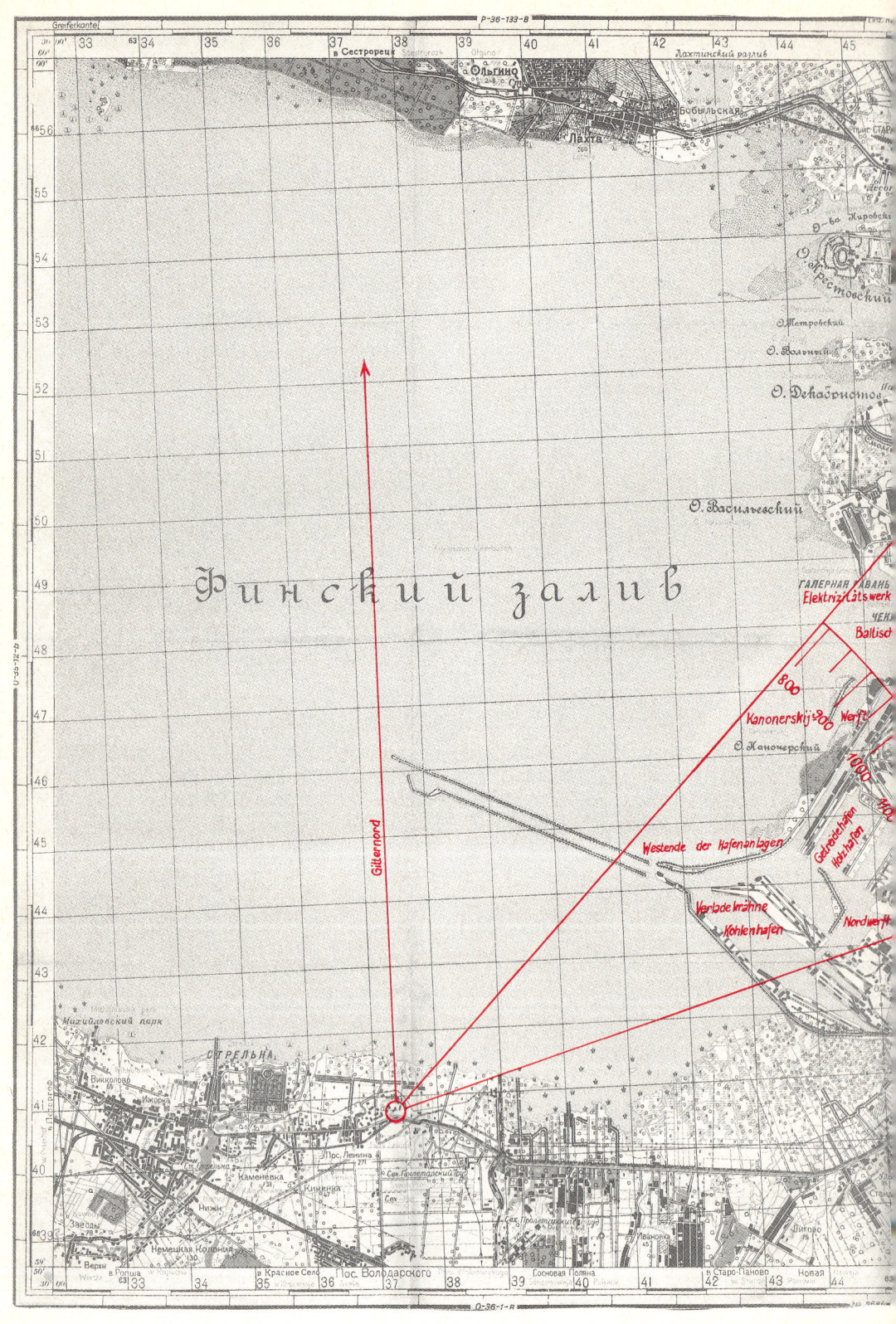

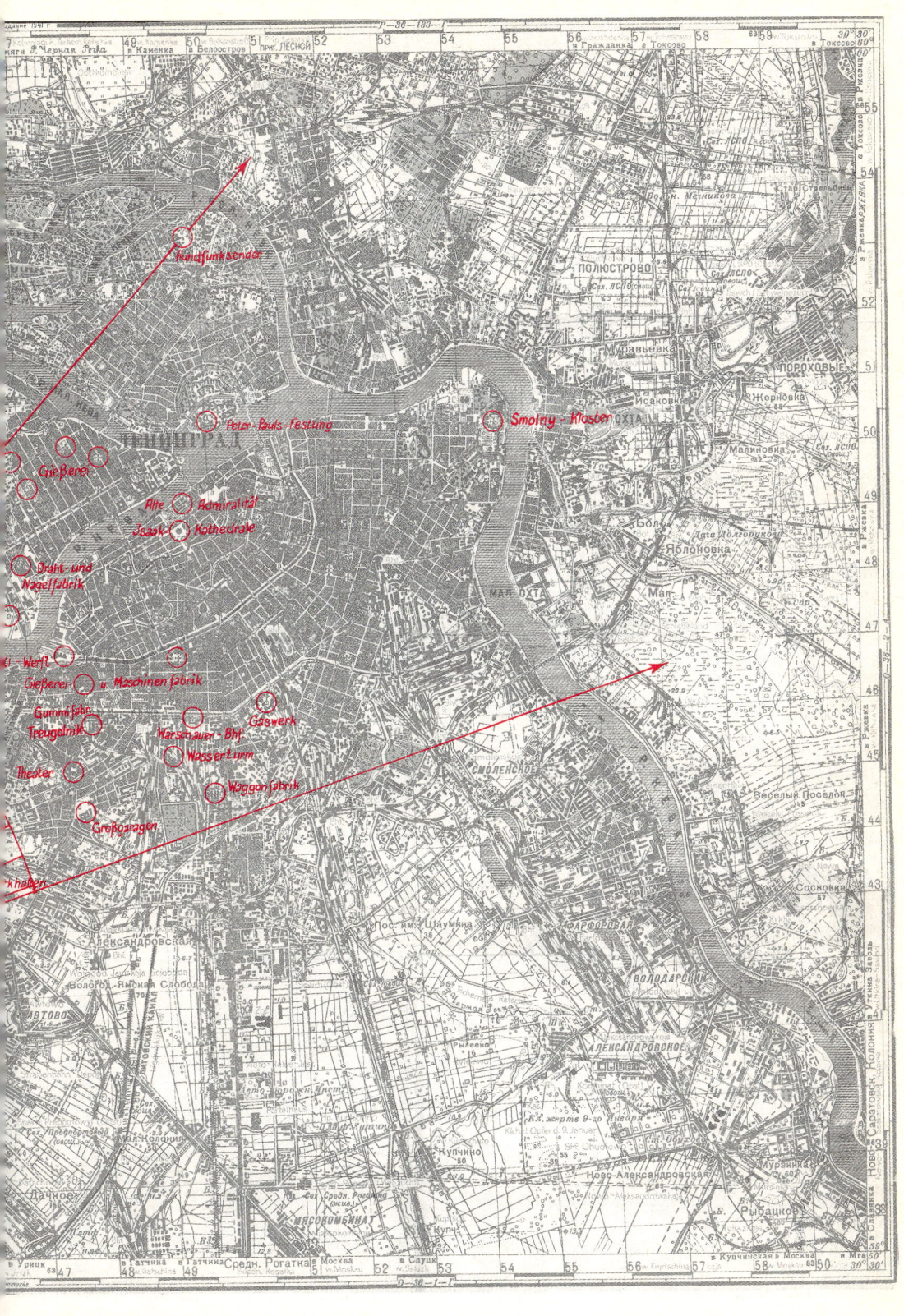

Rundfunksender

ЛЕНИНГРАД

Peter-Pauls-Festung

Smolny - Kloster

Gießerei

Alte Admiralität
Jsaak- Kathedrale

Draht- und
Nagelfabrik

ki - Werft
Gießerei u. Maschinenfabrik
Gummifabr
Treugolnik
Gaswerk
Warschauer - Bhf
Theater
Wasserturm
Waggonfabrik

Großgaragen

khafen

AUS DEM KRIEGSTAGEBUCH DER HEERESGRUPPE NORD

15. 9. 41   *23.45 Uhr*

(...)

O.B. bittet O.K.H. um Weisung, was im Fall eines Übergabeangebots von Leningrad zu geschehen hat. Seiner Auffassung nach muß Leningrad mindestens aller seiner mil. Machtmittel beraubt werden. Eine mil. Besetzung würde die klarsten Verhältnisse bringen (1 A.K. mit 2 Divn., dabei SS-Pol. Div., bis auf weiteres äußerer Abschlie-ßungsring) und ist auch aus wehrwirtschaft-lichen Gründen dringend geboten und die Masse der 18. Armee würde frei werden. (...)

17. 9. 41   *19.00 Uhr*

(...)

Leningrad selbst soll mit Flüchtlingen aus Krasnogwardeisk, Krasnoje Selo und Kolpi-no überfüllt sein. Die Brotrationen scheinen schon herabgesetzt zu sein. Ich halte es nicht für ausgeschlossen, daß wir nun nach der Ablösung, wenn die Front neu aufgebaut ist, rasch in Richtung Leningrad vordringen. Wie die Stadt selbst zu behandeln sein wird, ob eine etwaige Übergabe anzunehmen ist, ob sie zusammenzuschießen ist, oder ob sie auszuhungern ist, darüber liegt leider bisher eine Entscheidung des Führers nicht vor.

Durch das gestern erfolgte Erreichen der Kronstädter Bucht durch die 1. I.D. ist die 8. russ. Armee nunmehr abgeschnitten und kann nicht mehr gerettet werden. (...)

18. 9. 41   *19.10 Uhr*

(...)

Beurteilung der Lage durch O.B.: Bei dem Besuch des Gen.Feldm. Keitel wurde bespro-chen: Die Finnen werden nun im wesent-lichen erst dann weiter vorgehen, wenn wir über die Newa angreifen. – Was mit Lenin-grad im Falle einer Übergabe geschehen soll, behält sich der Führer vor; es wird erst im Eintrittsfall bekannt gegeben. (...)

Einschließung Leningrads und allenfall-sige Kapitulation: Gen.Oberst Halder emp-fiehlt, sich in der Einschließungslinie mit allen Mitteln zur Abwehr von Ausbruchsver-suchen einzurichten (Minen, Sperrungen), da bestimmt mit schwersten Ausbruchsver-suchen gerechnet werden müsse.

Eine Kapitulation Leningrads soll keines-falls ohne Rücksprache mit O.K.H. abge-schlossen werden. Komme ein Übergabe-angebot, so sei lediglich festzustellen: Wer bietet an, was bietet er an, welche Vollmach-ten hat er?

Mit diesen Unterlagen solle beschleunigt

Rundbild Petersburg

Aufnahmeort Poss-Lenina

Anlage zu Eff. Kdo. 1
1e. B. 6623/41.geh.

4. Oktober 1941   Verm.–u Kart-Abt (mot) 601

die Entscheidung des O.K.H. (O.K.W.) herbeigeführt werden.

Neben der Einschließung Leningrads sei die baldige Vernichtung der Reste der 8. russ. Armee im Raum westl. Leningrad vordringlich. (…)

20. 9. 41   *12.00 Uhr*
(…)
Bezüglich der Stadt Leningrad bleibt dieser Grundsatz, daß wir die Stadt nicht betreten und daß wir die Stadt nicht ernähren können, bestehen. Dagegen glaubt Gen.Feldm. Keitel, einen Weg gefunden zu haben, Frauen und Kinder nach dem Osten abzuschieben. Die endgültigen Entscheidungen aber stehen noch aus. (…)

                                 18.30 Uhr
(…)
Beurteilung der Lage: Die kritische Gegend ist der Bereich des XXXIX. A.K. Der Gegner hat alle Veranlassung, hier in Richtung auf die Newa Boden zu gewinnen und uns hier zu durchstoßen. Denn es ist die einzige Möglichkeit, das Schicksal von Leningrad noch abzuwenden. Auch die rege Spähtrupptätigkeit über die Newa nach Osten deutet in diese Richtung. Es muß darum in erster Linie dafür gesorgt werden, daß das XXXIX. A.K. festen Boden bekommt. Es wird ihm daher die 96. I.D. zugeführt. Ob diese ausreicht, muß der Verlauf des Morgen beginnenden Angriffs ergeben.

Desgleichen ist der Angriff gegen Leningrad weiter vorzutragen bis zur engen Einschließungslinie. Denn wenn Leningrad ausgeschaltet und seiner mil. Kraft beraubt ist, ist das Rückgrat des Widerstandes im Nordraum zerbrochen. Demgegenüber muß die Wegnahme des Kronstädter Raumes zurücktreten, so wünschenswert gewiß diese Wegnahme wäre, weil dadurch merkliche Kräfte freigemacht werden könnten. Aber es steht zu befürchten, daß diese Kämpfe langwierig werden. Der Schwerpunkt muß zunächst auf die Gewinnung der engen Einschließungslinie gelegt werden, um die Grundlage für eine Beschießung von Leningrad zu schaffen. (…)

12. 10. 41   *01.15 Uhr*
OKH/Op.Abt. übermittelt H.Gr. Befehl des OKW:

Der Führer hat erneut entschieden, daß eine Kapitulation von Leningrad nicht anzunehmen ist, auch wenn sie von der Gegenseite angeboten würde. Die moralische Berechtigung zu dieser Maßnahme liegt vor aller Welt klar. Ebenso wie in Kiew durch Sprengungen mit Zeitzündern die schwersten Gefahren für die Truppe entstanden sind, muß damit in Leningrad in noch stärkerem Maße gerechnet werden. Daß Leningrad unterminiert sei und bis zum letzten Mann verteidigt werde, hat der sowj.russ. Rundfunk selbst bekanntgegeben. Schwere Seuchengefahren sind zu erwarten. Kein deutscher Soldat hat daher diese Stadt zu betreten. Wer die Stadt gegen unsere Linie

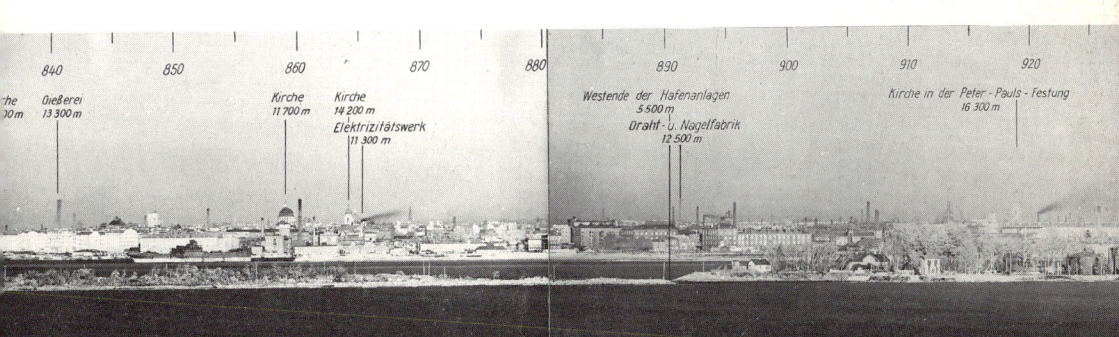

verlassen will, ist durch Feuer zurückzuweisen. Kleinere nicht gesperrte Lücken, die ein Herausströmen der Bevölkerung nach Innerrußland ermöglichen, sind dagegen nur zu begrüßen. Auch für alle übrigen Städte gilt, daß sie vor der Einnahme durch Artl.-Feuer und Luftangriffe zu zermürben sind und ihre Bevölkerung zur Flucht zu veranlassen ist. Das Leben deutscher Soldaten für die Errettung russ. Städte vor einer Feuersgefahr einzusetzen oder deren Bevölkerung auf Kosten der deutschen Heimat zu ernähren, ist nicht zu verantworten. Das Chaos in Rußland wird um so größer, unsere Verwaltung und Ausnutzung der besetzten Ostgebiete umso leichter werden, je mehr die Bevölkerung der sowjetruss. Städte nach dem Inneren Rußlands flüchtet. Dieser Wille des Führers muß sämtlichen Kdrn. zur Kenntnis gebracht werden.

Zusatz des OKH: Um die Durchführung dieser Maßnahme durch die Truppe zu erleichtern, ist der jetzige Einschließungsring Leningrad nur dort weiter zu verengen, wo dies aus takt. Gründen unbedingt erforderlich ist. (…)

14.15 Uhr

H.Gr. bittet OKH/Op.Abt. um Entscheid, ob bei einer Unterwerfung die im Raum von Leningrad eingeschlossenen (200–300 000 Mann) rote Truppen entwaffnet und in Kriegsgefangenschaft abgeführt werden dürfen oder ob der Verzweiflungskampf weiterzuführen ist. (…)

19.00 Uhr

(…)

Es ist heute die Entscheidung des OKW bezüglich der Stadt Leningrad gekommen; danach darf eine Kapitulation nicht angenommen werden. In einem Schreiben der H.Gr. an das OKH wurde darauf hin angefragt, ob denn nicht in diesem Falle die russ. Truppen in die Kriegsgefangenschaft abgeführt werden können. Soll das nicht geschehen, so führt der Russe einen Verzweiflungskampf weiter, der unsererseits Opfer und wahrscheinlich schwere fordern wird. (…)

24. 10. 41   *07.00 Uhr*

Ia fährt in den Bereich der 18. Armee.

Aktennotiz über die Fahrt des 1. Genst. Offz. am 24. 10. in den Bereich der 18. Armee. (…)

2.) Bei allen aufgesuchten Stellen wurde die Frage aufgeworfen, wie man sich zu verhalten hat, wenn die Stadt Leningrad ihre Übergabe anbietet und wie man sich gegenüber der aus der Stadt herausströmenden hungernden Bevölkerung verhalten soll. Es entstand der Eindruck, daß die Truppe vor diesem Augenblick große Sorgen hat. Der Kdr. der 58. I.D. betonte, daß er in seiner Div. den Befehl gegeben hat, den er auch von höherer Stelle erhielt und der den gegebenen Weisungen entspricht, daß auf derartige Ausbrüche zu schießen ist, um sie gleich im Keime zu ersticken. Er war der Ansicht, daß die Truppe diesen Befehl auch ausführen wird. Ob sie aber die Nerven behält, bei

wiederholten Ausbrüchen immer wieder auf Frauen und Kinder und wehrlose alte Männer zu schießen, bezweifelte er. Bemerkenswert ist seine Äußerung, daß er vor der militärischen Gesamtlage, die gerade bei seinem Flügel bei Uritzk immer gespannt sei, keine Angst habe, daß aber die Lage gegenüber der Zivilbevölkerung immer Angst verursache. Dies sei nicht nur bei ihm, sondern bis zur Truppe herunter der Fall. In der Truppe bestehe volles Verständnis dafür, daß die Millionen Menschen, die in Leningrad eingeschlossen seien, von uns nicht ernährt werden können, ohne daß sich dies auf die Ernährung im eigenen Land nachteilig auswirkt. Aus diesem Grunde würde der deutsche Soldat auch mit Anwendung der Waffe derartige Ausbrüche verhindern. Nur zu leicht könne das aber dazu führen, daß der deutsche Soldat dadurch seine innere Haltung verliert, d. h. daß er auch nach dem Kriege vor derartigen Gewalttätigkeiten nicht mehr zurückschrecke.

Führung und Truppe bemühen sich eifrig, eine andere Lösung dieser Frage zu finden, haben aber bisher noch keinen brauchbaren Weg gefunden.

3.) Das Kampfgebiet, sowohl am Einschließungsring von Leningrad, wie auch im Küstengebiet südl. Kronstadt wird z. Zt. von der dort noch wohnenden Zivilbevölkerung evakuiert. Dies ist notwendig, da diese Zivilbevölkerung dort nicht mehr ernährt werden kann. Der Abschub erfolgt korpsweise so,

daß die Zivilbevölkerung in das rückw. Heeresgebiet gebracht wird und dort auf die Bauerndörfer verteilt wird. Unbeschadet dessen hat sich ein größerer Teil der Zivilbevölkerung selbständig auf den Weg nach Süden gemacht, um sich neue Unterkunft und Lebensmöglichkeiten zu suchen. Entlang der großen Straße Krasnogwardeisk, Pleskau läuft z. Zt. eine Flüchtlingsbewegung von mehreren Tausend Menschen, in der Hauptsache nur Frauen, Kinder und ältere Männer. Wo diese hinziehen, wie sie sich ernähren, ist nicht festzustellen. Es besteht der Eindruck, daß diese Menschen über kurz oder lang dem Hungertode verfallen müssen. Auch dieses Bild wirkt sich auf den deutschen Soldaten, der an dieser Straße zu Bauarbeiten eingesetzt ist, nachteilig aus.

A.O.K. 18 macht darauf aufmerksam, daß z. Zt. nach Leningrad immer noch Flugblätter hineingeworfen werden, die zum Überlaufen auffordern. Das steht nicht im Einklang mit der Weisung, daß Überläufer nicht angenommen werden dürfen. Zunächst werden Überläufer, die Soldaten sind (das sind täglich rund 100–120 Mann), noch angenommen. Eine Änderung der Flugblattpropaganda soll aber eintreten. (…)

07.55 Uhr

(…)

d) Die Heeresgruppe und die beiden Armeen verfügen über keinerlei Reserven im gesamten Leningrader Gebiet.

Es läßt sich gegenwärtig noch nicht über-

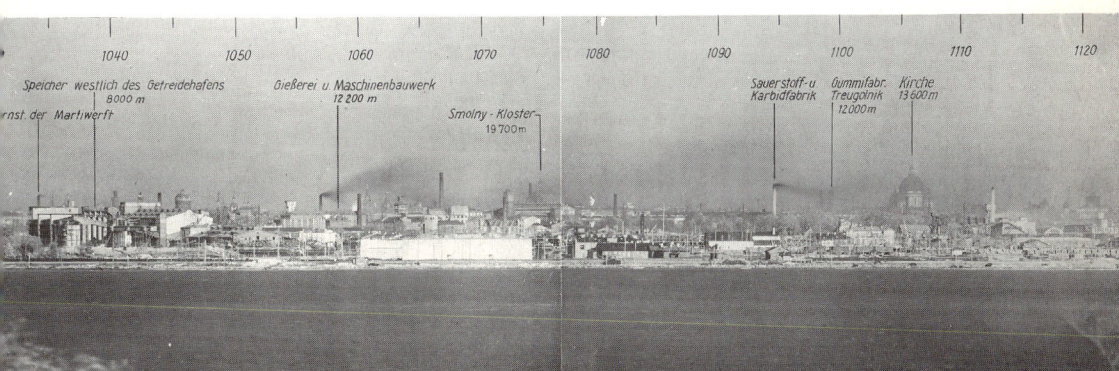

1040   1050   1060   1070   1080   1090   1100   1110   1120

Speicher westlich des Getreidehafens
8000 m
...rnst der Martiwerft
Gießerei u. Maschinenbauwerk
12 200 m
Smolny - Kloster
19 700 m
Sauerstoff-u. Karbidfabrik
Gummifabr. Treugolnik
12 000 m
Kirche
13 600 m

sehen, wann Leningrad seinen Widerstand aufgeben wird. Da seinerzeit das weitere Vortragen des Angriffs auf Leningrad in eine enge Einschließungslinie wegen Abgabe von Kräften aufgegeben werden mußte, kann jetzt die Stadt nur mit wenigen weittragenden Geschützen gefaßt werden, für die noch dazu nur äußerst geringe Munition zur Verfügung steht. Eine entscheidende Wirkung durch Artl.-Beschuß ist also nicht zu erwarten. Ob dies durch die Luftwaffe möglich sein wird, erscheint fraglich. Das Beispiel der Millionenstadt London spricht dagegen. Ferner ist eine Aushungerung in Frage gestellt, solange Verpflegung über den Ladoga-See herangebracht werden kann.

Auf dem Ladoga-See gab es etwa 100 Frachtdampfer und Lastkähne mit etwa 25 000 BRT. 5000 BRT mögen hiervon versenkt sein. Bei einem Portionssatz von 400 gr. fassen 1000 to 2,5 Millionen Portionen. Auch dies ist ein Grund für die Notwendigkeit des Angriffs der Schlüsselburger Ost-Front gegen den unteren Wolchow, da damit die Zufuhr nach Petersburg unterbunden wird. (…)

27. 10. 41
(…)
2.) Die Frage Leningrad und besonders der dortigen Zivilbevölkerung beschäftigt O.B. in starkem Maße. Ob.d.H. hat vorgeschlagen, vorwärts der eigenen Linien Minenfelder auszulegen, um der Truppe den unmittelbaren Kampf gegen die Zivilbevölkerung zu

ersparen. Wenn sich die roten Truppen im Raum um Leningrad und Kronstadt ergeben, die Waffen abgeliefert und in Gefangenschaft abgeführt sind, sieht O.B. keinen Grund mehr, die Einschließung der Stadt aufrecht zu erhalten. Die Truppe wird in die Unterkunftsräume verlegt werden. Auch dann wird ein großer Teil der Bevölkerung zu Grunde gehen, aber doch wenigstens nicht unmittelbar vor unseren Augen. Auch die Möglichkeit, Teile der Bevölkerung auf der Straße nach Wolchowstroj abzuschieben, muß überlegt werden. (…)

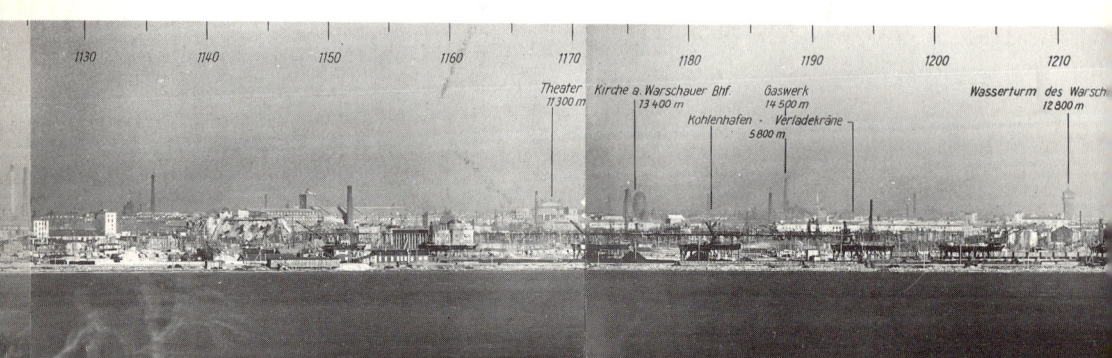

1130 1140 1150 1160 1170 1180 1190 1200 1210

Theater Kirche a. Warschauer Bhf. Gaswerk Wasserturm des Warsch
17 300 m 13 400 m 14 500 m 12 800 m
Kohlenhafen - Verladekräne
5 800 m

AUS DEM KRIEGSTAGEBUCH DER QUARTIERMEISTER-ABTEILUNG DER 18. ARMEE

3. 10. *19.30 Uhr*

Anruf Chef XXXVIII. A.K..: Was ist für die Versorgung der Zivilbevölkerung, die zu hungern anfängt, getan?

Antwort: Gen.Qu. hat für Petersburg alle vorbereitenden Maßnahmen zur Versorgung der Zivilbevölkerung abgelehnt. Jeder Verpfl.-Zug aus der Heimat verknappt dort die Lebensmittel. Besser ist unsere Angehörigen haben etwas und die Russen hungern. Auch Zuführung von Lebensmitteln z. B. aus der Ukraine ist gesperrt. (...)

5. 10. *21.30 Uhr*

(...)

Außerdem teilt L.A.K./Qu. mit, daß in Puschkin 20.000 Einwohner, meist Fabrikbevölkerung, ohne Verpflegung wären. Hungersnot ist zu erwarten. Als Vorbeugungsmaßnahme kann nur empfohlen werden, die männliche arbeitsfähige Bevölkerung in Gef.-Lager zu übernehmen. Bereitstellung von Verpflegung für die Zivilbevölkerung seitens der Truppe kommt nicht in Frage. (...)

8. 10. 1941 *09.30 Uhr*

O.Qu. zum Vortrag bei O.B. und Chef. (...)

Antrag L.A.K. aus Puschkin 20.000 hungernde Frauen und Kinder zu entfernen, die in der Kampffront in Kellern usw. hausen und nicht ernährt werden können. Zustand für Truppe untragbar – Seuchengefahr.

O.B. befiehlt Abschub in r.A.G.. Hierzu ist Raum vorgesehen westl. Straße und Bahn Luga, Mal Wyra – südl. Linie Mal Wyra – Osertizy – Srednieje – Samoschje – Grenze zum r.H.G. Durchführung durch Kdt.r.A.G. mit Feldgendarmerie. Übernahme in Krasnogwardeisk von L.A.K.. Verteilung durch Kdt.r.A.G. auf die einzelnen Dörfer. (...)

18.00 Uhr

Besprechung O.Qu. mit Ib/H.Gr.Nord, Hptm. v. Bonin, Qu. 2, Major i.G. Pitschmann, Oberstltn. Becker, Wi.Kdo. Leningrad, IV Wi., Hpt. Angermann.

a) Evakuierung der hungernden Frauen und Kinder aus dem Gefechtsgebiet. Zustand für Truppe untragbar, Ernährung nicht möglich, ebenso Abschub nach Petersburg. Also fort. Im Konzentrationslager muß Verpflg. übernommen werden. Ansiedlung in dem Gebiet zwischen beiden Bahnlinien von Krasnogwardeisk nach Pleskau. Vergrößerung der Partisanengefahr in diesem Gebiet möglich.

b) Oberstltn. Becker wendet ein, daß Evaku-

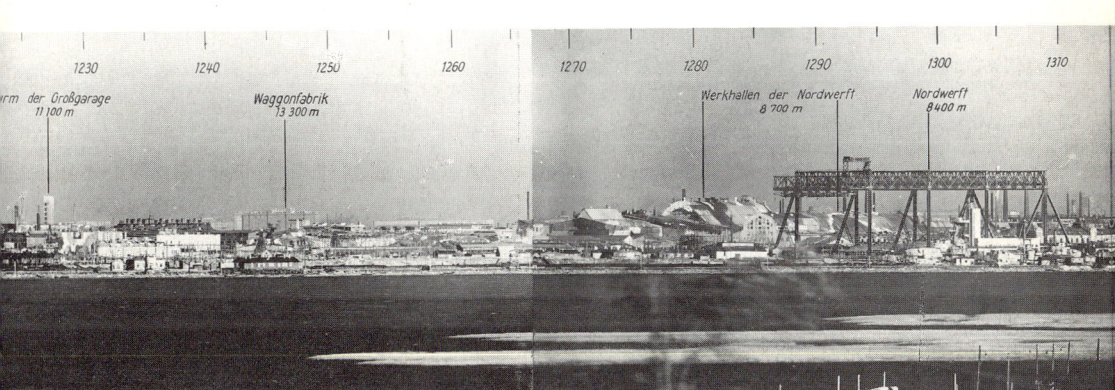

ierte Saatgetreide und letztes Vieh auf-
essen und das Gebiet dann für die Landwirtschaft ausfällt.

c) Vertreter H.Gr. Nord: Etwas muß geschehen. Eine grundlegende Weisung durch
H.Gr. Nord ist notwendig.

d) O.Qu.: Zunächst wird Puschkin geräumt.
Ansiedlung beschränkt sich nur auf
r.A.G. (...)

10. 10. *13.00 Uhr*

Generalkonsul Walter, früher Konsul in
Petersburg, nimmt für späteren Einsatz bei
Stadtkdtr. Petersburg Verbindung auf. Da
zur Zeit für Gen.Konsul Walter keine Verwendung, begibt er sich zunächst nach Reval
zurück. (...)

14. 11. 1941 *12.45 Uhr*

Eintreffen O.Qu. bei Ib 212.Div.
(...)

f) Ersatzteilbeschaffung für ausl. Kfz. durch
Abstellung eines Verb.Offz. in's Zel. Warschau geregelt.

g) Beleuchtung knapp.

h) Stacheldraht dringend notwendig, da
Finnen-Busen zugefroren und hier eine
Front entsteht, über die vor allen Zivili-
sten herüber kommen.

i) Abwehr der Flüchtlinge aus Oranienbaum
und Petersburg durch Feuer notwendig
(auf weite Entfernung), da Ernährung
nicht in Frage kommt. In Frage steht nur
wo, nicht ob, Zivilisten verhungern.

k) Amerika propagandistisch für Ernährung

Petersburger Bevölkerung im Falle Kapitulation einschalten? (...)

19. 11. 1941 *12.00 Uhr*

Besprechung O.Qu. mit Qu. Kdt.r.A.G.

a) Ortskommandanten sind für Truppe da
und sind nicht Vertreter der Bevölkerung
gegenüber der Truppe.

b) Ernährung für Bevölkerung reicht nicht
aus. Es kommt darauf an, Truppe von
hungernder Bevölkerung zu trennen.

c) Ortskommandanturen haben sich nicht
um Ernährung der Bevölkerung zu küm-
mern. Das ist Sache der Ortsältesten mit
Wi.-Dienststellen. Finger weg davon!
(...)

29. 11. *09.40 Uhr*

Bericht Qu. 2

Kdt.r.A.G. berichtet, daß die polizeiliche
Erfassung der Zivilbevölkerung im r.A.G.
demnächst abgeschlossen sein wird. Alsdann
hat jeder Zivilist erhalten:

1) eine (sichtbar zu tragende und numme-
rierte) Erkennungsmarke,

2) einen mit gleicher Nummer versehenen
deutschen Ausweis, mit Stempel der aus-
stellenden Ortskommandantur.

11.05 Uhr

Ic wird gebeten, die Erfassung der finnischen
und baltenländischen Zivilbevölkerung in
den Evakuierungsgebieten durch den S.D. zu
beschleunigen.

**Das «Rundbild Petersburg» (S. 38 – 43)
gehörte neben dem Stadtplan (S. 36 / 37)
zur Ausrüstung deutscher Soldaten.
Das Panorama zeigt Leningrad von Südwesten.**

12.20 Uhr

H.Gr.C wird wieder gebeten zu veranlassen, daß:

1) Züge zum Abtransport der Flüchtlinge bereit gestellt werden.
2) mehr als 35.000 Flüchtlinge in's r.H.G. abgeschoben werden können (bis zu 45.000)
3) die verwundeten und arbeitsunfähigen Kgf. der Armee abgenommen werden.

An H.Gr. Nord wird fortan allwöchentlich die Zahl der an Erschöpfungstod gestorbenen Kgf. gemeldet.

12.45 Uhr

Qu. L.A.K. meldet, daß die Hungersnot in den Vorstädten von Petersburg bereits ausgebrochen sei und daß die Truppe darunter zu leiden beginne. Die Flüchtlingslager in Krasnoje Selo und Krasnogwardeisk sind mit 2.000 bzw. 3.000 Flüchtlingen bereits übervoll. (…)

2. 12.   *10.00 Uhr*
Bericht Qu. 2

Kdt.r.A.G. berichtet über die Flüchtlingslage: die Auffanglager in Krasnogwardeisk und Krasnoje Selo sind überfüllt. Die Truppe kann die Bewegung nicht aufhalten, ebenso ist es ausgeschlossen, mit den Kräften der Armee die Abwanderung zu verhindern. Da das Verhungern in den Vorstädten von Petersburg schon angefangen hat, sucht die Truppe sich der Zivilisten zu entledigen und führt sie zu den Auffanglagern. In Siwer-

skaja haben sich etwa 1.500 Flüchtlinge niedergelassen; zurückschicken ist nicht möglich, da diese zu 90% aus dem vorderen Gefechtsgebiet stammen. (…)

ABKÜRZUNGSVERZEICHNIS

A.K.	Armeekorps
A.O.K.	Armee-Oberkommando
Div.	Division
Gef.-Lager	Gefangenenlager
Gen.Feldm.	Generalfeldmarschall
Gen.Qu.	Generalquartiermeister (verantwortlicher Offizier für die Versorgung der gesamten Armee)
H.Gr.	Heeresgruppe
Hptm.	Hauptmann
I.D.	Infanteriedivision
i.G.	im Generalstab
Kdr.	Kommandeur
Kdt.	Kommandant
O.B.	Oberbefehlshaber (hier Heeresgruppe Nord, von Leeb)
Ob.d.H.	Oberbefehlshaber des Heeres (von Brauchitsch)
O.K.H.	Oberkommando des Heeres
O.K.W.	Oberkommando der Wehrmacht
Op.Abt.	Operationsabteilung
O.Qu.	Oberquartiermeister
Pol.Div.	Polizei-Division
Qu.	Quartiermeister
r.A.G.	rückwärtiges Armeegebiet
r.H.G.	rückwärtiges Heeresgebiet
S.D.	Sicherheitsdienst
Wi.Kdo.	Wirtschaftskommando

**Sommer. Flakstellung der Roten Armee
gegenüber der Isaaks-Kathedrale am
nördlichen Ufer der Newa**

Zivilschutzmaßnahmen gegen Artilleriebeschuß am Newski-Prospekt

Luftalarm

Sandsäcke schützen die Schaufenster

September: Barrikadenbau

Übung für den Gasmaskeneinsatz (Oktober)

**September. Arbeiter der Kirow-(Putilow-)
Werke auf dem Weg zum Fronteinsatz**

Zivilschutzmaßnahmen wurden in erster
Linie von Frauen durchgeführt.

Herbst/Winter
Die Zivilbevölkerung baut Panzersperren.

DAS BLOCKADE-TAGEBUCH
VON GEORGI ZIM

Dieses Tagebuch entstand in der einge-
schlossenen Stadt. Der Verfasser, Georgi
Zim, begann seine Aufzeichnungen am
13. 7. 1941 und führte sie in den härtesten
Monaten der Belagerung weiter. Die letzte
Eintragung stammt vom 10. 2. 1942.
Georgi Zim starb nach der Evakuierung
über den Ladogasee an den Folgen des
Hungers. Sein Leben war, wie das vieler
anderer Leningrader, die die eingekesselte
Stadt verlassen konnten oder das Ende der
Blockade erlebten, nicht mehr zu retten.
Aus diesem Tagebuch erfahren wir, was
damals in der Stadt geschah, was die
Leningrader fühlten und empfanden,
was sie dachten. Wir sehen die Blockade
gleichsam ganz aus der Nähe, sozusagen
auf Gewehrlänge.
Über den Autor wissen wir leider nur
sehr wenig. Georgi Zim war Leningrader, Marineoffizier a.D., unterrich-
tete exakte Wissenschaften am Institut
für Bauwesen, war Kunstliebhaber, den
Menschen, dem Leben, der Kultur und
dem Schöpferischen zugetan. Ein naher
Freund von ihm war der Maler Nikolai
Kotschergin, dessen Familie sein Tagebuch bis heute aufbewahrt hat, ebenso
einige Fotos, auf denen der Maler mit
Georgi Zim zu sehen ist. Die hier ebenfalls abgedruckten Zeichnungen von
Kotschergin entstanden im September

1941 bzw. im Februar 1942 und 1943.
Kotschergin (Koka, Kolja, Nikolai) wird
im Tagebuch oft erwähnt.
Georgi Zim beschreibt deutlich und sorgsam Alltagsdetails, er berichtet präzise
über den Tagesablauf in der blockierten
Stadt, zählt die Zusammensetzung der
Lebensmittelration auf, führt Buch über
Luftangriffe und die Kriegsberichterstat-
tung. Seine Erzählung bleibt auch dann
frappierend nüchtern und präzise, wenn
er grauenhafte Details und ausweglose
menschliche Dramen schildert.
Bei der Lektüre eines Dokuments wie
diesem steht das lebendige Leningrad
erkennbar und deutlich vor uns. Und die
Leningrader, für die die Liebe zu ihrer
Stadt auch eine «politische, physische
und moralische» Liebe ist (Karamsin).
Erkennbar sind auch die Eigenschaften
des Leningrader (Petersburger) Charak-
ters, die den Leningradern letzten Endes
geholfen haben, diese schwere Zeit zu
überstehen, stärker als alle Miseren des
Lebens zu sein.
Ein besonderer Dank gilt Natalja Nikolajewna Kotschergina, die uns sowohl den
Tagebuchtext als auch Foto und Zeichnungen zur Veröffentlichung zur Verfügung stellte.

Gennadi Kagan, Leningrad

Die Zeichnungen von Nikolai Kotschergin
entstanden 1941 im September, 1942
und 1943 im Februar und befassen sich
mit der Evakuierung aus Leningrad nach
Kirgisien.

Unten:
Nikolai Kotschergin (2. von rechts),
Georgi Zim (2. von links)

Die Prüfungen sind schon lange vorbei. Ich bin völlig frei. Kolja fährt oft auf seine Datscha und beklagt sich, daß ich so selten komme, wo die Luft dort doch so gut ist. Heute beschloß ich, nach Roschdestwenskoje zu fahren. In Gatschina vor dem Bahnhof, wo ich auf den Bus wartete, holte man aus einem Sanitätswagen blutüberströmte, aber noch lebende Mädchen und Jungen. Das waren die ersten Verwundeten, die ich während dieses Krieges sah. Ein Arzt fragte: «Sind das die letzten?» Die Sanitätsschwestern erwiderten: «Nein, es kommen noch viele!» Was das für Verwundete waren, hab ich nicht gefragt. Aber wahrscheinlich waren es die Jugendlichen, die die Vorstadt verteidigt hatten und plötzlich von deutschen Flugzeugen beschossen wurden. Es heißt, daß die Deutschen noch ziemlich weit von der Stadt entfernt sind. Aber niemand weiß Näheres, von solchen Dingen pflegt man heutzutage weder zu schreiben noch zu reden. Ab und zu erscheinen über unserer Stadt deutsche Flugzeuge, sehr hoch, sie werfen vorläufig noch keine Bomben ab. Es wird wohl nicht mehr lange möglich sein, auf der Datscha zu bleiben. Endlich komme ich in Roschdestwenskoje an. Kurz vor der Siedlung erklärt mir der Schaffner: «Hier, sehen Sie rechts, neben dem Kooperativladen, den Haufen frischer Erde, da ist gestern eine Bombe eingeschlagen. Das sind deutsche Flugzeuge gewesen, sie haben vier Bomben abgeworfen. Es gab Tote und einige Verwundete.» Die Vororte von Gatschina und Vira waren stark bombardiert worden. Als ich an der Datscha ankomme, ist das Haus zerschossen. Die Nachbarin erklärt mir: «Niemand ist da. Heute fuhr W. D. mit den Kindern und Klawa weg. Es war schrecklich hier, wir haben alle gezittert. Man sagte uns, wir müßten für uns Luftschutzgräben ausheben, aber wir waren zu faul und haben das auf die lange Bank geschoben. Heute haben alle solche Gräben. Wenn Luftalarm ist, dann laufen alle sofort dorthin. Und da werden wir vielleicht auch die ganze Nacht verbringen müssen, denn die Luftangriffe sind meist nachts.» Ich ging zur Wirtin. Sie erzählte dasselbe und sagte, daß Vera ihr versprochen hat zurückzukehren, entweder heute abend oder morgen früh. Das heißt, wir sind heute aneinander vorbeigefahren (…) Innen im Haus ist alles wie im Märchen, überall herrscht Ordnung. In den Eimern Wasser, im Büffet Brot, Kuchen und Dörrkringel. Der Keller ist auch gefüllt. Und das wichtigste, es gibt Butter. Im Schubfach des Küchentisches etwa zwei Dutzend Eier. Kurz gesagt, ich könnte mich hier mit diesen Vorräten zwei oder drei Monate prächtig ernähren. Man sagt, es ist verboten, am Abend das Licht anzuschalten, ich habe also die beiden Fenster in der Küche verdunkelt. Ich holte frisches Wasser vom Fluß, wusch mich, kriegte von der Wirtin einen Liter Milch für zwei Rubel, ein Stück Brot liegt im Büffet, Salz, Zucker, Messer, Löffel – alles da.

Ich stellte die Teekanne auf den elektrischen Herd und kochte Wasser. Dann machte ich mir Tee im Speisezimmer, saß am offenen Fenster, trank süßen Tee mit Gebäck, wunderschön. Und kaufte noch einen Liter Milch.

Tee mit Gebäck, zwei Eier, Milch mit Schwarzbrot, ein bißchen Salz, und dann kamen Gäste. Galja, 14 Jahre alt, Ljusja, 12 Jahre, Sonja, 10 Jahre, Vera, 9 Jahre, und Wolodka, 8 Jahre. Sie hatten großen Spaß am Spielzeug. Besonders an dem Fuchs, den alle Kinder der Reihe nach in den Händen halten wollten. Dann spielten wir Steinchen. (…)

16. 7. 1941

Verotschka kam, wir aßen Mittag. Kohl mit Butter und Salat. Um 7 Uhr fuhr sie wieder. Klawa ließ für mich zwei Eimer mit Wasser da und Verotschka Zucker und einige geschälte Kartoffeln in der Kasserolle. Wenn ich will, kann ich sie kochen. Verotschka versprach mir, morgen zu kommen, mit den Kindern, um noch ein bißchen auf der Datscha zu bleiben. (...)

17. 7. 1941

Verotschka kam allein. Ich habe im Kooperativladen Marmelade gekauft. Allen hat es gefallen. Ab und zu kommen deutsche Flugzeuge. Die Bauern laufen dann sofort in ihre Gräben. Sie sind erstaunt, warum ich so ruhig auf der Veranda sitzen bleibe oder in der Hängematte liege und nirgendwohin laufe. An den Glockentürmen stellte man Flaks auf, die Deutschen werden nicht so einfach über die Siedlung fliegen können. In der Nacht hörte man verschiedene Geräusche von den Flugzeugen, und dann wurde geschossen. Plötzlich klopfte es an die Tür. Ich machte auf, auf der Schwelle stand meine Wirtin und bat, daß ihre beiden Jungen bei mir bleiben können. Die beiden wollen nicht ins Loch. Sie weinen ununterbrochen und stören alle anderen. Selbstverständlich habe ich es erlaubt, und die Kinder schliefen wirklich sehr ruhig. Schließlich fuhren wir mit allen Sachen zurück in die Stadt. (...)

25. 7. 1941

(...) Es wurde befohlen, die Fensterscheiben kreuzweise mit Papierstreifen zu bekleben. Als ob so was vor Explosionen und Bombardements schützt. Verotschka fuhr noch einige Male mit Klawa auf die Datscha, um Sachen zu holen. Das letzte Mal allein. Unterwegs, auf dem Rückweg, wurde ihr Bus von deutschen Flugzeugen beschossen. Die Fahrgäste stiegen aus und legten sich in einen Schützengraben. Verotschka zerschlug sich das Knie.

30. 8. 1941

Vorläufig ist alles ruhig. Es gab keine Bombardements. Das Markensystem wurde eingeführt. Die Stadt sieht überhaupt sehr ruhig aus, man kann nicht glauben, daß sie vom Feind belagert wird. Es wurde befohlen, während des Luftalarms die Fenster zu schließen. Es ist sehr unangenehm, in einem schwülen Zimmer zu sitzen. Später stellte sich heraus, daß man im Gegenteil die Fenster während des Alarms offenhalten muß. Also kam der Befehl, die Fenster aufzumachen. Aber zu dieser Zeit war es bereits kalt. (...) In den Sparkassen bekommt man nicht mehr als 200 Rubel pro Monat. Die Bevölkerung wird einberufen, um Schützengräben auszuheben. Dafür nimmt man verschiedene Leute: Schüler, Angestellte, Hausfrauen, Frauen bis 50, Männer bis 60.

21. 9. 1941

Heute sind es nun schon drei Monate seit dem Beginn des Krieges. Zum erstenmal wurde Leningrad bombardiert. Das war am 8. 9. (...) Wir haben das Bärenfell aufs Fensterbrett gelegt und beobachtet, wie die deutschen Flugzeuge kamen. Der ganze Himmel war von den Explosionswolken der Flaks bedeckt. Der Flakdonner war sehr stark. Die Flugzeuge flogen zum Elektrosila-Werk. Da stieg später eine riesengroße schwarze Wolke hoch. Am Abend wiederholte sich das Bombardement. Wir beobachteten es am offenen Fenster. (...) Ab und zu hörte man sehr starke Explosionen, und einige Male wurden wir sogar von den Luftdruckwellen vom Fenster ins Zimmer geschleudert. Nach so einer Explosion auf der Fontanka 22 hat uns Lida verboten, am Fenster zu stehen. Kolja ging in den Keller hinunter, aber der ist bei den Hausbewohnern nicht beliebt, denn dort steht Wasser auf dem Boden und tropft von der Decke, die Luft ist feucht und kalt. Am Morgen kam Marotschka und erzählte, daß in das gegenüberliegende Haus Bomben gefallen seien und in ihr eigenes Haus. Marotschka und Verotschka hatten gerade Dienst als Sanitätsschwestern, die Großmutter war allein in ihrer Wohnung. Als sie nach dem Angriff ins Haus zurückgingen, um die Großmutter zu holen, brach ein Teil des Hauses zusammen. Mara wurde verschüttet, aber sie konnte noch herauskommen. Verotschka und die Großmutter wurden nicht gefunden. (...)

Ab dem 19. 9. begannen die deutschen Flieger auch am Tage zu bombardieren. Die Nächte verlaufen meistens ruhig, obwohl es von Zeit zu Zeit Luftalarm gibt, aber wir schlafen ruhig, wir bleiben in unserer Wohnung, während sehr viele in den Keller gehen. Bei den intensiven Bombardements am Abend gehen wir runter und stehen im Torbogen. Einmal waren wir sogar im Keller der Fabrik «Rot Front». Manchmal explodieren die Bomben nicht. So eine Bombe fiel genau gegenüber von unserem Haus jenseits der Fontanka herunter. Wäre sie auf unsere Seite gefallen, so wären wie in vielen Straßen alle Fensterscheiben kaputtgegangen. Denn die Luftdruckwellen bei einer solchen Explosion haben riesige Kraft. (...) Eine Bombe beschädigte das Mariinski-Theater und das Dach des Senatsgebäudes. Alle Fenster im Verband der Maler sind kaputt. Glücklicherweise sind die in der Werkstatt von Kolja ganz geblieben. In der Stadt wurden jetzt die Lebensmittel rationiert – Markensystem. Brot von 600 Gramm bis auf 200 Gramm. Die übrigen Nahrungsmittel sind auch rationiert. Fleisch zum Beispiel, für einen Monat werden 150 Gramm ausgegeben. Die Schlangen sind kolossal lang. Ohne Marken kann man nichts kaufen. Wein ist aus den Geschäften verschwunden. Die letzten Tage haben alle Sekt gekauft, aber den gibt es jetzt auch nicht mehr. Heute war das Eau de Cologne ausverkauft. Der Portier kam zu uns und schlug uns vor, in den Vorortgärten Kartoffeln zu sammeln, mit der Bedingung: von zehn Säcken Kartoffeln gehört einer uns. Alle bis 60 Jahre sind verpflichtet, Wache zu stehen, zwei bis vier Stunden im Tor und auf dem Dach des Hauses. Außerdem werden Feuerwehr- und Sanitätsmannschaften organisiert. Während des Alarms müssen diese Mannschaften auf ihren Posten sein. Das ist sinnvoll. So werden die Brände, die von den Brandbomben entstehen, schnell gelöscht. (...) In allen Gärten und Boulevards sind Schutzgräben ausgehoben. (...)

22. 9. 1941
Seit zwei, drei Tagen berichten die Zeitungen, daß die Kämpfe bei Kiew sehr hart sind. Heute wurde im Radio durchgegeben, daß unsere Truppen Kiew verlassen haben. Mara kam zu uns und erzählte, daß man Verotschkas Leiche und den unteren Teil des Körpers der Großmutter gefunden habe. Gestern um zehn Uhr abends war Luftalarm. Wir gingen runter, konnten aber nicht das Ende des Alarms abwarten. Heute früh um sieben Uhr gab es Luftalarm, aber wir haben ihn verschlafen. Um drei Uhr wieder Alarm. Man hörte Schüsse und eine mächtige Explosion. Der Boden zitterte. Es stellte sich heraus, daß eine Bombe in den Gasthof gefallen war. Wir gingen hin, man ließ uns nicht hinein. Verwundete wurden herausgebracht. Auf dem Rückweg gingen wir bei der Apotheke vorbei, um Eau de Cologne zu kaufen. Die Apothekerin sagte aber, es sei schon alles ausverkauft und ausgetrunken. Einige sind verrückt geworden. Sie sind wie besessen von der Jagd nach Diversanten. Gestern während des Nachtalarms schrie jemand aus der unteren Etage: Auf dem Dach gegenüber werden Signallichter angezündet! Er war richtig enttäuscht, als man ihm sagte, das sei ein gewöhnlicher Stern. (...) Aber vielleicht gibt es doch Diversanten,

die abends oder in der Nacht Lichtsignale geben.

23. 9. 1941
(...) Wir haben nur noch eingeschränkt elektrische Energie. Heizgeräte sind verboten. Die Norm für Petroleum in diesem Monat: 2 1/2 Liter pro Person. Alle Neuigkeiten erfahren wir nur aus der Zeitung: «E.W.E.», das heißt «Ein Weib Erzählte». Die Radioempfänger mußte man schon am Anfang des Krieges abgeben. Die Privattelefone sind abgeschaltet.

(...) 24. 9. 1941

25. 9. 1941
Gestern war ein richtig ruhiger Tag. Nur ein Luftalarm. «E.W.E.» berichtet von 50 sibirischen Divisionen, die die Deutschen aus Leningrad jagten. Ist es wahr? Heute gab es dreimal Luftalarm, aber man hörte keine Flaks und keine Explosionen und tagsüber nur selten Artillerie. Ein Geschoß traf den Pionierpalast.

26. 9. 1941
Gestern gab es viermal Alarm, drei noch in der Nacht. Explosionen und Schüsse habe ich nicht gehört. M. M. erzählte von den Zerstörungen in der Dmitrewskaja. Wir gingen, um es uns anzusehen. Fast alle Häuser sind zerstört. 250 Menschen wurden getötet. Speisehallen und Restaurants wurden in verschiedenen Institutionen eingerichtet. Einlaß nur mit Ausweis. Normale Restaurants gibt es fast nicht mehr, die Schlangen dort sind unwahrscheinlich lang. Heute haben wir im Verband der Maler zu Mittag gegessen, gegen sechs Uhr erfuhren wir, daß noch Graupenbrei übriggeblieben war. Alle rannten, um ihre Marken zu holen.

(...) 27. 9., 28. 9. 1941

29. 9. 1941
Nach dem ersten Alarm gab's noch einen kurzen um ein Uhr in der Nacht. Dann war es ruhig. Zu uns kam Fjodor, er ist sehr mager geworden. Er sagt, daß er im Bad war und sich nicht mehr wiedererkannte. Knochen, die in Hautfalten eingewickelt sind. Dank Lidotschka haben wir unseren Speck noch nicht verloren. Lidotschka selbst wird merkbar bleicher und magerer. Hinter dem Narwski-Tor fielen mehrere Brandbomben.

30. 9. 1941
Gestern abend gab es zwei Bombardements. Weit entfernt hörten wir Geschosse. Gestern ging Lidotschka auf den Newski-Prospekt und erzählte erschrocken, daß neben dem Pionierpalast ein riesengroßer Graben ist. Die wunderschönen Gitter sind beschädigt. An den Häusern der Umgebung sind die Fenster kaputt. Um vier Uhr fuhren wir zu Verotschka, um ihr zum Geburtstag zu gratulieren. Die Straßenbahn war überfüllt. Wir kamen spät an, etwa um sieben Uhr. Verotschka setzte uns Essen vor, das uns an die gute alte Zeit erinnerte. Eine Fleischsuppe, Bœuf à la Stroganoff, Tee mit sehr geschmackvollem Gebäck, Piroggen mit Marmelade und Schokolade und Apfelsinenmarmelade und eine Flasche Sekt. Und eine Flasche Muskat. Schon lange habe ich nicht mehr so gut gegessen. Ich war begeistert, trotz des Donnerns und Schießens auf den Straßen. Etwa anderthalb Stunden lang hörten wir Geräusche von Flugzeugen und Flaks. Erst um neun Uhr konnten wir zur Straßenbahn, und um zehn kamen wir glücklich zu Hause an.

1. 10. 1941
Laut der offiziellen Mitteilung des Informbüros haben gestern abend unsere Truppen die Stadt Poltawa verlassen. Heute nacht und den ganzen Tag über hört man Artillerie.

Das sind unsere, die schießen auf die Deutschen.

(...) 2. 10. 1941

3. 10. 1941

Heute früh hat Koka wieder in den Putilow-Werken angerufen. Man hat ihm geantwortet, daß die Halle, wo Serjoscha arbeitet, von zwei Bomben getroffen wurde. Getötet wurde niemand, aber es gab Verwundete. Der Mann am Telefon wollte es nicht riskieren, in die Halle zu gehen, das Werk wurde die ganze Zeit beschossen. Aber er rief in der Verbandsstelle an, wo alle Verwundeten waren. Dort sagte man, Serjoscha sei nicht dabei. (...)

4. 10. 1941

Man erzählt, auf der Wyborger Seite wären sehr viele Brandbomben gefallen und es brenne irgendein Krankenhaus. Den Feuerschein konnte man bis zum Sowjetski-Prospekt sehen. Heute zum Tee gabelte Lida irgendwo ein Stück Speck auf. Toilettenseife ist aus der Stadt verschwunden. Um fünf Uhr nachmittags klopft es plötzlich an der Tür. Nikolaj Sergejewitsch fragt: «Möchten Sie einen Verwundeten sehen?» Es stellte sich heraus, daß Serjoscha doch in den Putilow-Werken verwundet worden war. Wir gingen selbstverständlich sofort zu den Salows. Da stand Serjoscha und stützte sich auf einen Stuhl, sehr mager, dunkel, Hose und Jacke an mehreren Stellen von Splittern durchlöchert. Zum Glück ist er so mager, daß die Splitter an mehreren Stellen durch die Kleider pfiffen. Sie trafen Serjoschas Körper nicht. Aber ein Splitter hat ihn doch verwundet. (...)

5. 10. 1941

Die Bombardements begannen etwa um halb acht am Abend und dauerten die ganze Nacht bis sieben Uhr morgens. Die Alarm-sirenen heulten fast ununterbrochen. Es ist natürlich eine sehr günstige Zeit für die Flieger, denn die Nächte sind klar und wolkenlos. In solchen Nächten geht man am besten spazieren. Und wir sind gezwungen, in einem dumpfen Keller zu hocken. Um ein Uhr in der Nacht konnten wir nach oben in die Wohnung und dachten, daß es nun vorbei sei. Wir gingen ins Bett, ich schlief fest und hab nichts gehört. Lida sagt, daß sie in der Nacht sehr schlecht schlief und Explosionen hörte. Sie hat Angst, daß unser Haus eine Bombe abkriegt. Zwischen den Bombardements hörte man Kanonen, und nach dem ersten langen Bombardement konnte man eine riesengroße Flamme in der Newa-Mündung sehen. Der Diensthabende auf dem Dach sagt, es brennt entweder im Hafen oder das Marti-Werk. Die Straße ist kaputt, und deswegen gibt es keine Straßenbahnverbindungen mehr. Nachmittags ging ich auf den Tschernischewski-Prospekt. Als ich schon auf der Semjonowskaja war, sah ich am Himmel fünf Flugzeuge. Die Leute sagten, das müßten die Deutschen sein, denn unsere Flugzeuge sehen anders aus. Ein Offizier behauptete, es seien englische, weil die englischen Flugzeuge solche langen Hecks haben. Es konnten auf keinen Fall deutsche Flugzeuge sein, denn es gab ja keinen Alarm, und deswegen ging ich langsam weiter die Straße entlang zum Litejny-Prospekt. Und als ich in die Kirotschnaja-Straße einbog, begannen die Flaks die Flugzeuge zu beschießen, und es gab endlich Luftalarm. Aber die Flugzeuge blieben noch etwa eine Viertelstunde am Himmel und verschwanden erst dann in Richtung Srednaja Rogatka. (...)

6. 10. 1941

Gestern abend regnete es. Erst um halb elf wurde es klarer. Wegen des Regens begann das Bombardement etwa um eins in der Nacht, als wir schon schliefen. Wir mußten in den Keller. Nach dem ersten Alarm gingen wir nach oben und schliefen trotz der Bombardements. In der «Prawda» steht, daß nach Hitlers Worten unsere Verluste im Laufe von dreieinhalb Kriegsmonaten 2 500 000 Menschen, 22 000 Geschütze und 18 000 Panzer betragen. In Wirklichkeit seien es 1 128 000 Menschen, 8000-9000 Geschütze, 7000 Panzer. Die Verluste der Deutschen, von denen Hitler nicht spricht: 3 Millionen Menschen, 13 000 Geschütze, 11 000 Panzer. Das alles steht in der «Prawda» vom 5. 10. 41, Nummer 238. (...)

(...) 7. 10. 1941

8. 10. 1941

Gestern war ein außerordentlich starkes Bombardement. Der erste Alarm begann wie gewöhnlich um halb acht und dauerte sechs Stunden und 15 Minuten. Das war eine Rekordzeit, früher hatte er höchstens drei Stunden, zehn Minuten gedauert. Das Bombardement ging bis zum Morgen. Kolja hatte Dienst, als er durch den Hof ging und sah, wie mehrere Splitter von den Flakgeschossen im Hof einschlugen. Auf das Technikum fielen zwölf Brandbomben. Gegenüber vom Technikum steht ein bis auf die Grundmauern zerstörtes Haus. Auf den Nikolski-Markt soll eine Sprengbombe gefallen sein. Ins Haus 22 an der Fontanka fielen auch zwei Sprengbomben. Die eine explodierte, die andere nicht. In der 8. Krasnoarmejskaja zerstörte eine Bombe das ganze Haus, in dem der Neffe von Tatjana Wassiljewna Roschdestwenskaja lebte. Sie weint, denn man hat den Neffen bis heute nicht gefunden. Viele dieser Sprengbomben explodieren nicht. (...)

(...) 9. 10., 10. 10. 1941

12. 10. 1941

Bombardement nach Stundenplan. Die Akademischen Theater sind schon lange evakuiert worden. Auch das große Dramatische Theater an der Fontanka. Dorthin übersiedelte das Theater der Komödie von Jelissejew. In der kleinen Oper hat sich das Komsomoltheater eingerichtet. Die Aufführungen beginnen um fünf nachmittags und sonntags um vier. Heute waren wir im Aurora-Kino am Newski-Prospekt. Wir haben ein Filmlustspiel gesehen: «Korsinkins Abenteuer». Der Konzertsaal ist geschlossen, die Räume sind beschädigt, und von der Statue in der Nische sind nur die Füße übrig. Dieser Tage haben die Salows eine Postkarte von Mischka bekommen. Sie fragt, warum wir ihr nicht schreiben. Ob wir in Leningrad seien. Daß niemand von den Leningradern ihre Briefe beantwortet. Das heißt, die Briefe, darunter auch unsere, kommen nicht an. Mara sagt, die Ausgrabungen an ihrem zerstörten Haus werden fortgesetzt, obwohl schon 34 Tage seit dem Angriff vergangen sind. Man hat ein Stück des Kleides von Verotschka gefunden.

(...) 13. 10., 14. 10. 1941

15. 10. 1941

Heute schneite es zum erstenmal. Im Radio teilte man mit, daß sich unsere Truppen aus der Stadt Mariupol zurückgezogen haben. Die ganze Nacht wurde bombardiert, aber Alarm gab's nicht.

(...) 16. 10. 1941

17. 10. 1941

Gestern war die ganze Nacht Alarm. Zwei Brandbomben fielen in unser Haus. Gestern brannte die ethnographische Abteilung des Russischen Museums. Auf der Petrograder Seite brannten die Amerikanischen Berge und ein Teil des Nardom, des Volkshauses.

Das Feuer war so groß, daß es bei uns zu Hause, in unserem Hof, taghell war. Heute wurde Serjoscha mit einem Teil seiner Halle evakuiert. Er nahm Sinotschka mit. Nikolaj Sergejewitsch blieb zu Hause, um für Sonja zu sorgen und die Wohnung zu bewachen. Für ihn wird irgendeine bejahrte Frau namens Marja Wassiljewna (auf Empfehlung von Ina) sorgen. Man fährt, warum weiß ich nicht, vom Finnländischen Bahnhof bis zum Ladogasee und von dort mit dem Schiff auf die andere Seite des Sees, dann mit dem Zug bis zum Ural. Ich glaube, das Ziel ist irgendwo in Tscheljabinsk oder Swerdlowsk.

(...) *18. 10. 1941*

19. 10. 1941

Gestern hat es den ganzen Tag geschneit, und deswegen gab es keine Bombenangriffe. Wir schliefen ruhig. Die Kanonade hörten wir die ganze Nacht, aber wir wußten nicht, wer schoß. Waren es unsere oder die Deutschen? Heute kommt plötzlich Serjoscha nach Hause, wir dachten, die Salows seien schon längst über den Ladogasee und säßen bereits im Zug. Es scheint aber, daß es nicht leicht ist, auf eigene Faust rauszufahren. (...)

20. 10. 1941

Der Tag und die Nacht vergingen ruhig. Man hörte nur Schüsse. Das Wetter war nicht sehr gut: 1, 2 Grad Frost. (...) Heute tranken wir das erste Mal nur Tee mit Schwarzbrot. Meinen Gürtel, den ich schon mal enger gemacht habe, muß ich noch fester schnallen. Probleme mit der schlanken Linie habe ich nicht mehr. Um fünf Uhr nachmittags gab es ein Bombardement, aber nicht lange. Eine Bombe explodierte ziemlich weit von unserem Haus. Klawa kaufte ein Kilo Butter für 150 Rubel.

(...) *21. 10., 22. 10., 23. 10., 24. 10., 25. 10., 26. 10., 27. 10., 28. 10., 29. 10., 30. 10. 1941*

31. 10. 1941

Um neun Uhr morgens stand ich an der Trolleybushaltestelle, da haben die Deutschen begonnen, die Stadt zu beschießen. Alle liefen auseinander, aber in diesem Moment kam der Bus, und ich stieg ein. An der Tschernischowbrücke gab es plötzlich eine starke Explosion, ich sah, wie an der gegenüberliegenden Seite der Fontanka ein Haus getroffen wurde. Der Trolleybus stoppte, da alle Drähte zerrissen waren. Ich mußte zu Fuß gehen. Unterwegs konnte ich die Spuren der Einschüsse sehen. Überall bis zur Gorochowaja-Straße lagen Glasscherben und Gesteinsbrocken auf dem Trottoir. Hier und da heruntergerissene eiserne Rohre und Ziegel. Neben der Brücke, in der Gorochowaja-Straße, ein riesiger Bombentrichter.
(...)

1. 11. 1941

Um halb sieben Uhr abends wieder anderthalb Stunden Bombardements. Dazwischen eine Kanonade. Im Oktober wurde ein halber Liter Petroleum pro Person ausgegeben. Butter – 150 Gramm, das betrifft die, die arbeiten, für die Familienmitglieder gibt es überhaupt nichts. Zucker 300 Gramm, für die Angehörigen 150 Gramm. Das alles für einen ganzen Monat. Brot – 200 Gramm pro Tag. Schwarzbrot, von Weißbrot keine Rede. Heringsprodukte nur 200 Gramm pro Person für den ganzen Monat. Fleisch für Arbeiter 750 Gramm, für Familienmitglieder 350 Gramm. Mehl 300 Gramm pro Person. Konditoreiprodukte für die zwei letzten Dekaden für Angestellte oder Arbeiter 250 Gramm, für die übrigen 200 Gramm. Graupen – zwei Kilo für drei Personen pro Monat. Das heißt, die Angestellten werden nach der zweiten Kategorie verpflegt, die

Familienmitglieder nach der dritten und die Arbeiter nach der ersten. (...)

(...) 2. 11., 3. 11., 4. 11.,
5. 11., 10. 11. 1941

11. 11. 1941

Heute früh fuhr ich mit dem Trolleybus ins Technikum. Auf dem Weg begann der Beschuß, an der Fontanka. Die Granaten explodierten direkt über unseren Köpfen. Wir hatten zumindest so ein Gefühl. In der Nähe der Gorochowaja-Straße hielt der Trolleybus, dort stand schon ein anderer Wagen. Die meisten Fahrgäste und der Fahrer wollten gleich weglaufen. Es gelang uns, die Schaffner zu überreden, uns aus dieser gefährlichen Zone zu bringen. Wir stiegen ein, der Fahrer befreite die elektrische Leitung aus der Halterung des vorderen Wagens, fuhr um den anderen Wagen herum und brachte uns ganz schnell aus dem Feuerbereich. (...) Ins Technikum ging ich buchstäblich tastend, da es, ich weiß nicht warum, keine Elektrizität gab. Die ersten zwei Stunden des Unterrichts verliefen ruhig, zehn Minuten vor Schluß gab es wieder Luftalarm, und alle saßen noch 40 Minuten im Keller. Bis heute konnte man in der Speisehalle des Technikums Suppe für Geld bekommen. Die Suppen sind sehr schlecht. Heißes Wasser mit einigen Körnchen Graupen oder ein paar Stückchen Makkaroni oder irgendwelchen grünen Blättern. Kurz gesagt, nahrhaft ist diese Suppe überhaupt nicht. Und trotzdem, wenn man stundenlang im kalten Keller, in der kalten Klasse gesessen hat, dann ist es sogar angenehm, so eine Suppe zu essen. Besonders wenn man dabei noch ein kleines Stückchen Schwarzbrot hat. Heute war Fedja bei uns. Er hat angefangen, Hundefleisch zu essen. Es schmeckt, besonders von jungen Hunden. Ein Freund hat ihm ein Stück Fleisch gegeben, es schmeckt wie Hammelfleisch. Und Katzen, sagt er,

erinnern an Hasen. Seine ganze Familie ißt Hunde und Katzen. Seine kleine Tochter fängt im Hof die Katzen, manchmal zwei, manchmal sogar drei. Fedjas Schwiegervater wurde davon plötzlich schlecht. Fedja brachte ihn ins Bett, und als er zu röcheln begann und jemand einen Krankenwagen rufen wollte, da hat Fedja gesagt, nein. Er starb tatsächlich bald. Fedja sagte: «Es ist gut so, ich würde selbst froh sein, so zu sterben.»

12. 11. 1941

Heute ist der letzte Tag, an dem wir 200 Gramm Brot pro Person bekommen haben. Ab morgen werden die Arbeiter 300 Gramm, die Angestellten und die Familienmitglieder je 150 Gramm bekommen. Das sogenannte «Chrjamlo», das heißt die oberen dunklen Kohlblätter, aus denen Suppe gekocht wird, ist völlig verschwunden. Öl- und Leimkuchen auch, aus denen man Gebäck und Koteletts machte. Auch Senf, aus dem man Fladen buk, gibt's nicht mehr. Obwohl man von solchen Senffladen sehr oft Durchfall bekam. Heute gab es zweimal Luftalarm. Lidotschka kaufte irgendwo Mandelkleie, aus der man ebenfalls Fladen backen kann. Aber es stellte sich heraus, daß diese Fladen nicht eßbar sind. Sie riechen nach Arznei. (...)

(...) 13. 11., 14. 11., 15. 11., 16. 11.,
17. 11., 18. 11. 1941

19. 11. 1941

Heute waren wir alle sehr müde. Permanent mußten wir in den Keller. Es gab sehr oft Alarm, und wir mußten immer wieder etwas in den Keller schleppen.

20. 11. 1941

Heute ist eine Wiederholung des gestrigen Tages. Die Brotration wurde um 25 Gramm gekürzt. Im Radio teilte man mit, daß unsere Truppen die Stadt Kertsch aufgegeben haben.

21.11.1941

Ununterbrochen, Tag und Nacht, Artillerie-beschuß. Um sechs Uhr nachmittags Luft-angriffe, den ganzen Abend. Der arme Koka kann seinen Tee nicht mehr trinken. Die gan-ze Zeit verbringt er im Keller. Lidotschka ging auf meine Bitte hin in die Poliklinik. Man sagte ihr aber, man könne wegen der zerschlagenen Fenster keine Analyse machen. Das Labor sei zerstört. Gestern abend fiel eine Bombe mitten in das Eckhaus Newski/Gribojedow-Kanal. Das Café «Amerikanka» ist zerstört, in dem Lidotschka und ich einige Male zu Mittag gegessen haben.

22.11.1941

Heute sind es fünf Monate seit Kriegsbeginn. Am Tag verstärkter Artilleriebeschuß. Die Leningrader haben sich an den Luftalarm ge-wöhnt, d. h., sie setzen ihren Weg sogar nach dem Luftalarm fort. Doch jetzt werden die Bürger dafür bestraft. Beim erstenmal mit 75 Rubel.

(...) ### 23.11.1941

24.11.1941

Gestern gab's keine Angriffe. Nur Beschuß.

(...) ### 25.11.1941

26.11.1941

Die Wiederholung des Gestrigen, Luftan-griffe und Alarm. Lida sagt, daß sie uns irgendwie ernähren kann bis zum 1.12. Am Tag fiel eine Bombe im Michailowgarten und eine zweite am Marsfeld. Kolja war bei Baschkirzews, um telefonieren zu können. Die Machowaja-Straße, wo die Baschkirzews wohnen, wurde mehrmals bombardiert. Das Nebenhaus wurde zerstört, und eine Bombe fiel gerade vor den Eingang ihres Hauses, in ihrer Wohnung sind keine Scheiben mehr in den Fenstern, statt dessen haben sie sie mit

Karton und Sperrholz abgedichtet. Sie sitzen in Wintermänteln, in Mützen und Stiefeln, da die Temperatur bei 0 Grad Celsius ist. Sie schlafen alle zusammen in einem kleinen Zimmerchen, bei 3 Grad.

(...) ### 27.11., 28.11., 29.11., 1.12.1941

3.12.1941

Heute steht in der «Prawda», daß unsere Truppen die Stadt Tichwin aufgegeben haben; auch heute gab es Luftangriffe, die Nächte aber verlaufen ruhig. In diesem Monat wird kein Fett, kein Fleisch und kein Zucker ausgegeben. Nur Graupen, 200 Gramm pro Dekade. Und Brot, Seife, Streichhölzer und Salz. Das Brot ist schreck-lich, ganz naß, voller Holzmehl. Es hat eine dunkle Farbe. Überall spricht man von der Evakuierung. Die Stellvertreterin des Direk-tors hat gesagt, sie wäre im Stadtsowjet gewesen, wo man ihr mitteilte, daß die erste Partie schon voll sei. Die ersten fahren be-reits morgen weg.

4.12.1941

Es heißt, daß man über den Ladogasee etwa 33 Kilometer zu Fuß gehen muß und danach auf dem Festland 218 km. Unterwegs, so heißt es, werde man ernährt. Jeder darf ein Paket von 30 Kilo mitnehmen. Einige unse-rer Studenten wollen evakuiert werden. Wenn eine ganze Institution evakuiert wird, so geschieht das unter wesentlich günstige-ren Bedingungen, d. h. mit LKWs. Jetzt wird die Medizinische Hochschule evakuiert, das Arktische Institut ist auch an der Reihe. Sascha kam und erklärte, er habe sich in die Evakuierungsliste eingetragen. Fürs Flug-zeug. Er weiß aber nicht, ob Verotschka ein-verstanden sein wird. Ich habe gehört, daß der Schauspieler Migai, als er das Flugzeug bestieg, an einem Herzinfarkt gestorben ist. Sascha schlug vor, auch Kolja mitzunehmen. Kolja erwiderte, er könne das tun, aber man müsse ihm erlauben, noch fünf Menschen mitzunehmen, darunter auch mich und Lidotschka. Diese Woche hat unser Bezirk keinen Strom. Man darf nur 2 kw/h pro Tag verbrauchen. Es ist verboten, Licht im Badezimmer und in der Toilette anzumachen. Wir gehen tastend durch den Korridor, sehr unangenehm. Taschenlampen werden nicht verkauft, und so sitzen wir einfach im Dunkeln. Die ersten Rezepte, wie man bei Hunger am Leben bleibt, tauchen auf: man muß mehr schlafen. Aber nicht mehr als 12 Stunden pro Tag. Dann an der frischen Luft spazierengehen und wenig trinken. Und noch was mit Salz. Entweder mehr oder weniger Salz essen, ich weiß nicht mehr. Solche Rezepte werden überall weitererzählt. Man sagt, es gäbe Fälle, wo Menschen bis zu 60 Tagen ohne Nahrung lebten, das waren vielleicht Leute, die vorher sehr gut gegessen haben. Mit viel Fett. Wir aber, wir achten heutzutage auf die schlanke Linie. Solche wie wir können kaum 30 Tage aushalten. Durchaus möglich, daß wir bald gezwungen sein werden, diese Angaben durch eigene Erfahrungen zu überprüfen.

(...)   5. 12., 8. 12. 1941

9. 12. 1941

Keine Luftangriffe, nur Artilleriebeschuß. Frost, minus 23 Grad. Das Wetter ist sonnig, der Himmel ist klar. Wegen der Kälte fällt der Unterricht aus, die Fenster im Technikum sind ohne Scheiben, und es ist sehr kalt. Heute ist Lidotschkas Geburtstag. Wir suchten mit Kolja überall nach Blumen oder Parfüm. Nirgendwo ist was zu machen. Die Kommissionsgeschäfte sind zu, alles ist zu. So kamen wir mit leeren Händen zurück. Aber Lidotschka, als sei sie eine Zauberin, hatte für uns ein Mittagessen zubereitet, von dem man heutzutage nur träumen kann. Suppe mit Graupen und saurer Sahne (!) mit Wurstzipfeln (!). Fisch in Gelee aus Konser-

ven. Und gesalzene Tomaten. Süßer Reispudding. Dann hatte sie noch eine Flasche Sekt und eine Tafel Schokolade lange versteckt. Ich kann meine Hand ins Feuer legen, niemals habe ich mit so einem Entzücken gegessen! Ich habe Angst, daß wir so ein herrliches Mittagessen nie mehr erleben werden. Heute wurden die elektrischen Leitungen durchtrennt, und man sagt, daß es für Wohnräume überhaupt keine Beleuchtung mehr geben wird. Wasser bekommt man nur noch bis zur zweiten Etage. Für neue Stiefel mit Ledersohle bekommt man heute 3,5 Kilo Leimkuchen. Leimkuchen werden gern gegessen. Der Straßenbahnverkehr funktioniert nicht. Ich muß zur Arbeit und zurück zu Fuß gehen.

10. 12. 1941

Tichwin wurde von unseren Truppen zurückerobert. Alle reden nur noch vom Essen und der Evakuierung. Es wurde bekannt, daß es in unserem Haus nicht nur keine Beleuchtung, sondern auch überhaupt kein Wasser mehr geben wird.

13. 12. 1941

Bereits zehn Tage keine Luftangriffe. Ab und zu Artilleriebeschuß. In der Nacht hört man, wie irgendwo in der Ferne geschossen wird. Unsere Truppen haben Jelez genommen. Deutschland und Italien haben Amerika den Krieg erklärt. Das heißt, seit heute ist fast die ganze Welt in den Krieg verwickelt. Der verbrannte Zucker aus den Lagern wird jetzt unter der Bezeichnung «Kunsthonig» auf Lebensmittelmarken verkauft. Er riecht zwar nach Rauch, ist braun, aber ziemlich süß und wird gern gekauft. Normalen Zucker gibt es nicht. Die Schmuggler bieten Butter an zu 500 Rubel für ein Kilo und Zucker für 250 Rubel pro Kilo. Und das in einer Zeit, wo so viele Menschen vor Hunger anschwellen. Maria Alexandrowna, die Schwester von Klawa Ljubimowa, schickte Mutter einen

Brief mit der Bitte, sie solle zu ihr kommen, um Abschied zu nehmen, da sie vor Hunger anschwelle und bald sterbe. Verotschka Ljubimowa will, daß die Eltern irgendwo eine Katze auftun und sie mit dem Fleisch ernähren. Bei uns im Hof gab es viele Tauben. Jetzt gibt es keine mehr, auch keine Katzen. Auch unsere Katze Schurka ist verschwunden. Fast jeden Sonntag gibt es in der Philharmonie Konzerte. Um das Publikum anzulocken, werden ausschließlich Werke von Tschaikowskij gebracht, die berühmtesten Sinfonien, die 6. und die 4., die Ouvertüre zu «Romeo und Julia», das «Capriccio italien», das 1. Konzert für Klavier und Orchester und so weiter. Es gab sogar die «Ouvertüre 1812». Zum erstenmal seit der Revolution. Die Zeitungen lobten die Ouvertüre für ihren Patriotismus. Mit Wasser steht es bei uns sehr schlecht, es tropft kaum. In Koljas Zimmer sind 5–7 Grad Wärme. Zeitungen erhalten wir hier nur unregelmäßig. Ab heute gar keine mehr. Kolja trug uns in die Evakuierungsliste der Maler ein. Mit den LKWs. Er sagt, die seien mit Furnierholz bedeckt und sogar geheizt. Und danach muß man mit der Eisenbahn bis Samarkand fahren. Es heißt aber, selbst in Samarkand gäbe es nicht besonders viel zu essen. Mir scheint, Kolja richtet seine beiden Kinder mit der Evakuierung zugrunde. Die Kälte ist schrecklich. Heute sind es minus 22 Grad. Es heißt, die Autos bringen einen nur bis zum Ladogasee, und danach muß man in andere Autos umsteigen. Und manchmal müßte man noch sehr lange im Frost warten. Und es sei ungewiß, ob ein geheiztes Auto kommt oder ein gewöhnliches. Im letzten Fall erfriert auch ein Erwachsener, nicht nur ein krankes, schwächliches Kind. Außerdem müsse man lange auf den Zug warten, wieder im Frost. Um dann in vielleicht ungeheizten Wagen weiterzufahren. Bei schrecklicher Kälte, in der schlimmsten Jahreszeit. Anderthalb Monate unterwegs. Und die

Nahrung? Was wird mit zweijährigen Kindern, die an Dystrophie leiden – trotz warmer Nahrung? Und wie macht man im Notfall den Kindern eine Bluttransfusion? Das ist Mord an den Kindern. Direkter Mord. Aber mag kommen, was da will.

(...)   16. 12. 1941

                                         17. 12. 1941
Unsere Truppen haben Klin und Kalinin genommen. Es heißt, der Weg bis Wolchow sei befreit. Meine Studenten und Bekannten erzählen mir oft, daß sie mit eigenen Augen gesehen haben, wie Menschen umfallen und sterben. Der Mensch geht, dann wackelt er und fällt. Der Tod tritt sofort ein. Heute am Newski-Prospekt sah ich selbst nicht weit von einem Milizionär einen sterbenden jungen Mann von etwa 25 bis 28 Jahren liegen. Einige Frauen wandten sich an den Milizionär, damit er etwas tut. Aber der Milizionär reagierte ganz gleichgültig. Vielleicht durfte er seinen Posten nicht verlassen?

(...)   14. 12., 18. 12. 1941

                                         19.12.1941
Gestern starb in der Wohnung im ersten Stock ein Mensch vor Hunger. Das ist nun schon der zehnte bei uns. Für so ein großes Haus ist diese Zahl natürlich eher klein. Bei Butschkin im Haus sind es schon 22 Menschen. Bei Sascha Ljubimow zwölf. Wenn man jetzt durch die Straßen geht, kann man sehen, wie Leichen auf Schlitten gezogen werden. Manche in hastig zusammengezimmerten Särgen, aber die meisten einfach so, in Leintücher oder Decken eingewickelt. Heute, als ich den Boulevard der Gewerkschaften entlangging, es war gegen ein Uhr nachmittags, haben die Deutschen diesen Bezirk 20 Minuten lang sehr heftig beschossen. Es waren mindestens 50 Geschosse. Ein Schüler der Handwerksschule hat jetzt bei

einem Mädchen 100 Gramm Brot gegen 10 Schachteln Papirossy «Swesda» eingetauscht.

(...) *21. 12. 1941*

22. 12. 1941
Heute sind es sechs Monate seit Kriegsbeginn. Gestern erzählte Kolja, daß Ljubow Sergejewna, die Mutter des ersten Mannes von Verotschka, eine Katze und einen Hund hat. Sie hat sich entschieden, ihren Hund zu töten. Selbst die Männer im Hof wollten ihn nicht schlachten. Ein Pferd, sagten sie, das wäre kein Problem für sie, das wäre eine andere Sache. Aber einen Hund, das könnten sie nicht. Zu guter Letzt wurde das Dienstmädchen gezwungen, es zu tun. Sie schlug dem Hündchen ein Gewicht über den Kopf und schnitt ihm die Kehle durch. Das Fell nahm man für Handschuhe, Fleisch gab es sehr wenig, für Koljas Mädchen fiel eine Winzigkeit ab. Für die Mädchen konnte man nur die Leber nehmen. Die Mädchen aßen die Leber sehr gierig. So groß ist ihr Bedarf nach Fleisch. Mir war es sehr angenehm zu hören, daß Verotschka darauf verzichtete, das Hündchen zu essen. Das Hündchen hieß Nonotschka. Ljubow Sergejewna erklärte, daß sie es nicht erlauben wird, die Katze zu töten. Alle zu Hause wundern sich und sagen, sie sei komisch.

(...) *24. 12. 1941*

25. 12. 1941
In der letzten Zeit fielen sehr viele Bomben auf die Stadt. Manche Leute kochen Suppe aus Tischlerleim. Dem Leim fügt man Lorbeerblätter oder andere Kräuter hinzu. Tischlerleim kann man nicht kaufen, und wenn, gibt es sehr lange Schlangen. Gestern aß Kolja Sülze aus dem Hund Nona. Er mußte viel Senf und Essig hinzutun. Aber es schmeckte nicht gut. Der bloße Gedanke, daß man einen Hund ißt, war sehr unangenehm. Heute reden alle nur vom Essen und wo man was zu essen kriegen könnte. Man trifft sehr magere, ausgemergelte Gesichter, andere sind aufgedunsen und angeschwollen vor Hunger. Ganz apathisch ist der Blick, und sehr weich ist der Gang. Sie bewegen sich kaum. Ein Maler kam um drei Uhr nachmittags gestern in den Verband. Von zu Hause war er um neun Uhr morgens losgegangen, von der Wassili-Insel bis zur Herzen-Straße brauchte er ganze sechs Stunden. Alle sind leicht erregbar, böse und nörgelerisch geworden. Endlich kommt heute eine freudige Nachricht. Es wird etwas mehr Brot geben, 200 Gramm, für Arbeitende 350 Gramm. Die Menschen sind zufrieden und gratulieren einander. Von dieser Zugabe spricht man schon seit einem Monat. Die Gerüchte aber bestätigen sich nicht. (...)

(...) *26. 12. 1941*

28. 12. 1941
Temperatur minus 22 Grad. Die Toilette funktioniert nicht. Die Rohre unten sind eingefroren. Wir haben 1 Kilo, 300 Gramm Brot für 300 Rubel gekauft und gegessen, soviel wir wollten. Gestern hat Lidotschka noch 250 Gramm Brot gekauft. Man munkelt, ab dem 1. Januar würden wir Sanatoriumsrationen erhalten. Um die Leningrader ein wenig aufzupäppeln. Denn sehr viele sterben. Die anderen behaupten, daß wir ab Januar die Moskauer Ration bekommen werden. Das sind aber alles Gerüchte. (...)

(...) *31. 12. 1941*

1. 1. 1942
Gestern kam Verotschka zu uns, um Neujahr zu feiern. Lidotschka übertraf sich selbst und hat uns wieder alle in Erstaunen versetzt. Ein Mittagessen aus drei Gängen. Suppe mit Nudeln, mit Öl, Gelee aus Ebereschenbeeren und Pflaumen, Bier. Am Abend

Tee und für jeden ein kleines Stückchen Butter und Jam. Um Mitternacht Sekt. Mit einem Stückchen Schokolade. Vorher stand Lidotschka etwa zehn Stunden im Frost und ergatterte Butter und Nudeln von schwarzer Farbe. Aber wie es ihr gelungen ist, die Flasche Sekt aufzubewahren, bleibt ein Rätsel. Heute sind minus 25 Grad. Kaluga ist zurückerobert.

5. 1. 1942

Seit dem 1. Januar bekommt niemand mehr Zeitungen. Das Radio schweigt, und deswegen wissen wir nichts vom Gang des Krieges, außer zufälligen Neuigkeiten. Unsere Truppen sind schon in Malojaroslawez. Die Deutschen setzen ihren Angriff auf Leningrad fort. Heute ist die Stadt vollkommen gelähmt. Busse, Trolleybusse, Straßenbahnen fahren schon lange nicht mehr. Die Beleuchtung, die Wasserleitung, nichts funktioniert mehr. In verschiedenen Institutionen flimmert nur ein kleines Licht. Die Kinos sind geschlossen. Und an den Friseursalons und Kinos hängt eine Bekanntmachung: «Geschlossen, keine Elektrizität». Durch die Stadt gehen alle mit Eimern und suchen Wasser. Bereits der dritte Tag, an dem es kein Brot gibt. Man sagt, wegen Wassermangel. M. M. sagt, daß man jeden Tag eine Leiche aus ihrem Haus wegbringt. Jedesmal kommt Kolja sehr mißmutig aus dem Verband der Maler, die Maler sterben in rauhen Mengen. Vor kurzem machte ein Maler einem anderen Vorwürfe, der sei so heruntergekommen und bewege sich kaum. Sieh mal, sagte er, ich bin sogar älter als du, aber ich gehe lange Strecken zu Fuß. Dieser rüstige Maler starb aber schon am nächsten Tag. An Unterernährung stirbt man ganz plötzlich. Heute noch geht der Mensch ganz rüstig auf der Straße, steht in einer Schlange, und am nächsten Tag ist er tot. (…)

6. 1. 1942

Temperatur minus 12 Grad. Heute ist der Heilige Abend. Im Dezember habe ich als Angestellter bekommen: Brot – 250 Gramm pro Tag, das heißt 2 Kilo; Fleisch – 350 Gramm, Butter – 0, Konditoreiwaren – 300 Gramm, Graupen – 350 Gramm, Streichhölzer – 4 Schachteln, Seife – ein halbes Stück, Bier – anderthalb Liter. Im Januar gibt es keine Streichhölzer. Wenn man Glück hat, kann man eine Schachtel für fünf Rubel kaufen.

7. 1. 1942

Temperatur minus 12 Grad. Ich habe an Mischka eine Postkarte geschickt, Nummer 8. Ungewöhnlich sehen heute die Straßen aus. Die Passanten bleich und ungewaschen, manche Gesichter sind so schmutzig, daß die Menschen Negern ähneln, weiß sind nur die Nase und die Lippen, weil die Nase immer geschneuzt wird. Mädchen und junge Frauen tragen meistens Wattejacken und Wattehosen oder einfach Sporthosen. Die Menschenmenge geht in der Straßenmitte an den bewegungslosen Straßenbahnen, Bussen und Trolleybussen vorbei. Manche schleppen Schlitten mit Holz oder mit einer Leiche. (…)

(…)   *9. 1. 1942*

10. 1. 1942

Temperatur minus 23 Grad. Gestern hat Kolja erzählt, daß noch drei Maler gestorben sind. Der Professor der Akademie Pawlow, Gorbow und Pankow. Die ersten zwei sind umgefallen, der dritte ist verhungert. Pawlow fiel um, als er im Dunkeln durch den Korridor der Akademie ging, sein Herz hat es nicht mehr ausgehalten. Gorbow fiel um, als er die Treppe runterging, er schlug mit dem Kopf auf (Gehirnblutung), dann starb er. Man fällt jetzt ganz leicht. Überall in den Korridoren, in den Treppenhäusern ist es dunkel. Die Menschen bewegen sich tastend vorwärts. Außerdem wird Wasser die Treppen hochgetragen, ein Teil wird unterwegs vergossen und gefriert. Die Beine versagen vor Unterernährung den Dienst. Da kann man ganz leicht fallen. Schade um Pankow. Er war ein junger, sehr begabter Maler, und er starb, weil er zuwenig Brot bekam.

(...)   11. 1. 1942

                          12. 1. 1942

Temperatur minus 28 Grad. Ein schrecklicher Tag heute. Nikolai Sergejewitsch kann vor Schwäche nicht mehr gehen, gestern lag er den ganzen Tag im Bett. Bei ihm sind seine junge Frau und sein Sohn Nika. Nika ist sechs Jahre alt. Am Abend betrete ich das Zimmer und sehe: Lidotschka kniet mit einem Laken in den Händen vor ihrem Bett. Sie möchte wahrscheinlich das Bett machen. Vor Schwäche stützt sie sich mit dem Kopf gegen das Bett. Ich will ihr helfen. Ich lege sie aufs Bett. Nein, nein, erwidert sie: Ich ruhe mich ein bißchen aus, dann mache ich das Bett selbst. Und wirklich, bald stand sie auf und machte ihr Bett. Sie arbeitet sehr viel und erlaubt nicht, daß man ihr hilft. Ißt aber weniger als wir und nimmt sich jedesmal weniger Brot. Wir haben einmal in ihrer Abwesenheit aus dem Schuppen Holz geholt, da gab's einen Skandal. Ich habe durchgesetzt, daß ich meinen Ofen selbst heize. Ich wollte Wasser holen, aber das will sie auch nicht.

(...)   13. 1. 1942

                          14. 1. 1942

Temperatur minus 27 Grad. Der Lehrer Juschkewitsch und seine Frau starben an Unterernährung. Hier und da liegen auf den Straßen Leichen. Heute zum Beispiel eine Frau vor der Admiralität, eine andere Leiche an der Leutnant-Schmidt-Brücke und am Ende der Linie 16 und vor dem Smolensker

Friedhof. Wahrscheinlich sind das Leichen, die man hierherbringt, um sie zu begraben, aber man hat sie einfach vor dem Friedhof liegenlassen. Denn es gibt wahrscheinlich niemanden, der die Toten begräbt. Es heißt, die Keller seien voller Leichen. Vor einigen Tagen hat man zwei Pferdewagen voll Leichen aus dem Keller der Eremitage geholt.

(...)   15. 1., 16. 1., 17. 1., 18. 1. 1942

                          19. 1. 1942

Temperatur minus 22 Grad. Im Nebenzimmer starb heute der alte Podolski. Seine Frau und seine Tochter wohnten, aßen, tranken, sprachen, schliefen weiter in diesem Zimmer. Neben der Leiche. Das wird ziemlich lange dauern, mindestens 7 bis 10 Tage. Kolja erzählte, die Mutter von Lubimowa, Marija Andrejewna, sei zum Begräbnis nach Lesnoje gefahren. Auf dem Rückweg aber sei ihr so schlecht geworden, daß sie nicht mehr gehen konnte. Sie starb auf dem Schlitten, mit dem sie die Leiche gezogen hatte. Sie hatte immer wieder an Brot gespart. Nur einen Teil der Ration gegessen. Sie wollte die Tochter im Sarg begraben, wie es sich geziemt. Das Resultat war ihr eigener Tod. Ich war im Technikum, um meine Lebensmittelkarte registrieren zu lassen. Ich wurde von Entsetzen gepackt. Völlige Verödung und Verwilderung: unwahrscheinlich kalt überall, die Korridore haben sich wegen des vergossenen und gefrorenen Wassers in eine Eisbahn verwandelt. (...)

                          20. 1. 1942

Temperatur minus 28 Grad. Jetzt sieht man sehr viele Männer mit Tüchern unter der Mütze. Ohne Nase. Sehen aus wie Syphilitiker.

(...)   21. 1. 1942

Temperatur minus 18 Grad. Unserer Nachbarin Anna Iwanowna ist leider nicht mehr zu helfen. Der «private» Arzt gestern sagte, sie würde nicht mehr lange leben. Man könnte ihr mit Wein helfen. Es gibt aber keinen Wein. Es wäre gut, wenn sie sofort ein Betäubungsmittel bekäme, damit sie sich nicht so schrecklich quälen muß. Nach einigen Stunden war sie tot. Jetzt liegen schon zwei Leichen in unserer Wohnung. Und wie lange sie liegenbleiben, ist ungewiß. Besonders Anna Iwanowna. Sie hat niemanden. Wenn du fürs Begräbnis dein Brot abgibst, dann fährst du gleich nach Anna Iwanowna den Weg zum Friedhof. Alle schweben ohnehin schon zwischen Leben und Tod. Das ist in unserer Wohnung schon der dritte Todesfall wegen Unterernährung. Fast jeden Tag hört man in der Ferne Kanonaden.

(...)   23. 1., 24. 1. 1942

25. 1. 1942

Temperatur minus 35 Grad. So eine Kälte habe ich überhaupt noch nie erlebt. Jetzt gibt es überhaupt kein Wasser mehr. Es wird aus dem Loch in der Fontanka geholt, oder man taut Schnee auf. Gestern trug eine Frau aus unserem Haus ihren verhungerten Sohn von etwa 12 oder 14 Jahren in ein Tuch eingewickelt auf den Hof und legte die Leiche einfach hin. «Macht, was ihr wollt, ich kann nicht mehr.» Die Leiche liegt heute noch da. Ich habe schon im Büro darüber gesprochen. Man muß doch etwas machen. Die Kälte ist unwahrscheinlich, sie verdüstert das ohnehin unerträgliche Leben. In Koljas Zimmer sind es minus 2 Grad, wenn man ein bißchen heizt, wird es nicht viel wärmer (+ 1). In meinem Zimmer ist es wärmer: 5 bis 7 Grad, und nach dem Heizen + 10. Im Korridor, in der Küche – überall Frost. Er dringt überall durch, unter den Türen, durch alle Ritzen. Hände und Füße erstarren, obwohl ich Filz-

stiefel und Handschuhe anhabe. Ein Buch kann man nur mit Handschuhen lesen. Die Stimmung ist schrecklich, bedrückend. Alle sind irgendwie mürrisch. Und bei jeder Kleinigkeit entsteht Streit. Die Situation ist sehr kompliziert. (...)

26. 1. 1942

Temperatur minus 30 Grad. Gestern war ich zweimal am Loch auf der Fontanka, um Wasser zu holen. Der Tag war sonnig, dort waren sehr viele Leute, die verschiedene Eimer und Fäßchen auf ihren Schlitten hatten. Die Leute tragen das Wasser in Teekannen, in Kaffeekannen, in Töpfen, Eimern usw. Über den Newski bewegt sich ein Menschenzug mit Wasser aus der Fontanka. Es ist sehr unbequem, zum Loch zu gehen – glitschig. Ich bin zweimal hingefallen. In der Ferne Kanonade. Die Fensterscheiben zittern. Oder sind das Explosionen in der Stadt?

27. 1. 1942

Sehr kalt. Die Stadt ist in einem schrecklichen Zustand. Die Straßen werden nicht gereinigt. Es ist sehr schwer, sich zu bewegen. Man sieht viele Menschen mit Schlitten und Leichen, viele Leichen. Die Brotration ist erhöht worden, aber es gibt keine Möglichkeit, Brot zu kaufen. Vor den Brotgeschäften stehen riesengroße Schlangen. Heute gibt es wieder kein Brot. Und nun beschreibe ich, wie bei uns der Tag vergeht. Wir stehen um zehn oder halb elf auf. Ich fege den Boden. Dann heize ich meinen Ofen. Lidotschka heizt inzwischen den Kamin und kocht Wasser zum Rasieren und Waschen. Und für den Tee. Dann trinken wir Tee. Präziser: eine braune Flüssigkeit. Danach gibt Lida uns allen ein winziges Stückchen (auf dem Feuer getrocknetes) Brot. Früher, als wir noch einen kleinen Buttervorrat hatten, bekamen wir noch eine hauchdünne Flocke Butter aufs Brot. Jetzt nicht mehr. Lida macht alles selbst und wird nervös, wenn man ihr helfen will. Gegen sechs kehrt Kolja aus seiner Werkstatt zurück. Dann essen wir zu Mittag. Meistens besteht es aus gekochtem Wasser. Nach dem Mittagessen lese ich laut, und Kolja zeichnet. Er und Lida hören mir zu. Um acht oder neun Uhr trinken wir Tee. Und essen ein Stückchen Brot. Nach dem Tee verrichte ich mein Geschäft (Paketsystem oder Einwickeln in Zeitungspapier), trage dieses Produkt in den Hof hinaus, gehe zurück, ziehe mich aus und lege mich ins Bett unter mehrere Dekken. Beim Licht der Petroleumlampe lese ich noch laut. Kolja zeichnet, und Lida hört zu. Um eins höre ich auf zu lesen, und wir schlafen. Kolja geht in sein kaltes Zimmer, und Lida und ich schlafen in meinem Zimmer. Auf den Straßen sieht man viele Leichen, auf den Schlitten und einfach am Straßenrand. Ohne Särge. Andere sind einfach in irgend etwas eingewickelt, nur die Füße ragen heraus. Einmal begegnete mir ein LKW, vollgestopft mit Leichen. Es ist nicht zu glauben, daß es Menschen sind, man denkt, es sind Modellpuppen, die man so unordentlich gestapelt hat. Man kann nicht einmal sagen, daß die Leichen aufgetürmt sind wie Holz, das doch in einer bestimmten Ordnung geschichtet wird. Die Menschen auf den Straßen sehen schrecklich aus: Die einen sind angeschwollen vor Hunger mit schmutzigen dunklen Gesichtern (es gibt kein Wasser, rußbedeckt von den Leuchtern und Burschuikas), die anderen bleich-grün, magere, lebendige Leichen, nur mit offenen, leblosen Augen. An der Fontanka sind viele Eislöcher, und hungrige, müde, geschwächte Menschen rutschen das vereiste schräge Ufer runter, um Wasser zu holen. Mit dem Wasser kriechen sie langsam, oft auf den Knien, nach oben. Manchmal stürzen sie ab, verletzen sich. Das Wasser wird vergossen und gefriert sofort und bildet eine Eisbahn. Die Stadtverwaltung hat nur Bekanntmachungen aufge-

stellt, «Das Wasser ist infiziert», und sich damit die Hände reingewaschen: «Wir haben euch rechtzeitig informiert, und nun seht zu, was ihr tut.» Und was kann man schon tun? Nirgendwo gibt es Wasser. Da sollten doch die Stadtväter für einen bequemeren und sicheren Abstieg sorgen! Die Menschen sind erzürnt, drängen sich an den Eislöchern zusammen, schlagen sich oft, übergießen sich vor Wut mit Wasser. Oft hört man Schreie: «Halt! Der Eimer ist gestohlen!» In den Höfen ist es schrecklich schmutzig. Die Toiletten und die Kanalisation funktionieren nicht. Alle Abfälle werden in den Hof getragen. Dort wurden zwei Löcher für die Abfälle ausgehoben, aber um die Löcher herum ist alles so verunreinigt, daß man an sie nicht herantreten kann. Was kommt, wenn es warm wird? Es gibt einen Befehl, den Hof im Laufe von fünf Tagen sauberzumachen! Aber es gibt niemanden, der das tut. Alle sind so schwach bei dieser Brotration (125 Gramm). Ich habe vergessen zu sagen, daß sehr viele auf den Gesichtern Schrammen haben, hauptsächlich aber auf der Nase. Wahrscheinlich stolpern sie in dunklen Korridoren (es gibt keine Beleuchtung!) und fallen, wenn sie Wasser von der Fontanka holen. Das haben wir früher nicht schätzen können: die Elektrizität, Petroleum, Toiletten, Straßenbahnen, Busse, genügend Brot. Das alles scheint ein Märchen zu sein: Kartoffeln, Wurst, Schinken usw. Nicht geschätzt! Und jetzt trinkt man eine braune Flüssigkeit, Kaffee, ohne Zucker, mit einem winzigen Stück Brot, und es schmeckt so gut, schade, daß es zuwenig ist. Nach dem Essen steht man immer völlig hungrig auf. Man glaubt kaum noch, daß einmal wieder ein Tag kommt, wo man so viel Schwarzbrot essen kann, wie man will. Eine junge Hebamme erzählte, wie sie heute im Entbindungsheim arbeiten muß: Wäsche gibt es nicht, man braucht nicht zu waschen, die Gebärenden werden nicht gewaschen. Sie sind verlaust, und die Läuse kriechen auf das Personal über. Kinder bringt man beim Licht einer Fackel zur Welt, die eine hält die Fakkel, und die andere nimmt das Kind entgegen. Unter solchen Bedingungen ist die Sterblichkeit schrecklich hoch. Der Artilleriebeschuß erinnert daran, daß es noch schlimmer sein kann: man wird wieder die Stadt beschießen, deine Wohnung zerstören, und dann geh, wohin du willst, ohne Sachen, ohne Wäsche und sei noch dankbar, daß du noch nicht zum Krüppel gemacht worden bist. Voraussichtlich fahren wir am 5. 2. weg. Ich weiß nicht, wie wir das alles machen, denn Lidotschka ist sehr schwach geworden, und sie will auch nicht weg. Sie allein zu lassen ist unmöglich. Sehr schlecht sieht Salow aus – schrecklich mager und angeschwollen zugleich und schlummert immer wieder. Ich glaube, er wird nicht mehr lange leben oder es muß ein Wunder geschehen – Durchbruch des Blockaderinges und gutes und reichliches Essen. Aber woher soll diese Nahrung kommen? Aus den Briefen zu schließen, ist es in Rußland überall schlecht damit. In Swerdlowsk soll ein Huhn 250 Rubel kosten.

2. 2. 1942
Heute starb um fünf Uhr nachmittags N. S. Salow. Noch gestern war er hier und hat Holz gehackt. Und am Abend, als ich ihn besuchte, hat er mich fast nicht mehr gehört, er machte immer wieder die Augen zu und schlummerte. Heute morgen war er bewußtlos und röchelte nur noch. Das ist seltsam, denn fast eine Woche hat ihn Nadenka ernährt: dreimal hat sie ihm gute Suppe mit weißen Knödeln (!) gegeben und Brot und sogar Zucker. Aber wenn der Organismus schon ausgehöhlt ist, braucht man wahrscheinlich sehr intensive Nahrung, nicht nur Brot. (...) Man könnte einen lebendigen Organismus nur dann retten, wenn man ihm Butter, Schokolade usw., guten Wein zufüh-

ren würde. In unserer grausamen Zeit kann man davon nur träumen. Salow war 61 Jahre alt. Seine Leiche blieb acht Tage in der Wohnung liegen.

10. 2. 1942
Die Situation verschlechtert sich immer mehr. Das Wasser aus der Fontanka und der Newa führt trotz langen Kochens zu Massenerkrankungen – einige Tage schrecklicher Durchfall, das Fieber steigt auf 40°, Schmerzen im Magen und eine schreckliche Schwäche. Ich mußte eine Woche leiden, jetzt leidet Lidotschka schrecklich. Kolja hat es vorläufig am wenigsten erwischt. Die Menschen auf den Straßen sehen schrecklich aus. Unsere Evakuierung wird immer wieder verschoben. Jetzt spricht man vom 14. 2. 1942. Was wird auf uns zukommen? Das ist doch eine totale Verarmung – man darf nur 30 kg mitnehmen (pro Person), dabei braucht man sowohl Winter- als auch Sommersachen, Schuhe, Wäsche usw. Das übrige lassen wir einfach liegen. Das geht bestimmt verloren, bleibt für die Diebe. Auf den Weg ziehe ich an: vier Unterhosen, zwei Hosen, drei Nachthemden, vier Hemden, eine Weste, einen Pullover und zwei Mäntel – Herbst- und Wintermantel. Nur raus aus dieser Falle! Wenn der Frühling kommt, brechen die Epidemien aus. Nur gut, daß es noch kalt ist. Heute haben wir einen Brief von Mischka vom 13. 11. bekommen. Sie schreibt, daß es in Kasan mit Nahrung sehr schlecht steht. Was man für Lebensmittelmarken bekommt, reicht überhaupt nicht aus. Man kann nur etwas tauschen. Aber die Bauern bringen fast nichts in die Stadt, die meisten haben keine Pferde, und die übrigen wollen nicht. Und falls doch einer auf dem Markt erscheint, wird er von allen bestürmt, die Preise sind deswegen sehr hoch. Tolja wird immer magerer, er verwandelt sich in einen kleinen ausgemergelten Greis.
Übersetzung: Gennadi Kagan

DIE ENDLOSE PROZESSION DER SCHLITTEN
(Winter 1941/42)

Am Newski-Prospekt

Auf Kinderschlitten, eingehüllt in Laken oder Decken, wurden die Toten
zu Leichensammelstellen oder zu den Friedhöfen gebracht.
Am Alten Newski.

Eine Mutter zieht ihren vollkommen entkräfteten Sohn.

ARBEIT, LEBEN, TOD

Blockade-Alltag:
Schwerstarbeit in der Munitionsfabrik

Im Winter 1941/42 gab es in den Wohnungen weder Wasser noch Strom.
Die Leningrader holten Wasser aus Kanälen und Eislöchern der Newa.
Hier vor dem Kaufhaus Gostiny Dwor am Newski-Prospekt.

Am 20.11.1941 wurde die Brotration auf 125 Gramm herabgesetzt.
Im Winter 1941/42 waren Menschen, die ausgehungert zusammen-
brachen und auf der Straße starben, ein alltäglicher Anblick.

**Verzweifelte Versuche,
in der Stadt Eßbares aufzutreiben**

Auch im apokalyptischen Winter 1941/42
wurden die Bibliotheken benutzt.
Hier in der Akademie der Wissenschaften.
Auch öffentliche Räume waren nicht geheizt.

Dieses Luftbild Leningrads, auf dem links die Große Newa zu erkennen ist, stammt aus einer Meldebildserie der deutschen Fernaufklärung, die **vor** dem Beginn des Zweiten Weltkriegs (1. September 1939) aufgenommen worden ist.

Diese Fernaufklärung wurde seit 1934 durch die «Sonderstaffel Rowehl» (vor dem Krieg als «Hansa-Luftbild-Abteilung B» bezeichnet) im Auftrag des Reichsluftfahrtministeriums und Oberkommandos der Wehrmacht auch über dem Gebiet der Sowjetunion durchgeführt.

Sie erfolgte aus speziell für diesen Zweck umgebauten und ausgerüsteten Maschinen der Serientypen He 111, Do 215, Ju 88B, Ju 86P in einer Lufthöhe von ca. 8000–10 000 Metern mit besonderen Kameras. Die Abzüge wurden im Format 30 x 30 hergestellt und erlaubten eine sehr gute Auswertung, wie auch dieses Bild zeigt.

Mit Abschluß des deutsch-sowjetischen Nichtangriffsvertrages am 23. August 1939 wurde die Luftfernaufklärung über dem Gebiet der UdSSR vorübergehend eingeschränkt. Erst nach Erlaß der Hitlerschen Weisung Nr. 21 für den «Fall Barbarossa» vom 18. Dezember 1940, d. h. zum Befehl für den Angriff auf die Sowjetunion im Jahre 1941, wurde sie wieder bis zur Linie Archangelsk–Leningrad–Ilmensee ab Mitte Januar 1941 verstärkt aufgenommen. Die Aufklärungseinsätze gegen den Raum Leningrad starteten in der Regel vom Fliegerhorst Seerappen in Ostpreußen.

Da auf dem vorliegenden Bild das Aufnahmedatum geschwärzt worden ist, läßt sich nicht mehr zweifelsfrei feststellen, wann diese Aufnahme gemacht worden ist. Vermutlich entstand sie bei einem Einsatz am 13., 18. oder 19. August 1939. Das Luftbild gelangte später zu Ausbildungszwecken an die «Fliegerbildschule in Hildesheim», deren Kommandeur seit 1939 der bekannte spätere Luftwaffenoberst Hans Ruef war. Ein Teil der Bilder ging auch zur Artillerieschule in Jüterbog. Aus dem Meldebild-Bestand der Fliegerbildschule ist die vorliegende Aufnahme Leningrads über das Kriegsende hinweg erhalten geblieben.

Aus späteren Jahren, z. B. 1942, sind weitere Luftbilder Leningrads aus deutschen Beständen erhalten. Im Gegensatz zu der Aufnahme aus dem Jahr 1939 sind auf ihnen allerdings Flakstellungen innerhalb des Leningrader Stadtgebiets zu erkennen, die auf der Aufnahme von 1939 noch fehlen.

Gerd. R. Ueberschär

Quellen:
Karl-Heinz Eyermann: Luftspione. Bd. II. Berlin-Ost 1963, S. 131f;
David Kahn: Hitler's Spies. German Military Intelligence in World War II. London 1978, S. 449 f;
Der Angriff auf die Sowjetunion (in: Das Deutsche Reich und der Zweite Weltkrieg, Bd. 4), Stuttgart 1983, 2. Aufl. 1987, S. 286 ff
Die Rekonstruktion des Datums erfolgte mit Unterstützung der Luftbildlehrstaffel in Fürstenfeldbruck.

Gerd. R. Ueberschär

DER ANGRIFF AUF LENINGRAD UND DIE BLOCKADE DER STADT DURCH DIE DEUTSCHE WEHRMACHT

Leningrad als Operationsziel beim «Unternehmen Barbarossa»

Hitler ließ am 14. Juni 1941 in der Berliner Reichskanzlei die Oberbefehlshaber und Befehlshaber der Heeresgruppen, Armeen und Panzergruppen zu einer Besprechung versammeln, um ihnen in einer anderthalbstündigen Ansprache seine Gründe für den bevorstehenden vertragswidrigen Überfall auf die Sowjetunion am 22. Juni 1941 darzulegen. Er nannte bei dieser Gelegenheit die Einnahme Leningrads ebenso wie die Eroberung der Ukraine, des Industriegebiets am Donez und der Ölfelder am Kaukasus als eines der entscheidenden Operationsziele des neuen Krieges. Als Motiv für den Angriff auf die Stadt an der Newa unterstrich er, dem späteren Generalfeldmarschall Erich von Manstein zufolge, den Umstand, daß der Ort «die Wiege des Bolschewismus» sei.[1] Diese Hervorhebung Leningrads als wichtiges operatives Kriegsziel kam für die Militärs nicht überraschend, denn die Stadt übte auf Hitler eine besondere Faszination aus. Sie galt ihm nicht nur als die Geburtsstätte des in der UdSSR regierenden Bolschewismus, sondern symbolisierte darüber hinaus als früheres zaristisches St. Petersburg den russischen Großmacht- und Herrschaftsanspruch im Ostseeraum.

Deshalb nahm die Eroberung der Stadt von Anfang an bei den operativen Kriegsplänen gegen die Sowjetunion einen festen Platz ein. So war die «Besetzung von Leningrad und Kronstadt» als vordringliche Aufgabe der nördlichen deutschen Heeresgruppe bereits in der von Hitler am 18. Dezember 1940 – gemäß der ihm vom Oberkommando des Heeres vorgetragenen Absichten – befohlenen Weisung Nr. 21 für den «Fall Barbarossa» angesprochen.[2] Erst danach sollten

die weiteren Operationen gegen Moskau fortgeführt werden. Das Angriffsziel «Leningrad und die sowjetischen Ostseehäfen» war aber auch schon in den ersten Studien und Operationsentwürfen der Heeres- und Wehrmachtsstäbe im Sommer 1940 festgehalten worden[3] und blieb danach für die weitere Planungsarbeit des Generalstabs des Heeres im Herbst und Winter 1940/41 gültig, so daß es schließlich direkt Eingang in die Aufmarsch- und Operationsanweisungen vom 31. Januar und 3. Februar 1941 fand. Als Endziel des deutschen Angriffs wurde hier die Linie Wolga–(Astrachan–)Archangelsk genannt[4], die allerdings nie erreicht wurde. Offen blieb, wie der Krieg nach dem Erreichen dieser Operationslinie beendet und wie ein Sieg überhaupt errungen werden sollte, falls die Sowjetarmee nicht – wie beabsichtigt – westlich von Dwina und Dnjepr vollständig vernichtet werden könne.

Bei dem von Hitler befohlenen «Unternehmen Barbarossa», d. h. dem Angriffskrieg gegen die Sowjetunion, handelt es sich nun allerdings nicht bloß um einen weiteren Feldzug der im September 1939 eröffneten militärischen Aktionen, der im Rahmen der bis dahin üblichen deutschen Kriegführung verblieb. Vielmehr ist dies der «ungeheuerlichste Eroberungs-, Versklavungs- und Vernichtungskrieg, den die moderne Geschichte kennt»[5]. Diesen Charakter des Krieges gegen die UdSSR muß man bedenken, wenn eine Stadt wie Leningrad als besonderes Operationsziel genannt wird. Denn es ging eben nicht nur darum, diese Metropole militärisch einzunehmen, vielmehr war Leningrad, wie vielen anderen Gebieten und Städten, mit der Eroberung ein bestimmtes Schicksal,

94

nämlich die anschließende totale Zerstörung, zugedacht. Diese Vernichtungsabsicht geht auf das grundsätzliche Kriegsziel Hitlers zurück, durch den Angriff auf die UdSSR für das deutsche Volk neuen «Lebensraum» zu gewinnen.[6]

Für die Eroberung von «Lebensraum im Osten» hatte sich Hitler seit Abfassung seines Buches *Mein Kampf* von 1924/25 und des sogenannten *Zweiten Buches* von 1928 immer wieder ausgesprochen. Dort bezeichnete er den «Bolschewismus» als «die extremste Form des Weltjudentums». «Der Kampf gegen das Judentum» stellte sich ihm deshalb zugleich als Kampf gegen die Sowjetunion dar. Als Ziel künftiger deutscher Außenpolitik nannte er in beiden Texten eine expansive «Ostpolitik im Sinne der Eroberung der notwendigen Scholle» für das deutsche Volk.[7] Er bekundete deshalb ausdrücklich: «Wir stoppen den ewigen Germanenzug nach dem Süden und Westen Europas und weisen den Blick nach dem Land im Osten» und dachte in erster Linie an die westlichen Gebiete Rußlands. Dort wollte er dem deutschen Volk «einen genügenden Lebensraum für die nächsten 100 Jahre» verschaffen.[8] Dieses Eroberungsprogramm blieb für die ostpolitischen Leitlinien des deutschen Diktators sowohl nach dessen Regierungsantritt im Januar 1933 als auch nach Beginn des Krieges gegen Polen im September 1939 bestimmend, wie eine Reihe von Äußerungen Hitlers bezeugt, in denen er Auskunft über seine politischen Ziele gab.[9]

Hitler betrachtete dann auch den mit Stalin abgeschlossenen Nichtangriffspakt vom 23. August 1939 sowie den Grenz- und Freundschaftsvertrag vom 28. September 1939 nur «als ein taktisches Manöver».[10] Dieses beendete er Ende Juli 1940 gleichsam von sich aus, als er den «bestimmten Entschluß» faßte, Rußland im Frühjahr 1941 überraschend anzugreifen, um «die Gefahr des Bolschewismus ‹ein für allemal› aus der Welt zu schaffen»[11]. Diese programmatische Absicht war dann auch Ausgangspunkt und Basis für die Planung des rassenideologisch motivierten Vernichtungskrieges gegen die Sowjetunion ab Sommer 1940 und ebenso für die Kriegführung nach dem militärischen Überfall am 22. Juni 1941. Radikale Vorstellungen von Vernichtung und Ausmerzung des Gegners beherrschten von Anfang an konsequent die deutsche Kriegsvorbereitung und Durchführung, so daß der Krieg um «Lebensraum im Osten» unter dem Vorzeichen von Unmenschlichkeit und Kriegsverbrechen stand. Dieses Programm hatte vielfältige Auswirkungen auf einzelne militärische Operationen, Ziele und Aktionen.

Nach den Operationsplänen des Oberkommandos des Heeres sollte die Eroberung Leningrads durch den Vorstoß an der Küste und die Ausschaltung der sowjetischen Flottenstützpunkte sowohl die Sicherung des Ostseeraumes für Nachschub und Transport über den Seeweg als auch die Verbindung mit der finnischen Armee über Land gewährleisten. Deshalb sollten auch die Streitkräfte Finnlands, das sich auf deutscher Seite am Krieg gegen die UdSSR beteiligte, nach Erreichen der Dwina zur Umfassung Leningrads von Norden aus antreten, um letztlich die Einschließung und Eroberung der Stadt zu erreichen. Nach Vereinigung mit den Finnen war dann der Vorstoß nach Süden auf Moskau vorgesehen.

Der Angriff der Heeresgruppe Nord auf Leningrad ab Juni 1941

Die Durchführung des militärischen Vorstoßes auf Leningrad wurde der Heeresgruppe Nord unter dem Oberbefehl von Generalfeldmarschall Ritter von Leeb übertragen.[12] Zu Beginn des Angriffs konnte Leeb über die 16. Armee (unter dem Befehl des Generalobersten Busch) und 18. Armee (unter dem Befehl von Generaloberst von Küchler) sowie über die Panzergruppe 4 (unter dem Befehl von Generaloberst Hoepner) disponieren, die später in 4. Panzerarmee umbenannt wurde. Insgesamt standen der Heeresgruppe Nord 24 Divisionen (sowie 3 Reserveverbände) zur Verfügung. Die Luftunterstützung sollte durch die Luftflotte 1 unter Generaloberst Keller erfolgen. Nach deutschen Erkundigungen standen den Verbänden Leebs Teile des Baltischen Besonderen Militärbezirks unter der Führung von Generaloberst Kusnezow mit drei Armeen (8., 11. und 27. Armee) und etwa 19 Schützendivisionen, 2 motorisierten Divisionen, 2 Panzerdivisionen und 4 bis 7 Panzerbrigaden gegenüber; unterstützt wurden sie von 5 Fliegerdivisionen.[13]

Der Angriff der Wehrmacht am frühen Morgen des 22. Juni 1941 nach 3.00 Uhr überraschte die Rote Armee völlig, so daß auch im Abschnitt der Heeresgruppe Nord und hier insbesondere den Verbänden der beiden Panzerkorps (LVI. Panzerkorps unter General der Infanterie von Manstein und XXXXI. Panzerkorps unter General der Panzertruppe Reinhardt) schnelle Durchbrüche und Vorstöße durch die sowjetischen Grenzstellungen gelangen. Bereits am 26. Juni standen sie an der Dwina, und am 1. Juli wurde Riga eingenommen. Die Rote Armee mußte schwere Verluste hinnehmen. Im Rahmen des anschließenden zweiten Operationsabschnitts gelang es den Einheiten der Heeresgruppe Nord, am 5. Juli Ostrow (südlich von Pleskau/Pskow) und am 11. Juli Porchow zu erobern.

Der Zusammenbruch der Roten Armee im Grenzbereich und die Erfolge der Wehrmacht in den ersten Wochen schienen die Annahme zu bestätigen, der neue «Blitzkrieg» gegen die Sowjetunion werde nur drei bis vier Monate dauern. Hitler und die Oberkommandos von Wehrmacht und Heer glaubten bereits im Juli 1941, daß der endgültige Sieg in einigen Wochen gewiß sei. Schon Ende August sollte in Moskau die Siegesparade stattfinden. Der Generalstabschef des Heeres, Generaloberst Halder, bezeichnete den Feldzug gegen Rußland bereits am 3. Juli als «gewonnen»; tags darauf konstatierte Hitler im gleichen Sinne: «Praktisch hat er (Stalin, d. Verf.) diesen Krieg schon verloren.»[14] Er rechnete damit, in 14 Tagen oder höchstens vier Wochen Moskau und Leningrad erobert zu haben. In dieser Siegeseuphorie legte der Diktator selbstherrlich seine Vernichtungspläne dar: Moskau und Leningrad sollten unbewohnbar und dem Erdboden gleichgemacht werden.[15] Am 16. Juli notierte NSDAP-Reichsleiter Bormann Hitlers Aussage in einer «Führerbesprechung», er wolle «Leningrad dem Erdboden gleichmachen lassen und dann den Finnen geben»[16].

Hitler dachte daran, sowohl Moskau als auch Leningrad von den deutschen Truppen vorerst nur einschließen zu lassen. Danach sollte die Versorgung in den Städten durch Bombardements der Luftwaffe und Artillerie zerschlagen werden, so daß dort ein Chaos ausbreche, wie Hitler am 18. August gegenüber Reichspropagandaminister Goebbels erklärte. Wie von Moskau, so werde auch von Leningrad «wahrscheinlich nicht viel übrigbleiben»[17].

Diese von Hitler unabhängig vom militärischen Kriegsverlauf im Osten festgelegten Zerstörungsabsichten für die Millionenstädte Leningrad, Moskau und auch Kiew sind im Kontext des rassenideologischen Vernichtungs- und Eroberungsprogramms zu sehen. Es gilt festzuhalten, daß diese Pläne nicht im Zusammenhang mit eventuellen militärischen Operationsnotwendigkeiten stehen.

Ab Mitte Juli versteifte sich allerdings der Widerstand der Roten Armee (unter Marschall Woroschilow), so daß der in einem Zuge beabsichtigte rasche «Panzerraid-

(Vorstoß)» über Nowgorod nach Leningrad unmöglich und der weitere Angriff auf die Stadt nur noch abschnitts- und etappenweise vorgenommen wurde. Als Hitler am 21. Juli in das Hauptquartier der Heeresgruppe Nord zu Generalfeldmarschall Leeb kam, wies er erneut auf «die dringende Notwendigkeit hin, Leningrad einzunehmen»[18]. Dabei erwartete der Diktator allerdings hartnäckigen Widerstand von seiten der Roten Armee, da Leningrad symbolhaften Charakter für das Sowjetregime besitze.[19] Trotz dieser Annahme konnten der Heeresgruppe jedoch keine nennenswerten Verstärkungen zugeführt werden.

Inzwischen war die Ostküste bis westlich von Narwa erobert und somit der Aktionsraum der Sowjetstreitkräfte um Leningrad und auch der Baltischen Rotbannerflotte auf das Gebiet der Kronstädter Bucht eingeengt worden. Dennoch zeichnete sich Ende Juli ab, daß die Heeresgruppe Nord allein wohl kaum die Stadt an der Newa erobern und zugleich die gesamte nördliche Ostfront als Flanke für den weiteren zentralen Angriff auf Moskau sichern konnte.[20] Zur Bewältigung beider Aufgaben standen ihr nicht genügend Kräfte zur Verfügung. Zudem häuften sich die Anzeichen, daß man die Abwehrkraft der Sowjetunion – insbesondere in bezug auf die militärische Leistungsfähigkeit der sowjetischen Truppe – ganz erheblich unterschätzt hatte, wie Generaloberst Halder notierte.[21] Der 1. Generalstabsoffizier der im Verband der 16. Armee bei der Heeresgruppe Nord kämpfenden 251. Infanteriedivision hielt beispielsweise fest[22]: Die sowjetischen Verbände «schlagen sich wie die Löwen», und die vorstoßenden deutschen Truppen müßten schwere Verluste hinnehmen. Die deutsche Führung wurde von der ungebrochenen Leistungsbereitschaft und der vorgefundenen Rüstung der Roten Armee zweifellos überrascht. Verblüfft war man über das Auftauchen neuer Geschütz-arten wie der «Stalinorgel» (Salvengeschütz Katjuscha) und moderner, stark gepanzerter sowjetischer Tankwagen (T 34-«KW»-Panzer), denen gegenüber die deutsche Panzerabwehr anfangs machtlos war.

Der Wert und die militärische Kampfkraft der Roten Armee mit ihren großen personellen Reserven waren erheblich höher zu veranschlagen, als man auf deutscher Seite angenommen hatte. Die Sowjetarmee verteidigte sich trotz verlustreicher Anfangsoperationen, großer Gefangenenzahlen und weiter Geländeeinbußen hartnäckig und mit großem Geschick. Der sowjetische Kampfwille war jedenfalls nach den ersten vier Wochen nicht zusammengebrochen, wovon man vor dem Überfall auf deutscher Seite ausgegangen war. Die Vorstellung von einem raschen inneren Zerfall oder totalen Zusammenbruch der UdSSR erwies sich eindeutig als Fehlbeurteilung. Dagegen führte die Überwindung der weiten Entfernungen zu einer allmählichen Ermattung bei den deutschen Truppen, zumal sich bald erhebliche Nachschubprobleme abzeichneten. Außerdem wirkten sich die ersten Partisanenaktionen nach Stalins Rundfunkaufruf vom 3. Juli 1941 zum «Vaterländischen Krieg» sehr hemmend auf die Versorgungszuführung der deutschen Truppen aus.

Aufgrund der sukzessiv auftretenden Schwierigkeiten und Hindernisse beim Voranschreiten des Feldzuges legte Hitlers Weisung Nr. 33 vom 19. Juli 1941[23] fest, daß der Angriff auf Leningrad erst fortgesetzt werden sollte, nachdem die Infanterieverbände an die Panzerdivisionen herangeführt worden waren und die rechte Flanke der Heeresgruppe Nord abgesichert war. Gleichwohl sahen die danach herausgegebenen «Ergänzungen zur Weisung Nr. 33» vor, daß beim weiteren Vorstoß im Osten südlich in die Ukraine und nördlich auf Leningrad eingedreht werden sollte, um dort die kriegswichtigen Gebiete in die Hand zu bekommen.[24]

Auch das Oberkommando des Heeres (OKH) war zu dieser Zeit der Ansicht, daß der Gegner zwar «entscheidend geschwächt», aber keineswegs «so endgültig zerschlagen» sei, «daß man über ihn zur Tagesordnung übergehen könnte»[25]. Allerdings zog das OKH aus dieser Erkenntnis den von Hitlers Absichten abweichenden Schluß, daß nämlich der operative Schwerpunkt beim Angriff auf Moskau in der Mitte der Front und nicht auf den Flanken im Süden und Norden liegen müsse. Generalstabschef Halder konnte sich jedoch mit dieser Ansicht gegen Hitler nicht durchsetzen. So behielt der Vorstoß auf Leningrad nach Eroberung der Waldai-Höhen weiterhin Priorität vor dem Angriff auf Moskau. Dies bekräftigte Hitler in seiner Weisung Nr. 34 vom 30. Juli 1941 und in der «Ergänzung zur Weisung Nr. 34» vom 12. August 1941, in denen er eine Schwächung in der Mitte zugunsten von Schwerpunkten beim Angriff auf Leningrad und Kiew festlegte.[26] Zudem schickte Hitler den Chef des Oberkommandos der Wehrmacht (OKW), Generalfeldmarschall Keitel, am 30. Juli zu Generalfeldmarschall Ritter von Leeb, um diesen erneut von der Wichtigkeit des Angriffs gegen Leningrad zu überzeugen; neue Panzerkräfte konnte er dafür jedoch nicht bereitstellen.

Der Auftrag der Heeresgruppe wurde schließlich auf die «Ab- bzw. Einschließung» Leningrads eingeschränkt, da die rechte Flanke zur Heeresgruppe Mitte nur unzureichend abgesichert werden konnte und zusätzliche Reserven nicht bereitstanden. Gleichwohl bezeugen weitere Erklärungen und Anordnungen Hitlers – wie etwa die Denkschrift vom 22. August 1941 –, daß er die Eroberung der Stadt Leningrad, die er als «lebenswichtiges Gebiet» der UdSSR einschätzte, ebenso wie die Einnahme des Industriegebiets in der Ukraine unverändert als zentrales Kriegsziel ansah. Verärgert lehnte er deshalb die Operationsvorstellungen des OKH ab, die Moskau als vordringliches Angriffsziel nannten.[27] Erst nach der Eroberung von Kiew und Leningrad wollte Hitler dem vom OKH favorisierten Angriff auf Moskau zustimmen. Folglich erhielt der weitere Angriff gegen Leningrad besondere Bedeutung für die Erfolgsaussichten des gesamten «Unternehmens Barbarossa», das als Blitzkrieg gegen die Sowjetunion geplant war.

Mit dem Abschluß der Schlacht um Kiew, das am 19. September erobert wurde, konnte ein weiterer großer Erfolg am Südabschnitt der Front erzielt werden, neue Siegeshoffnungen kamen auf. Die verlangte Einnahme Leningrads blieb jedoch aus, obwohl die Orte Narwa und Kingissepp am 17. August sowie Reval am 29. August eingenommen wurden und die Bahnlinie Moskau–Leningrad bei Tschudowo (südöstlich von Leningrad) am 20. August unterbrochen werden konnte. Es erwies sich immer deutlicher, daß es der Wehrmacht nicht gelang, an mehreren Schwerpunkten gleichzeitig die notwendige Kampfkraft bereitzustellen, um die angestrebten militärischen Ziele zu erreichen. Der ab 7. September mit massiver Unterstützung der deutschen Luftwaffenverbände durchgeführte Panzervorstoß auf den Verteidigungsring an der Newa-Stadt stieß auf heftigen und hartnäckigen Widerstand der Verteidiger, die vom 9. September bis 6. Oktober unter dem Oberbefehl von Armeegeneral Schukow standen.

Schon ab Mitte August flogen deutsche Jagdbomber und Bomber einzelne Luftangriffe auf die Innenstadt Leningrads. Die Verbände des VIII. Fliegerkorps konnten sich dabei auf hervorragende Luftaufnahmen stützen, die seit Aufnahme der allgemeinen Luftaufklärung (Mitte Januar 1941), aber auch schon vor Kriegsbeginn bis zum August 1939 von deutschen Fernaufklärern in großer Höhe über der Newa-Stadt gemacht worden waren (siehe dazu die Abbildung auf S. 93).[28] Allerdings wurde das VIII. Fliegerkorps bereits Ende September zur Unterstützung des Angriffs auf Moskau zur Luftflotte 2 abgezogen.

Am 8. September konnte von den deutschen Truppen Schlüsselburg eingenommen werden, Mitte September erreichten sie die ersten Vororte Leningrads. Damit war die Millionenstadt von der Landverbindung und der wichtigen Eisenbahnlinie nach Tichwin abgeschnitten und somit eingeschlossen. Der Einbruch in die engere Verteidigungslinie gelang den deutschen Verbänden jedoch nicht.

Hitler ließ daraufhin die Offensive gegen den Verteidigungsring einstellen und befahl, die Stadt weiträumig einzuschließen sowie durch Bombardierung und Aushungern zur Übergabe zu zwingen – eine Idee, die er seit Juli wiederholt propagiert hatte.

Das für Leningrad geplante Schicksal

Im Zusammenhang mit der von Hitler in der Weisung Nr. 35 vom 6. September 1941 befohlenen Fortsetzung des Angriffs auf Leningrad[29] stellten die deutschen Führungsstäbe grundsätzliche Überlegungen an, ob eine Kapitulation der Stadt anzunehmen sei und was dann ihren Einwohnern geschehen solle. Generalfeldmarschall Ritter von Leeb fragte am 15. September beim OKH an, «was im Fall eines Übergabeangebots von Leningrad zu geschehen» habe.[30] Seiner Auffassung nach müsse die Stadt aller ihrer militärischen Machtmittel beraubt werden: «Eine militärische Besetzung würde die klarsten Verhältnisse bringen ...» und sei «auch aus wehrwirtschaftlichen Gründen dringend geboten», zudem würde die Masse der vor Leningrad kämpfenden 18. Armee frei werden. Zwei Tage später wurde im Kriegstagebuch der Heeresgruppe Nord festgehalten,

daß bislang noch keine Entscheidung des «Führers» vorliege, «ob eine etwaige Übergabe anzunehmen ist, ob sie (die Stadt, d. Verf.) zusammenzuschießen ist, oder ob sie auszuhungern ist»[31]. Anscheinend war Ritter von Leeb sehr um eine Absicherung seiner eigenen Befehle besorgt, denn am 18. September besprach er das Problem erneut mit dem Chef des Generalstabes des Heeres, Generaloberst Halder, der ihm erklärte, es müßten mit allen Mitteln Ausbruchsversuche verhindert werden: «Eine Kapitulation Leningrads soll keinesfalls ohne Rücksprache mit (dem) O.K.H. abgeschlossen werden. Komme ein Übergabeangebot, so sei lediglich festzustellen: Wer bietet an, was bietet er an, welche Vollmachten hat er? Mit diesen Unterlagen solle beschleunigt die Entscheidung des O.K.H. (O.K.W.) herbeigeführt werden.»[32] Unverständlich bleibt, warum Generalfeldmarschall von Leeb sich auf eigenen Wunsch derart die Hände binden ließ und eine «Entscheidung vor Ort» nicht selbst aus eigener Vollmacht vorsah. Ob er die Befehle Hitlers zum Aushungern der Stadt billigte, ist umstritten, allerdings hat er nicht nachhaltig gegen sie opponiert.[33]

Schließlich stellte die Abteilung Landesverteidigung des Wehrmachtführungsstabes im OKW am 21. September eine geheime «Vortragsnotiz Leningrad» über die verschiedenen Vorstellungen zusammen. Dieser Text verdient wegen seiner grundsätzlichen Bedeutung für die Denkweise im OKW besondere Beachtung und soll deshalb hier vollständig dokumentiert werden[34]:

«MÖGLICHKEITEN:

1. Stadt besetzen, also so verfahren, wie wir es mit anderen russischen Großstädten gemacht haben: Abzulehnen, weil uns dann die Verantwortung für die Ernährung zufiele.
2. Stadt eng abschließen, möglichst mit einem elektrisch geladenen Zaun umgeben, der

mit M.Gs. (Maschinengewehren, d. Verf.)
bewacht wird:
Nachteile: Von etwa 2 Millionen Menschen werden die Schwachen in absehbarer Zeit verhungern, die Starken sich dagegen alle Lebensmittel sichern und leben bleiben. Gefahr von *Epidemien*, die auf unsere Front übergreifen. Außerdem fraglich, ob man unseren Soldaten zumuten kann, auf ausbrechende Frauen und Kinder zu schießen.

3. Frauen, Kinder, alte Leute durch Pforten des Einschließungsrings abziehen, Rest verhungern lassen:
a) Abschieben über den Wolchow hinter die feindliche Front *theoretisch* gute Lösung, praktisch aber kaum durchführbar. Wer soll Hunderttausende zusammenhalten und vorwärtstreiben? Wo ist dann die russische Front?
b) Verzichtet man auf den Abmarsch hinter die russische Front, verteilen sich die Herausgelassenen über das Land.
Auf alle Fälle bleibt Nachteil bestehen, daß die verhungernde Restbevölkerung Leningrads einen Herd für Epidemien bildet und daß die Stärksten noch lange in der Stadt weiterleben.

4. Nach Vorrücken der Finnen und vollzogener Abschließung der Stadt wieder hinter die Newa zurückgehen und das Gebiet nördlich dieses Abschnitts den Finnen überlassen.
Finnen haben inoffiziell erklärt, sie würden Newa gern als Landesgrenze haben, Leningrad müsse aber weg. Als politische Lösung gut. Frage der Bevölkerung Leningrads aber nicht durch Finnen zu lösen. Das müssen wir tun.

ERGEBNIS UND VORSCHLAG:
Befriedigende Lösung gibt es nicht. H.Gr. Nord muß aber, wenn es so weit ist, einen Befehl bekommen, der wirklich durchführbar ist.

Es wird vorgeschlagen:
a) Wir stellen vor der Welt fest, daß Stalin Leningrad als Festung verteidigt. Wir sind also gezwungen, die Stadt mit ihrer Gesamtbevölkerung als militärisches Objekt zu behandeln. Trotzdem tun wir ein Übriges: Wir gestatten dem Menschenfreund Roosevelt, nach einer Kapitulation Leningrads die nicht in Kriegsgefangenschaft gehenden Bewohner unter Aufsicht des Roten Kreuzes auf neutralen Schiffen mit Lebensmitteln zu versorgen oder in seinen Erdteil abzubefördern und sagen für diese Schiffsbewegung freies Geleit zu (Angebot kann selbstverständlich nicht angenommen werden, nur propagandistisch zu werten).
b) Wir schließen Leningrad zunächst hermetisch ab und schlagen die Stadt, soweit mit Artillerie und Fliegern möglich, zusammen (vorerst nur schwache Fliegerkräfte verfügbar!).
c) Ist die Stadt dann durch Terror und beginnenden Hunger reif, werden einzelne Pforten geöffnet und Wehrlose herausgelassen. Soweit möglich, Abschub ins innere Rußland. Rest wird sich zwangsläufig über das Land verteilen.
d) Rest der ‹Festungsbesatzung› wird den Winter über sich selbst überlassen. Im Frühjahr dringen wir dann in die Stadt ein (wenn die Finnen es vorher tun, ist nichts einzuwenden), führen das, was noch lebt, nach Innerrußland bzw. in die Gefangenschaft, machen Leningrad durch Sprengungen dem Erdboden gleich und übergeben den Raum nördlich der Newa den Finnen.»

Auf der Basis dieser Überlegungen teilte der Chef des Wehrmachtführungsstabes, Generaloberst Jodl, dem Oberbefehlshaber des Heeres, Generalfeldmarschall von Brauchitsch, am 7. Oktober den Willen des «Führers» mit, der erneut entschieden habe, «daß eine Kapitulation von Leningrad oder später von Moskau nicht anzunehmen ist, auch wenn sie von der Gegenseite angeboten würde»[35]. Zu dieser Maßnahme sei die deutsche Seite moralisch berechtigt, da Leningrad, wie der sowjetrussische Rundfunk selbst bekanntgegeben habe, durch Sprengungen mit Zeitzündern «unterminiert sei und bis zum letzten Mann verteidigt würde». Zudem seien in der Stadt schwere Seuchengefahren zu erwarten. «Kein deutscher Soldat hat daher diese Städte zu betreten. Wer die Stadt gegen unsere Linien verlassen will, ist durch Feuer zurückzuweisen. Kleinere, nicht gesperrte Lücken, die ein Herausströmen der Bevölkerung nach Innerrußland ermöglichen», seien «daher nur zu begrüßen», um dadurch dort das allgemeine Chaos zu vergrößern. Die Bewohner Leningrads sollten durch konzentrierte Luftangriffe und Artilleriefeuer zur Flucht aus der Stadt veranlaßt werden. Allerdings besaßen die Heeresgruppe Nord und die Luftflotte 1 nicht die notwendigen Kampfmittel, um diese Absicht verwirklichen zu können.

Daraufhin war das Oberkommando der Heeresgruppe besorgt, ob denn nicht zumindest ein Kapitulationsangebot angenommen werden dürfe, um die russischen Truppen in die Kriegsgefangenschaft abführen zu können. Sollte dies nicht möglich sein, so werde der Russe einen verlustreichen Verzweiflungskampf weiterführen.[36] Danach gab das OKH am 17. Oktober zu verstehen, die Heeresgruppe solle in diesem Fall nochmals rückfragen, «da erst zu diesem Zeitpunkt eine Entscheidung an oberster Stelle (von Hitler, d. Verf.) über die weitere Behandlung dieser Frage getroffen werden wird»[37].

Nach den vorausgegangenen Weisungen und Anordnungen Hitlers war allerdings nicht damit zu rechnen, daß der «Führer» seine menschenverachtende und rücksichtslose Haltung aufgeben würde. Daß mit keinerlei Nachsicht Hitlers zu rechnen war, dokumentieren seine Ausführungen gegen-

über dem am 16. September 1941 im Führerhauptquartier zu Besuch weilenden deutschen Botschafter im besetzten Paris, Otto Abetz. Ihm erklärte Hitler: «Das ‹Giftnest Petersburg›, aus dem so lange das asiatische Gift in die Ostsee ‹hinausgequollen› sei, müsse vom Erdboden verschwinden. Die Stadt sei bereits eingeschlossen; es bleibe nur noch übrig, sie mit Artillerie und aus der Luft zusammenzuschießen, wobei man auch die Wasserleitung, die Elektrizitätszentren und alles das vernichten würde, was die Bevölkerung zu ihrer Versorgung brauche. Die Asiaten und Bolschewisten müßten aus Europa hinausgejagt werden, die ‹Episode von 250 Jahren Asiatentum› sei abgeschlossen.»[38]

Seinen engsten Vertrauten legte Hitler im vollen Bewußtsein des verbrecherischen Vernichtungscharakters seiner Absichten sogar die Gründe dar, warum er nichts dabei empfinde, Kiew, Moskau und Leningrad total vernichten und «dem Erdboden gleichmachen» zu lassen.[39] Am 25./26. September 1941 erklärte er ihnen: «Ich kann mir denken, daß mancher sich heute an den Kopf greift: Wie kann der Führer nur eine Stadt wie Petersburg [Leningrad] vernichten! Gewiß, von Haus bin ich vielleicht ganz anderer Art. Ich möchte niemand leiden sehen und keinem weh tun; aber wenn ich erkenne, daß die Art in Gefahr ist, dann tritt an die Stelle des Gefühls eiskalte Vernunft: Ich sehe nur noch die Opfer, welche die Zukunft fordert, wenn heute ein Opfer nicht gebracht wird.»[40] An die Opfer in Leningrad dachte er dabei selbstverständlich nicht.

Daß Hitler mit seinen Vernichtungsvorstellungen auch Zustimmung – zumindest unter NSDAP-Parteigenossen – erhielt, beweist die Reaktion auf seine Ausführungen in der alljährlichen Gedenkveranstaltung für den Münchener Putschversuch vom November 1923. Als der Diktator am

8. November 1941 im Löwenbräukeller verkündete, die Bevölkerung in Leningrad werde «verhungern», erhielt er nach Angabe der
NS-Presse «stürmischen Beifall», obwohl
Hitler zugleich eingestehen mußte, daß die
deutsche Wehrmacht vor Leningrad nunmehr «defensiv» sei.[41]

Die Strategie des Einschließens und systematischen Aushungerns von Leningrad wurde auch von «Reichsmarschall» Hermann
Göring und dem Staatssekretär im Reichs-
ministerium für Ernährung und Landwirtschaft, Herbert Backe, gutgeheißen; sie
kamen Mitte September bei einer Besprechung überein, daß die Eroberung großer
Städte im Osten «aus wirtschaftlichen Gründen ... unerwünscht» sei. Man ging davon
aus, daß der größte Teil der Bewohner
Leningrads aufgrund der rücksichts- und
unterschiedslosen Einschließung der Soldaten und Zivilbevölkerung verhungern werde.[42]

Es blieb nicht aus, daß Hitlers Weisung,
eine Kapitulation der Newa-Stadt abzulehnen, in den Stäben und Verbänden der vor
Leningrad kämpfenden 18. Armee mehrfach
erörtert wurde. Die Ansichten und Stand-
punkte zur Frage, «wie man sich zu verhalten hat, wenn die Stadt Leningrad ihre Übergabe anbietet», sind ausführlich im
Kriegstagebuch der Heeresgruppe Nord festgehalten worden. (Siehe in diesem Buch die
Seiten 38–45, besonders Seite 41 f.)

Auch Ende Oktober 1941, als mit einer Kapitulation der Millionenstadt kaum noch zu
rechnen war, beschäftigte «die Frage Leningrad und besonders der dortigen Zivilbevölkerung» den Oberbefehlshaber der Heeresgruppe Nord, Generalfeldmarschall Ritter
von Leeb, nach wie vor «in starkem Maße».
Er ließ deshalb im Kriegstagebuch folgende
Eintragung vornehmen[43]:

«Der Ob.d.H. (Oberbefehlshaber des Heeres,
d. Verf.) hat vorgeschlagen, vorwärts der
eigenen Linien Minenfelder auszulegen, um
der Truppe den unmittelbaren Kampf gegen
die Zivilbevölkerung zu ersparen. Wenn sich
die roten Truppen im Raum um Leningrad
und Kronstadt ergeben, die Waffen abgeliefert und in Gefangenschaft abgeführt sind,
sieht O.B. keinen Grund mehr, die Einschließung der Stadt aufrecht zu erhalten. Die
Truppe wird in die Unterkunftsräume verlegt
werden. Auch dann wird ein großer Teil der
Bevölkerung zu Grunde gehen, aber doch
wenigstens nicht unmittelbar vor unseren
Augen.»

Das Scheitern des Angriffs auf Leningrad

Im Zusammenhang mit dem anschließenden
Angriff auf Moskau mußte die 18. Armee vor
Leningrad das letzte ihr verbliebene Panzerkorps unter General Reinhardt, das sich gerade dem Südrand der Stadt näherte, am 16.
September an die Heeresgruppe Mitte abgeben. Als dann auch noch die Panzergruppe 4
unter Generaloberst Hoepner ab Ende September für den Angriff auf Moskau abge-
stellt wurde, besaß die Heeresgruppe Nord
schließlich keine entscheidende Schlagkraft
mehr, um Leningrad enger einschließen zu
können. Neue Infanterieverbände wurden
herangeführt – darunter auch am 10. Oktober 1941 die allerdings nicht angriffsfähige
250. Infanteriedivision. Diese sogenannte
«Blaue Division» rekrutierte sich aus spani-
schen Freiwilligen, die sich am «Kreuzzug
Europas gegen den Bolschewismus» beteili-
gen wollten.[44] Dennoch kam der Angriff auf
die Millionenstadt an der Newa ohne die
motorisierte Kraft der Panzerverbände nicht
voran. Zudem konnte der für die Versorgung
der Stadt wichtige Wasserweg über den

Ladogasee nicht unterbunden werden. Infolgedessen blieben Leningrads Versorgungseinrichtungen, Flugplätze und zentrale Verteidigungsstellungen außerhalb des Einwirkungsbereichs der deutschen Artillerie. So führte die Politik der Aushungerung der Bevölkerung nicht zum gewünschten Ziel, nämlich zur Aufgabe der Stadt durch die Rote Armee.

Im Mittelpunkt der weiteren militärischen Ereignisse des Ostkriegs stand danach die ab 26. September gestartete Offensive gegen Moskau, die Hitler wenige Tage später als «letzte große Entscheidungsschlacht dieses Jahres» bezeichnete. Nun erfolgte der «letzte gewaltige Hieb, der noch vor Einbruch des Winters die UdSSR zerschmettern» sollte.[45] Als die Wehrmacht in der Doppelschlacht von Wjasma und Brjansk beeindruckende Erfolge erzielte und fast 700 000 sowjetische Soldaten in Gefangenschaft gerieten, war die deutsche Führung davon überzeugt, den Krieg doch noch gewonnen zu haben. Hitler beschäftigte sich erneut mit der beabsichtigten totalen Zerstörung von Moskau und Leningrad.

Auf der irrealen Annahme, der Ostfeldzug habe bereits zur Vernichtung des Kerns der Roten Armee geführt, beruhte letztlich auch Hitlers Entscheidung, der Heeresgruppe Nord weitere Kräfte abzuziehen und die Newa-Stadt vorerst nicht erobern, sondern nur weiträumig einschließen zu lassen, wie er es schon im Juli angekündigt hatte. Nach Luft- und Artilleriebombardierung sollte Leningrad als Trümmerhaufen «vom Erdboden verschwinden». Das Gebiet nördlich der Newa wollte Hitler danach an die am Krieg gegen die Sowjetunion beteiligten Finnen übergeben.[46]

Die Front vor Leningrad mußte somit ab Mitte September zur Abwehr übergehen; sie wurde gleichsam zum Nebenkriegsschauplatz erklärt und stand im Schatten der gewaltigen Ereignisse im Verlauf des Angriffs

auf Moskau, der im Winter 1941/42 scheiterte, nachdem die Rote Armee am 5./6. Dezember 1941 die Gegenoffensive aufnehmen und die deutschen Stellungen durchbrechen konnte.[47] An dieser Lage änderte auch die vorübergehende Eroberung Tichwins durch die Heeresgruppe Nord am 8. November nichts, zumal die Stadt nach heftigen und verlustreichen Kämpfen am 9. Dezember wieder von den deutschen Truppen geräumt werden mußte und der Vorstoß somit unmittelbar keinen entlastenden Einfluß für die neun deutschen Divisionen vor der Newa-Stadt hatte.

Die Stagnation des deutschen Angriffs vor Leningrad und bei Tichwin hatte auch entscheidende Auswirkungen auf die militärpolitische Haltung des finnischen Oberkommandos in Helsinki. Es war danach noch weniger geneigt, selbst einen Angriff auf Leningrad von Norden aus durchzuführen.[48] Angesichts der Rückschläge vor Moskau und Leningrad sah sich Hitler gezwungen, am 8. Dezember die sofortige Einstellung aller größeren Angriffsoperationen anzuordnen.[49] Zwar wurde die Front zu Beginn des Jahres 1942 wieder stabilisiert, für die militärisch-politische Zielsetzung Hitlers stellte sich jedoch die katastrophale Niederlage vor Moskau als entscheidender Fehlschlag, als unbestreitbares Fiasko des Blitzkriegskonzepts dar.

Auch vor Leningrad leistete die Rote Armee ab Herbst 1941 verstärkten Widerstand, so daß an eine rasche Einnahme der Stadt nicht mehr gedacht werden konnte. Die im Rahmen des «Unternehmens Barbarossa» entwickelten Pläne zur Eroberung von «Lebensraum im Osten» und dessen räuberischer Ausbeutung waren damit zum Jahresende 1941 letztlich «im ganzen gescheitert».[50] Dieses Scheitern drückte sich auch in der von Hitler am 16. Januar 1942 bewilligten Verabschiedung von Feldmarschall Ritter von Leeb als Oberbefehlshaber der Heeres-

gruppe Nord und der Ernennung von Generaloberst von Küchler, der bisher die 18. Armee vor Leningrad befehligt hatte, zu dessen
Nachfolger aus.[51] Augenscheinlich mangelte
es den deutschen Verbänden aufgrund der
schlechten Personallage im Norden der Ostfront an Kampfkraft. Dies zeigte sich auch
daran, daß die durch Angriffe der Roten
Armee im Februar 1942 geschaffene Einkes-
selung von zwei deutschen Korps bei Cholm
und Demjansk nur mit Schwierigkeiten und
erst im April und Mai 1942 aufgehoben werden konnte.

Angesichts des gescheiterten Angriffs auf
die Newa-Stadt und des Drängens von seiten
der SS-Führer Himmler und Heydrich, die
Stadt Lenins mehr und stärker zu bombardieren, um sie «auszulöschen»[52], stellte man
Ende Dezember in der Dienststelle des Gene-
ralquartiermeisters im deutschen Generalstab sogar Überlegungen an, ob ein
eventueller Giftgasangriff auf Leningrad
durchführbar sei. Eine Vortragsnotiz vom
22. Dezember 1941 beschäftigte sich mit
dem Bedarf an Giftgas, falls die Stadt auf
diesem Weg erobert werden sollte.[53] Nach
den Berechnungen waren Hunderttausende
von Giftgasgranaten für einen solchen Einsatz notwendig, zum Verschuß der Munition
wären mehr als 330 Batterien nötig gewesen.
Da diese keinesfalls zur Verfügung standen,
wurde der Plan wieder fallengelassen, so daß
die Leningrader einer noch entsetzlicheren
Katastrophe entgingen, als ihnen ohnehin
durch die seit September 1941 bestehende
Blockade auferlegt war.

Weitere Angriffspläne:
Unternehmen «Nordlicht» 1942
und das Ende der Blockade

Wie problematisch sich die Gesamtlage für
die Wehrmacht 1942 im Osten darstellte,

zeigte sich auch in der von Hitler erlassenen
«Führerweisung Nr. 41» vom 5. April 1942.
Sie bestimmte zwar als Hauptziel der Som-
meroffensive für die Heeresgruppe Nord,
«Leningrad zu Fall zu bringen und die Landverbindung mit den Finnen herzustellen»[54].
Dafür wurden jedoch keine neuen, zusätzlichen Kräfte in Aussicht gestellt, obwohl
gerade die Lösung des strategischen Pro-
blems um Leningrad von der finnischen
Regierung zur Voraussetzung ihrer weiteren
offensiven Beteiligung gegen die Murman-
bahn und zum Weißen Meer gemacht wurde.
Folglich wurde die Realisation dieser Anweisung erst für die Zeit nach dem Abschluß
der militärischen Operationen an der Süd-
front in Aussicht gestellt. Die Operations-
planung im Norden, d. h. die verlangte
«endgültige Abschnürung von Leningrad
und die Wegnahme des Ingermanlandes»,
war somit unmittelbar abhängig vom Verlauf
des Vorstoßes nach Stalingrad und in den
Kaukasus.

Als die Offensive an der südlichen Front
im Sommer 1942 erfolgreich schien, befahl
Hitler dementsprechend in der Weisung Nr.
45 vom 23. Juli 1942, einen neuen Angriff
auf Leningrad Anfang September 1942 vorzubereiten (Unternehmen «Feuerzauber», ab
1. August umbenannt in «Nordlicht»).[55]
Dafür sollten fünf neue Divisionen der bislang auf der Krim kämpfenden 11. Armee
über 2000 km quer zur Ostfront zugeführt
werden. Die Eroberung Leningrads sollte
unter dem Befehl von Generalfeldmarschall
von Manstein mit Hilfe des Einsatzes
schwerster Artilleriegeschütze «nach dem
Vorbild Sewastopols» erfolgen.[56] Wiederum
verlangte Hitler die restlose Vernichtung
der Ostsee-Stadt und ihrer Bevölkerung.
Wörtlich wiederholte er gegenüber Manstein
Ende August 1942 die alte Forderung aus
dem Vorjahr, Leningrad sei nach der Besetzung «dem Erdboden gleichzumachen»[57].
Mehrere für die Deutschen bedrohliche

sowjetische Vorstöße und Gegenangriffe gegen den Demjansker Korridor und südlich des Ladogasees bei Mga verhinderten aber, daß die Vorbereitung für das Unternehmen «Nordlicht» nach Plan verlief. Nachdem mehrere Divisionen der 11. Armee zur Abwehr dieser Feindangriffe eingesetzt werden mußten und dadurch entscheidend an Angriffskraft verloren, wurde das Angriffsvorhaben «Nordlicht» am 1. September von Generaloberst Halder zurückgestellt und schließlich von seinem Nachfolger als Generalstabschef, General der Infanterie Zeitzler, am 16. Oktober als «vorerst nicht durchführbar»[58] aufgehoben. Infolgedessen blieb die Einschließung Leningrads durch die deutsche Armee auch 1942 nur weiträumig bestehen, so daß es der sowjetischen Füh-

rung möglich war, die Versorgung der Stadt generell zu verbessern. Leningrad wurde zum Symbol des ungebrochenen Willens der Roten Armee und der sowjetischen Bevölkerung zum Widerstand gegen die deutschen Eindringlinge. Schließlich gelang es den sowjetischen Streitkräften am 18. Januar 1943, die deutschen Verbände bei Schlüsselburg zurückzuwerfen und die Blockade der Stadt, die unsägliches Leid über die Newa-Metropole gebracht und mehr als eine Million Tote gefordert hatte, nach 496 Tagen zu durchbrechen.[59] Gleichwohl blieb die weiträumige Belagerung der Millionenstadt noch bis zum 27. Januar 1944 bestehen, so daß die endgültige Befreiung von der unmittelbaren Bedrohung durch die deutsche Wehrmacht erst nach fast 900 Tagen erfolgte.

DEUTSCHE PRÄZISION

Die Deutschen bombardierten die für die
Versorgung Leningrads wichtige Bahn-
strecke nach Moskau. Am 30. 8. 1941
eroberten sie die Station Mga und unter-
brachen damit die letzte Bahnverbindung
der Stadt mit der übrigen Sowjetunion.
Diese Luftaufnahme zeigt einen Strecken-
abschnitt südöstlich von Mga.

1) Gleisanlagen durch Bombent

SU
Stabia, Lfl. 1 F 252, SD/41 v. 25.
(5. (F) 122)

Leningrad-Moskau   M.etwa 1:7500

nnstrecke 3km SO Bhf. Mstinskij-Moszt.   E.Bl. O-36-$\overline{V}$-West
Planquadr. 350st 29 414   Ü.Bl. X59

**Das Zentrum der Stadt
(Luftaufnahme vom 7. 10. 1942)**

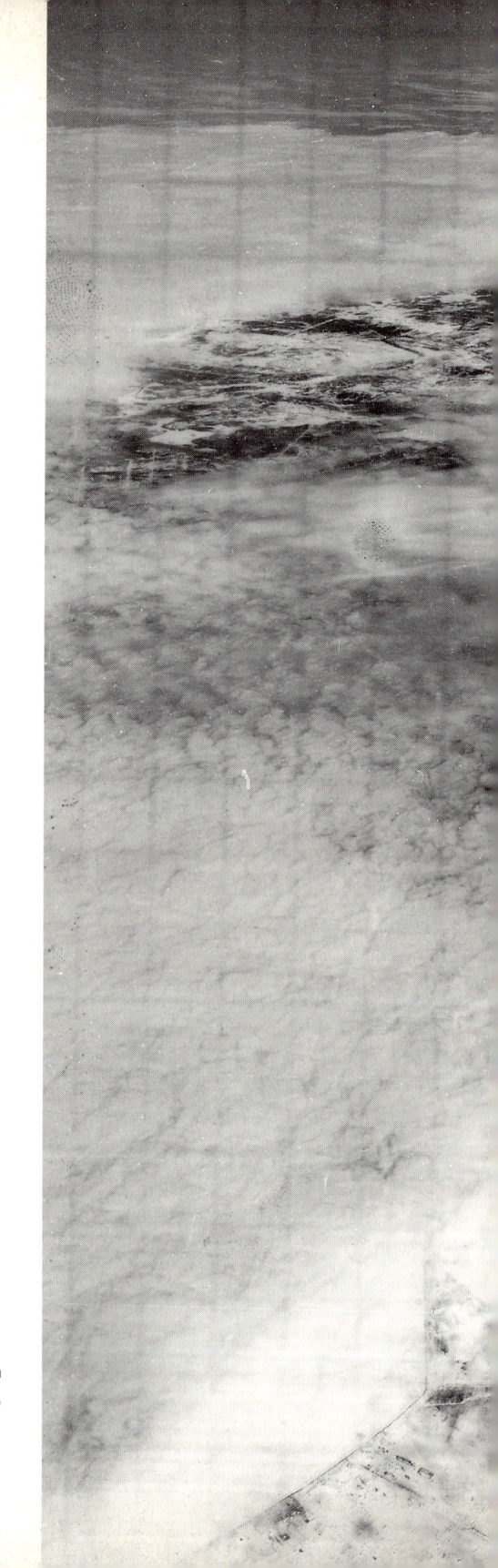

**Die Newa und der Finnische Meerbusen
sind zugefroren (Luftaufnahme).**

Walentin Kowaltschuk

DIE VERTEIDIGUNG LENINGRADS
DURCH DIE ROTE ARMEE

In den Plänen der Deutschen spielte von Anfang an die Einnahme Leningrads eine große Rolle. «Besondere Bedeutung wurde in den Plänen des OKH der Eroberung von Moskau eingeräumt», schrieb F. Paulus, einer der Väter des «Unternehmens Barbarossa», «jedoch sollte der Eroberung Moskaus die Eroberung Leningrads vorausgehen. Mit der Eroberung von Leningrad wurden mehrere militärische Ziele angestrebt: die Vernichtung der wichtigsten Stützpunkte der russischen Baltischen Flotte, die Lähmung der Rüstungsindustrie in dieser Stadt und die Zerschlagung der Stadt als Truppenkonzentrationspunkt für einen Gegenangriff auf die gegen Moskau vorrückenden deutschen Truppen.»

Für den Angriff auf Leningrad wurde in Ostpreußen unter dem Befehl des Generalfeldmarschalls von Leeb die Heeresgruppe Nord zusammengezogen.

Von der schnellen Verwirklichung ihrer Pläne war die deutsche Führung so fest überzeugt, daß Hitler sogar erklärte: «In drei Tagen werden wir in Petersburg sein.»

Deutschen und finnischen Kräften standen im Nordwesten die Truppen des Baltischen Sonder- und des Leningrader Militärbezirks gegenüber, die in den ersten Kriegstagen zur Nordwest- und zur Nordfront umgruppiert wurden. Zur Nordwestfront, die General F. I. Kusnezow und vom 30. Juni bis zum 24. August 1941 General P. P. Sobennikow befehligten, gehörten die 8., die 11. und die 27. Armee. Sie sollten die baltischen Republiken verteidigen, die Ostseeküste und die Muhu-väin-Inseln schützen. Die Nordfront unter dem Befehl von General M. M. Popow zog sich mit den Kräften der 7., der 14. und der 23. Armee von der Halbinsel Rybatschi bis zum Finnischen Meerbusen über 1200 km hin und hatte die Aufgabe, ein Eindringen des Gegners von Finnland her zu vereiteln und die Nordküste der Estnischen SSR und der Halbinsel Hangö zu schützen. In engem Verbund mit den Truppen wirkten nordwestlich die Nord- und die Baltische Flotte.

Die Kampfhandlungen begannen in einer für die Sowjetunion ungünstigen Lage. Das faschistische Deutschland, das seit langem zu diesem Überfall gerüstet hatte, machte sich das militärökonomische Potential des gesamten besetzten Europas zunutze. Seine Truppen, den sowjetischen an Stärke und technischer Ausrüstung weit überlegen, verfügten schon über eine zweijährige Kriegserfahrung und waren rechtzeitig an der sowjetischen Grenze zusammengezogen und in dichten, massiven Gruppierungen in Stellung gebracht worden.

Bei den sowjetischen Streitkräften waren die Umgliederung und die Neuausrüstung noch nicht abgeschlossen. Die Errichtung von Verteidigungsbefestigungen an den neuen Westgrenzen war ebensowenig beendet wie die Konzentration und Entfaltung der Truppen. Da Stalin überzeugt war, Hitler würde den Nichtangriffspakt nicht brechen, befanden sich die Truppen, die ihren Dienst wie in Friedenszeiten versahen, nicht in voller Gefechtsbereitschaft. Die Mehrzahl der für die Sicherung der Grenzen vorgesehenen Divisionen stand weit im Hinterland. Somit wurden sie vom unerwartet ausgeführten Schlag der deutschen Truppen, der den Bruch des Nichtangriffspaktes darstellte, völlig überrumpelt.

Die Rote Armee befand sich im Nachteil und war gezwungen, sich unter den Schlägen des kräftemäßig überlegenen Feindes zurückzuziehen. Aber noch im Rückzug verteidigten die sowjetischen Kämpfer aufopferungsvoll jede Handbreit sowjetischer Erde und bewiesen nie dagewesene Ausdauer, Mut und Heldentum.

In den ersten Tagen des Krieges, als Leningrad verhältnismäßig weit vom Kriegsschauplatz entfernt war, versuchten die Deutschen, die Stadt aus der Luft mit Bombenangriffen zu überziehen. Diese Versuche wurden von der Fliegerabwehr der Stadt vereitelt.

Zwar leisteten die Truppen der Nordwestfront dem Feind erbitterten Widerstand, konnten die Wehrmacht jedoch nicht im Grenzgebiet zum Stehen bringen, sondern mußten unter dem Ansturm der übermächtigen Kräfte zurückweichen. Am 1. Juli besetzten die Deutschen Riga, am 6. Juli Ostrow und am 9. Juli Pskow.

Auf diese Weise hatten die deutschen Truppen bis zum 10. Juli 1941 beinahe das gesamte Baltikum erobert und stießen in die Randgebiete des Bezirks Leningrad vor. Das war der Beginn der Schlacht um Leningrad, des langwierigsten Gefechts in der Geschichte des Großen Vaterländischen Krieges der Sowjetunion.

Um dem drohenden Durchbruch der Wehrmacht im Raum Ostrow und Pskow zu begegnen, hatte das Oberkommando der sowjetischen Streitkräfte vom Südwesten und Südosten Truppen für die Verteidigung der Newa-Metropole abgezogen und befohlen, den Verteidigungsgürtel von Luga zu errichten, mit dessen Befestigung das Oberkommando schon am 24. Juni begonnen hatte. Zum Schutze von Leningrad wurde auf dieser Linie, die sich 100 bis 120 km von der Stadt entfernt vom Finnischen Meerbusen bis zum Ilmensee erstreckte und beinahe 280 km lang war, die Operations-

gruppe Luga gebildet. Befehligt wurde sie von General Konstantin P. Pjadyschew.

Am 10. Juli wurde das Oberkommando der Streitkräfte der strategischen Nordwestrichtung gegründet, es vereinte die Führung der Truppen der Nord- und der Nordwestfront sowie der Baltischen und der Nordflotte. Zum Oberkommandierenden wurde Marschall Klement E. Woroschilow ernannt, der in den Fragen der Kriegführung alte Positionen aus der Zeit des Bürgerkriegs vertrat.

Ebenfalls an diesem Tag, am 10. Juli, schlugen deutsche und finnische Truppen fast gleichzeitig auf die Linie Luga, Nowgorod und Staraja Russa, auf Estland und auf die Linie Petrosawodsk und Olonez los. Besonders massiv waren diese Vorstöße im Raum Luga und Nowgorod. An der Lugalinie brachten die sowjetischen Truppen durch ihre standhafte Verteidigung die deutschen Divisionen zum Stehen. Das veranlaßte die deutsche Heeresführung, die hier angreifenden Kräfte nach Norden zu lenken, nach Kingissepp, um durch die Wälder westlich von Luga und über das Koporje-Plateau nach Leningrad durchzubrechen. Es gelang den Deutschen, den Fluß Luga auf Anhieb zu überqueren und an seinem rechten Ufer zwei Brückenköpfe zu errichten. Jedoch konnte ihr weiterer Vormarsch dank dem Mut und dem Heldentum der sowjetischen Soldaten auch hier gestoppt werden.

Parallel zu den Kampfhandlungen vor Luga und Kingissepp entbrannten Gefechte in Richtung Nowgorod. Hier griff westlich von Schimsk das 56. deutsche Panzerkorps an. Aber vom 14. bis zum 18. Juli holten die Truppen der 11. Nordwestfrontarmee unter General W. I. Morosow im Raum Solzy zum Gegenschlag aus, und Teile des 56. Korps wurden 40 km nach Westen zurückgedrängt. General E. von Manstein, der das 56. Panzerkorps befehligte, schrieb in seinen Erinnerungen nach dem Krieg, daß man «nicht eben hätte behaupten können, die Lage des Korps sei in diesem Augenblick beneidenswert gewesen».

Der hartnäckige Widerstand der sowjetischen Truppen auf der Lugalinie und im Raum Solzy zwang die deutsche Heeresleitung, den Angriff auf Leningrad bis zum Eintreffen der Hauptkräfte der Heeresgruppe Nord einzustellen.

Alles, was zur Stärkung der Verteidigung von Leningrad unternommen wurde, war um so notwendiger, als die Heeresgruppe Nord bereits am 30. Juli Befehl erhielt, den Angriff fortzusetzen. Die deutsche Heeresführung zweifelte nicht an einem Erfolg, Hitler gar war der Ansicht, daß Leningrad bis zum 20. August genommen würde.

Da die deutsche Führung im südwestlichen Raum Leningrads an Infanterie und Artillerie anderthalbfache und an Panzern zweifache Überlegenheit besaß, gruppierte sie ihre Kräfte um und schuf drei Stoßgruppen – die nördliche, die Lugaer und die südliche.

Da die sowjetische Kommandoführung vom Hauptschlag abgelenkt werden sollte, gingen am 31. Juli 1941 finnische Einheiten als erste zum Angriff auf die 23. Armee über, die zur Verteidigung der Karelischen Landenge bereitstand. Die Kämpfe dauerten einen ganzen Monat, danach mußten sich die sowjetischen Truppen unter großen Verlusten zurückziehen. Mehr als 38 000 sowjetische Soldaten, ans Ufer des Ladogasees und des Finnischen Meerbusens gedrängt, wurden auf dem Wasserweg nach Leningrad geholt. Ende August erreichten die Finnen die alte Staatsgrenze. Die Truppen der 7. Armee wurden bis Ende September an den Fluß Swir abgedrängt, wo sich die Front bis Juni 1944 stabilisierte.

Die ausschlaggebenden Kampfhandlungen indessen entfalteten sich im Gebiet südlich von Leningrad. Von ihren Brückenköpfen am rechten Ufer der Luga aus ging die Wehrmacht am 8. August südöstlich von Kingissepp in Richtung Krasnogwardeisk zum Angriff über. In diesem Abschnitt verfügte sie über fünfzehnfache Überlegenheit an Panzern, ihre Artillerie war mehr als anderthalbmal stärker und die Lufthoheit unangefochten. Die hier zur Verteidigung angetretenen sowjetischen Einheiten leisteten hartnäckig Widerstand, unternahmen wohl auch Gegenangriffe, konnten dem Ansturm der Deutschen jedoch nicht standhalten. Eine entscheidende Rolle spielte dabei die 1. Panzerdivision unter General W. I. Baranow. Eine Kompanie dieser Division unter dem Befehl von Hauptmann S. G. Kolobanow zerstörte im Gefecht vor Wojskowizy am 19. August aus einem Hinterhalt heraus 43 deutsche Panzer.

Am 10. August gingen deutsche Truppen auf der Lugalinie und in Richtung Nowgorod–Tschudowo zum Angriff über. Sie waren fast dreimal stärker als die hier positionierte, soeben erst aufgestellte 48. Armee. Am 12. August drang die Wehrmacht in den Raum Schimsk ein.

In dieser schwierigen Lage bekamen die Verteidiger von Leningrad Hilfe. Einheiten der 34. und der 11. Armee der Nordwestfront versetzten den deutschen Kräften bei Staraja Russa einen Gegenschlag. Sie stießen fast 60 km weit vor und bedrohten die deutsche Gruppierung, die gegen Nowgorod vorrückte. Die deutsche Heeresführung mußte zusätzliche Kräfte in den Raum Staraja Russa verlegen und konnte die Lage erst danach wieder festigen. Der Gegenschlag bei Staraja Russa hatte der 48. Armee jedoch nicht nur eine Zeitlang Erleichterung verschafft, er zwang Hitlers Oberkommando auch zur Korrektur der übrigen Pläne. Am 15. August erging der Befehl, den Angriff auf Moskau einzustellen. Im Befehl des Oberkommandos der Wehrmacht hieß es, daß erst nach dem Erfolg der Heeresgruppe Nord, also nach der Einnahme von Leningrad, «an eine Wiederaufnahme des Angriffs auf Moskau zu denken sei».

Die Abwehr des sowjetischen Gegenschlags gestattete den deutschen Truppen, den Angriff fortzusetzen. Am 19. August nahmen sie Nowgorod und am 20. August schließlich Tschudowo, womit sie die Hauptstrecke der Oktjabrskaja-Eisenbahn kappte, die Leningrad mit Moskau verband.

Mit dem Vorrücken der deutschen Truppen bis Nowgorod und Krasnogwardeisk war für Leningrad eine unmittelbare Bedrohung entstanden. Am 20. August forderte der Kriegsrat der Nordwestlinie von den Kämpfern, die zum Schutze der Stadt angetreten waren, mit dem Feind um jede Handbreit Erde zu ringen und den Faschisten den Weg nach Leningrad zu versperren. Am 21. August wurde der Aufruf «An alle Werktätigen der Stadt Lenins» veröffentlicht, er trug die Unterschriften des Oberkommandierenden der Nordwestlinie, K. J. Woroschilow, des Ersten Sekretärs des Leningrader Stadtkomitees der KPU(B), Andrej Schdanow, und des Vorsitzenden des Leningrader Exekutivkomitees beim Rat der Werktätigen, Peter S. Popkow. Die Leningrader wurden aufgefordert, «wie ein Mann zum Schutze ihrer Stadt, ihres Zuhauses, ihrer Familien, ihrer Ehre und ihrer Freiheit anzutreten».

Zur besseren Koordinierung der Kräfte, die Leningrad verteidigten, führte man verschiedene organisatorische Maßnahmen durch. Am 23. August unterteilte das Kommando des Obersten Befehlshabers die Nordfront in die karelische unter General W. A. Frolow und in die Leningrader unter General Markian M. Popow. Dieser Schritt ermöglichte es dem Kommando der Leningrader Front, sich auf die Verteidigung der Stadt zu konzentrieren. Allerdings kam diese Entscheidung viel zu spät, beinahe anderthalb Monate nach dem Beginn der Schlacht um Leningrad. Am 29. August wurde das Oberkommando der Nordwestlinie mit dem

der Leningrader Front vereint, Anfang September dann ganz aufgelöst. Die Leningrader Front befehligte von nun an Klement J. Woroschilow.

Ende August trafen die Bevollmächtigten des Staatskomitees für Verteidigung in Leningrad ein – Wjatscheslaw M. Molotow, Georgi M. Malenkow, Nikolai G. Kusnezow, P. F. Schigarew und N. N. Woronow. Sie befaßten sich mit Fragen der Luft- und der Panzerabwehr und der Artillerieverteidigung. Bestätigt wurde von ihnen ein Plan, binnen 10 Tagen einige Betriebe und die Bevölkerung der Stadt zu evakuieren, und sie beschlossen außerdem, für die verbleibenden Einwohner einen für anderthalb Monate ausreichenden Vorrat an Lebensmitteln anzulegen.

Ende August sah die Lage in Leningrad nach wie vor äußerst gespannt aus. Am 25. August erneuerten neun deutsche Divisionen mit Unterstützung der Luftwaffe von Tschudowo aus den Angriff auf Leningrad. Die 48. Armee mit einer Stärke von kaum 10 000 Mann konnte dem Gegner nicht standhalten und wich zurück. Die Linie Tosno und Mga verlor ihre Deckung, was es den deutschen Truppen schon am 28. August ermöglichte, Tosno zu besetzen. Tosno liegt nur 50 km von Leningrad entfernt.

Die Räumung Tosnos beunruhigte das Hauptquartier, und Stalin äußerte in einem Telegramm an Molotow und Malenkow, die sich in Leningrad aufhielten, Unzufriedenheit mit Popow und Woroschilow. «…Sie suchen nach neuen Rückzugslinien», schrieb er. «In Leningrad gibt es jetzt viele KW-Panzer, viele Flugzeuge und Aufklärer. Wieso kommen diese wichtigen technischen Mittel nicht im Raum Ljuban–Tosno zum Einsatz? Was kann ein Infanterieregiment, vom Kommando den Deutschen ohne diese technischen Mittel gegenübergestellt, gegen die Panzer der Wehrmacht ausrichten? Wieso wird die reiche Leningrader Technik in diesem entscheidenden Abschnitt nicht eingesetzt? ...»

Am folgenden Tag, dem 29. August, erreichten die deutschen Truppen Kolpino, wurden hier jedoch von Einheiten der 55. Armee und von Arbeitern der Ischorsk-Werke, die zu den Waffen gegriffen hatten, aufgehalten. Am 2. September nahmen die Deutschen die Station Mga und kappten damit die letzte Eisenbahnstrecke, die Leningrad noch mit dem Hinterland verband. Am 8. September wurde die Stadt dann, nach der Einnahme von Schlüsselburg, auch vom Festland her blockiert. Eine Verbindung mit Leningrad war nun nur noch über den Ladogasee und auf dem Luftweg möglich.

Hitlers Oberkommando war der Meinung, vor Leningrad sei das Ziel erreicht und von nun an stelle das Gebiet nur noch einen «zweitrangigen Kriegsschauplatz» dar. So sicher waren sich die Deutschen, daß Leningrad in Kürze fallen würde, daß sie sogar schon einen Stadtkommandanten ernannten und Sonderpassierscheine für Kraftfahrzeuge druckten. Die Lage war wirklich zum Verzweifeln, und für den Fall, daß die Deutschen in die Stadt eindringen würden, existierten – bestätigte – Pläne zur Vernichtung von Kriegsschiffen der Baltischen Flotte, zur Zerstörung des Leningrader Eisenbahn-Knotenpunkts und der wichtigsten Industriebetriebe. Jedoch hatte Hitlers Oberkommando seine Möglichkeiten überschätzt. Das Kommando der Leningrader Front führte eine Reihe dringend notwendiger Maßnahmen zum Schutze der Stadt durch und veranlaßte insbesondere, beschleunigt einen Schutzgürtel in der inneren Verteidigungszone der Stadt zu errichten.

Anfang September konnten die Deutschen, die sich vor Leningrad auf einer Länge von 400 km ausgedehnt hatten, nicht mehr an der gesamten Front angreifen. Da Leningrad aber im Sturm genommen werden

sollte, befahl Hitlers Oberkommando am 9. September einen Angriff im Abschnitt von Ropscha bis Kolpino. Die Verteidigungslinie der Leningrader Front wurde durchbrochen. Es mangelte ihr an straffer Organisation und an Disziplin und an einem sachkundigen Einsatz von Kräften und Mitteln. Am Abend des 11. September wurde Duderhof besetzt, am 12. September Krasnoje Selo aufgegeben. Leningrad befand sich in einer kritischen Situation, der Blockadering zog sich immer enger zusammen. Zu diesem Zeitpunkt wurde eine Ablösung des Frontkommandos vorgenommen – vom 13. September an wurde die Leningrader Front von Armeegeneral Georgi K. Schukow befehligt, der sich während der Vorkriegsereignisse am Chalchyn-Gol und während der ersten Monate des Großen Vaterländischen Krieges einen Namen gemacht hatte.

Obwohl Stalin Schukow nach Leningrad schickte, war er nicht überzeugt, daß die Stadt gerettet werden könnte. Er hielt die Situation um Leningrad für katastrophal und hoffnungslos. Schukow hingegen war der Meinung, noch sei nicht alles verloren, und ging daran, die zerrüttete Truppenführung wieder zu straffen, und versuchte, die Kräftekonzentration an den besonders gefährdeten Abschnitten sicherzustellen.

Die Lage blieb jedoch kritisch, die Deutschen drängten auf die Stadt zu. Am 13. September zogen sich Teile der 42. Armee auf die Verteidigungslinie von Pulkowo zurück. Am 16. September brachen die Deutschen zwischen Strelna und Urizk zum Finnischen Meerbusen durch und schnitten somit Teile der 8. Armee von den Hauptkräften der Leningrader Front ab. Der Brückenkopf von Primorsk (Oranienbaum) wurde gebildet. Am 17. September nahmen deutsche Truppen Sluzk (Pawlowsk) ein und stießen ins Zentrum der Stadt Puschkin vor. An diesem Tage forderte der Frontkriegsrat von den Angehörigen der 42. und der 55. Armee, die besetzten Positionen zu halten und sie nicht ohne schriftlichen Befehl zu verlassen. Die sowjetischen Soldaten brachten den Heldenmut auf, die Deutschen abzuwehren. Am 25. September sah sich der Stab der Heeresgruppe Nord gezwungen, dem Oberkommando der Wehrmacht zu melden, daß er mit den ihm noch zur Verfügung stehenden Kräften nicht in der Lage sei, den Angriff auf Leningrad fortzusetzen.

Zum erstenmal im Verlauf des Zweiten Weltkriegs war eine starke Gruppierung der deutschen Truppen auf ihrem Vormarsch gestoppt worden. Die Heeresgruppe Nord, vorgestoßen bis an die Mauern von Leningrad, war gezwungen, zur Verteidigung überzugehen, und verblieb auf der eingenommenen Linie bis zum Januar 1944. Das war die erste große Niederlage der Wehrmacht.

Einige westdeutsche Historiker und ehemalige Generale der Wehrmacht nennen unterschiedliche Gründe für das ‹Scheitern› der deutschen Pläne zur Einnahme Leningrads. Die einen verweisen auf Hitlers Befehl, Panzereinheiten aus dem Raum Leningrad in Richtung Moskau zu verlegen. Andere argumentieren mit der Beschaffenheit der Landschaft, den schlechten Straßen und dem Schlamm, der insbesondere die Panzereinheiten hinderte, im Sturm nach Leningrad durchzubrechen. Die dritten zitieren Hitlers Weigerung, die Bevölkerung der Stadt mit Lebensmitteln zu versorgen. Der wirkliche Grund aber für das Scheitern von Hitlers Plänen war der für die Deutschen unüberwindbare Widerstand der Verteidiger und die schweren Verluste der Wehrmacht. General Tippelskirch gestand voll Bitterkeit, daß «die deutschen Truppen bis an die südlichen Vororte der Stadt gelangt seien, jedoch sei angesichts des hartnäckigen Widerstands der durch die fanatischen Leningrader Arbeiter verstärkten Verteidigungstruppen der erwartete Erfolg ausgeblieben».

Gleichzeitig aber erreichten deutsche Truppen den Stadtrand Leningrads, schlossen den Blockadering und schufen für die Stadt und ihre Verteidiger allerschwerste Bedingungen. Hierfür waren die zahlenmäßige Überlegenheit der Deutschen und ihr Geschick, in Richtung der Hauptstöße stets eine beachtliche Überlegenheit bereitzuhalten, ebenso verantwortlich wie die mangelnde Erfahrung der sowjetischen Kommandeure und die schlechte Disziplin einiger sowjetischer Truppenteile, hervorgerufen durch einen pausenlosen Rückzug. Ein Grund für das Zurückweichen der sowjetischen Truppen war auch die ungeschickte Leitung der Leningrader Verteidigung durch Marschall Klement J. Woroschilow. Ein unerschrockener Mann, scheute er sich jedoch, persönlich Entschlüsse zu fassen, und erschwerte so nicht selten die Arbeit anderer hoher Militärs. So stand es auch in dem Beschluß des Politbüros des ZK der KPU(B) vom 1. April 1942, das sich speziell mit der Arbeit Woroschilows auseinandergesetzt hatte – «er hat die ihm übertragenen Aufgaben nicht bewältigt und war nicht der Mann, die Verteidigung Leningrads zu leiten».

Als das deutsche Kommando eingesehen hatte, daß sein Plan, Leningrad im Sturm zu nehmen, gescheitert war, beschloß es, die Stadt auf die allerbarbarischste Weise in die Knie zu zwingen: «...Der Führer hat beschlossen, die Stadt Petersburg vom Erdboden zu vertilgen», heißt es in einer geheimen Weisung des Stabs der Kriegsmarine vom 29. September 1941. «...Es ist vorgeschlagen worden, die Stadt mit einem festen Ring zu umschließen und sie durch Artilleriefeuer aller Kaliber und pausenlose Luftangriffe dem Erdboden gleichzumachen. Wenn das dazu führt, daß die Kapitulation der Stadt angeboten wird, ist diese abzulehnen ...»

Die Lage Leningrads, das vom übrigen

Land abgeschnitten war, glich einem Inferno. Tagtäglich lag es unter dem Beschuß der deutschen Artillerie und wurde aus der Luft bombardiert. Es mangelte an Lebensmitteln und an Heizmaterial. Das ganze Land trat an, um Leningrad zu helfen. Um aber ausliefern zu können, was geschickt wurde, mußten unvorstellbare Schwierigkeiten überwunden werden. Frachtgut gelangte über den Ladogasee in die Stadt, anfangs auf dem Wasserweg, später dann auf einer über das Eis geführten Autostraße. Der Ladogasee rettete Hunderttausende Leningrader vor dem Hungertod, konnte die Stadt jedoch nicht mit allem versorgen, was sie zum Leben und für den Kampf mit dem Feind benötigte. Deshalb unternahm das sowjetische Kommando vom Beginn der deutschen Blockade an immer wieder Versuche, die Umklammerung zu durchbrechen. Zum erstenmal bereits, als die Septembergefechte um die Verteidigung der nahen Zugänge zur Stadt noch in vollem Gange waren: von Osten her, längs des südlichen Ladogaufers, griff die 54. Armee an, ihr entgegen bewegten sich Einheiten der Leningrader Front. Obwohl in der Nacht zum 20. September zwei Divisionen der Front die Newa überquerten und an ihrem linken Ufer einen kleinen Brückenkopf errichteten, der den Namen «Newa-Fünfer» bekam, gelang es nicht, die Blockade zu durchbrechen.

Der zweite Versuch eines Blockadedurchbruchs wurde im Oktober 1941 auch wieder dort unternommen, und auch diese Operation blieb erfolglos. Noch ehe die Offensive der sowjetischen Truppen einsetzte, unternahm das deutsche Kommando einen Angriff auf Tichwin. Dieser Angriff sollte die Festlandsverbindungen durchschneiden, über die Frachten zum Ladogasee befördert wurden, und nach der Vereinigung mit den finnischen Truppen am Fluß Swir Leningrad vollkommen vom übrigen Land abtrennen. Die zwischen dem Ladoga- und dem Ilmensee

sich verteidigende 54. Armee der Leningrader Front, des weiteren die 4. und die 52. Armee, die dem Hauptquartier des Oberkommandos unterstanden, mußten unter dem Ansturm der überlegenen deutschen Kräfte zurückweichen. Das Hauptquartier hatte keine Reserven zur Verfügung, die Leningrader Front zu verstärken, und war somit gezwungen, einige Einheiten aus den angreifenden Gruppierungen in Richtung Tichwin zu verlegen.

Am 8. November gelang es Hitlers Truppen, Tichwin einzunehmen. Die letzte Eisenbahnstrecke war abgeschnitten, auf der Güter für das eingeschlossene Leningrad zum Ladogasee befördert wurden, und nun bestand reale Gefahr für die 7. Armee, die am Fluß Swir in Stellung stand, daß die deutschen Truppen in ihr Hinterland einbrechen könnten.

Mitte November brachten die sowjetischen Truppen den Angriff der Deutschen jedoch zum Stehen und gingen zum Gegenangriff über. Am 9. Dezember wurde Tichwin befreit, und Ende Dezember waren die deutschen Truppen hinter den Fluß Wolchow, also auf die Linie zurückgeworfen, von der aus sie im Oktober ihren Angriff begonnen hatten. Der Gegenangriff vor Tichwin vereitelte den Plan von Hitlers Wehrmacht, einen zweiten Blockadering um Leningrad zu legen und die Stadt vollends zu isolieren.

Am 11. Dezember, als der Gegenangriff voll im Gange war, beschloß das Hauptquartier, um die östlich vom Wolchow kämpfenden Armeen zu vereinen, die Wolchowfront unter dem Befehl von General Kirill A. Merezkow zu bilden.

Der dritte Versuch, die Blockade Leningrads zu durchbrechen, wurde im Januar 1942 unternommen, als das Hauptquartier des Oberkommandos nach der Zerschlagung der deutschen Truppen vor Moskau den allgemeinen Angriff der Roten Armee plante.

Die hauptsächlichen Kampfhandlungen mit dem Ziel, die Blockade zu durchbrechen, erhielten die Bezeichnung Ljuban-Operation und wurden von Januar bis April 1942 im Abschnitt der Wolchowfront und der 54. Armee der Leningrader Front geführt, die General M. S. Chosin befehligte. Die entscheidende Rolle bei dieser Operation kam der Wolchowfront zu.

Die sowjetischen Kämpfer konnten bedeutende Erfolge erzielen, obwohl ihr Angriff durch die sumpfigen, weglosen Wälder erschwert wurde und sie oft bis zum Gürtel im Schnee oder bis an die Knie im Wasser wateten. Die zweite Stoßarmee der Wolchowfront unter General N. N. Klykow brach 75 km tief in die deutsche Verteidigung ein und gelangte bis Ljuban. Teile der 54. Armee der Leningrader Front, die sich mit ihrem Angriff auf die 2. Stoßarmee zubewegten, näherten sich Ljuban vom Nordosten. Das brachte die 18. deutsche Armee, die Leningrad blockierte, in eine schwierige Lage.

Die Gruppierung des Gegners im Raum Kirischi, Ljuban und Tschudowo konnte nicht eingekesselt und vernichtet werden. Dafür war der massive Widerstand der Deutschen verantwortlich, die man durch sieben eiligst aus Westeuropa verlegte Divisionen und eine Brigade verstärkt hatte. Eine Rolle spielten hier weiter Fehler des sowjetischen Kommandos in der Staffelung des Angriffs sowie eine drastische Unterversorgung mit Munition, Verpflegung und Nachschub bei den angreifenden sowjetischen Einheiten. Die 2. Stoßarmee wurde eingeschlossen. Ihre Soldaten mußten sich unter schweren Gefechten durch einen schmalen Hals an der Grundlinie des Durchbruchs zwängen. Während dieser Kämpfe hatte die Armee über 60 000 Gefallene, Vermißte und Gefangene zu beklagen. Die Lage der 2. Stoßarmee wurde auch noch dadurch erschwert, daß General Andrej A. Wlassow,

der am 17. April 1942 den schwer erkrankten Armeebefehlshaber General N. K. Klykow abgelöst hatte, die Heimat verriet und freiwillig zum Feind überlief.

Mochte die Ljuban-Operation auch noch so tragisch ausgegangen sein, die sowjetischen Truppen hatten dem Feind schwere Verluste beigebracht und Hitlers Plan einer vollkommenen Blockade Leningrads vereitelt. Indem sie die Kräfte der Heeresgruppe Nord banden, machten sie es dem deutschen Kommando unmöglich, Einheiten zur Verstärkung der Truppen an andere Linien zu verlegen. Insbesondere wäre die Westlinie in Frage gekommen, wo zu dieser Zeit der Angriff der Roten Armee im Gange war.

Ein vierter Versuch, die Blockade Leningrads zu durchbrechen, wurde im August/September 1942 von den Truppen der Leningrader und der Wolchowfront unternommen, die von den Generälen Leonid A. Goworow und Kirill A. Merezkow befehligt und von der Baltischen Flotte unterstützt wurden. Die Truppen der beiden Fronten sollten die deutsche Gruppierung bei Mga-Sinjawino durch Begegnungsstöße zerschlagen und Leningrad aus der Umklammerung befreien. Den Hauptanteil bei dieser Operation mußten die Truppen der Wolchowfront bewältigen.

Bekannt wurden diese Kampfhandlungen unter der Bezeichnung Angriffsoperation Sinjawino. Truppen der operativen Newagruppe der Leningrader Front überquerten den Fluß und errichteten am linken Newaufer zwei kleine Brückenköpfe, während die 8. Armee der Wolchowfront 9 km in Richtung Sinjawino vorrückte. Bis zur Newa waren es nur noch 6 km. Die deutsche Führung zog jedoch starke Kräfte im Raum des Durchbruchs zusammen und verhinderte ein weiteres Vordringen der sowjetischen Truppen. Auch die wiedererstandene 2. Stoßarmee, die vom Kommando der Wolchowfront eingesetzt wurde, konnte die Lage nicht ändern. Um unnötige Verluste zu vermeiden, befahl das sowjetische Oberkommando, die Truppen in die Ausgangsstellung zurückzuführen. Die Kämpfer der Leningrader Front behielten am linken Ufer der Newa zwischen Arbusowo und Moskowskaja Dubrowka einen kleinen Brückenkopf.

Die Angriffsoperation Sinjawino konnte zwar die Sprengung der Blockade Leningrads nicht bewirken, hatte jedoch großen Einfluß auf die Entwicklung der Ereignisse im Nordwesten. Sie brachte den nächsten Sturm der Deutschen auf Leningrad zum Scheitern. Die Angriffsoperationen der Wolchow- und der Leningrader Front veranlaßten die Wehrmacht, auf die sorgfältig vorbereitete Operation «Nordlicht» zu verzichten, die unter dem Befehl von Generalfeldmarschall E. von Manstein gestartet werden sollte. Die dafür vorgesehenen Kräfte der 11. deutschen Armee, eiligst von der Krim hierherverlegt, wurden verausgabt, um den sowjetischen Angriff abzuwehren.

Die bis dahin unternommenen Versuche zum Durchbruch der Blockade Leningrads scheiterten insbesondere, da die zur Verfügung gestellten Kräfte und Mittel unzureichend waren. Auch ist hier die Tatsache anzuführen, daß die sowjetischen Truppen in der Vorbereitung und Durchführung großräumiger Angriffsoperationen keine Erfahrung besaßen. Die sowjetische Führung hatte noch keine Übung darin, das Zusammenwirken von Kräften richtig zu organisieren – die Truppen der Fronten und der Armeen handelten isoliert, darüber hinaus gab es Mängel in der Truppenführung, in der Nutzung der Waffengattungen und bei der Versorgung der angreifenden Kräfte. Ende Dezember 1942, Anfang Januar 1943, als die deutsche Führung alle ihre strategischen Reserven nach Süden in den Raum Stalingrad abzog, wo die Hauptgruppierung der Wehrmacht zerschlagen war, kam der

günstigste Zeitpunkt, die Blockade Leningrads zu durchbrechen. Am 8. Dezember 1942 wurde im Hauptquartier des Obersten Befehlshabers die Direktive zur Durchführung einer Operation mit dem Decknamen «Iskra» unterzeichnet. Durchgeführt werden sollte sie wieder am Vorsprung des Gegners im Raum Schlüsselburg–Sinjawino, wo der Abstand zwischen der Leningrader und der Wolchowfront 12 bis 16 km betrug. Die Grundidee der Operation lief darauf hinaus, die deutsche Gruppierung in diesem Vorsprung durch Begegnungsschläge der Leningrader und der Wolchowfront im Laufe des Januars 1943 zu zerschlagen und die Blockade so zu sprengen. Zwei Stoßgruppierungen wurden geschaffen. Die Gruppierung der Leningrader Front bestand aus Truppen der 67. Armee unter General Michail P. Duchanow. Die Gruppierung der Wolchowfront stellte die 2. Stoßarmee unter General W. S. Romanowski. Die Operation sah die Beteiligung von Artillerie der Baltischen Flotte und von Partisanen vor. Die Aufgabe, Handlungen der Fronten und der Flotte zu koordinieren, wurde Klement J. Woroschilow und Georgi K. Schukow übertragen. Da den Truppen bevorstand, die Stellungsverteidigung zu durchbrechen, die von den Deutschen anderthalb Jahre lang ausgebaut wurde, und da die Kämpfer der Leningrader Front auch noch die breite, unter vielschichtigem Beschuß liegende Newa überqueren mußten, ging dem Angriff eine sorgsame Vorbereitung voraus. Bei Beginn der Operation waren die sowjetischen Truppen den deutschen an den Abschnitten des Durchbruchs überlegen, sie besaßen 4,5mal mehr Infanterie, 6- bis 7mal mehr Artillerie, zehnmal mehr Panzer und doppelt so viele Flugzeuge.

Nach einer massiven Artillerievorbereitung begann die Operation am frostigen Morgen des 12. Januar 1943. Die Stoßgruppierungen strebten von zwei Seiten aufeinander zu und durchbrachen gleich am ersten Tag die hauptsächlichen Verteidigungslinien der Deutschen. Am 18. Januar trafen sich die beiden Fronten, nachdem sie das Südufer des Ladogasees auf einer Länge von 8 bis 11 km vom Gegner befreit hatten. Leningrad verfügte wieder über Landverbindung mit der Außenwelt. Auf dem eroberten Terrain verlegte man Eisenbahngleise, sie wurden «Strecke des Sieges» genannt.

Der Blockadedurchbruch war ein Drehpunkt in der Schlacht um Leningrad. Von nun an übernahmen die sowjetischen Truppen die Initiative in den Kampfhandlungen vor Leningrad. Die Niederlage der Wehrmacht im Januar 1943 bereitete den deutschen Plänen, Leningrad zu vernichten, ein für allemal ein Ende und war vorbestimmend für die Zerschlagung der deutschen Truppen im Nordwesten.

Der Durchbruch der Blockade und die Verlegung einer direkten Eisenbahnverbindung Leningrads mit dem Land verbesserte nicht nur die Situation in der Stadt selbst, sondern auch die allgemeine Lage der sowjetischen Truppen auf der nordwestlichen strategischen Linie. Auch konnten die Truppen der Leningrader Front unter diesen Bedingungen wesentlich besser mit den anderen Fronten zusammenarbeiten. Die Versorgung der Stadt und ihrer Verteidiger hing nun nicht mehr ausschließlich von der Verbindung über den Ladogasee ab. Eine Flut von Gütern strömte nach Leningrad hinein und machte es möglich, die schweren Wunden der Stadt zu heilen. Die Verteidiger konnten für die endgültige Zerschmetterung der deutschen Eindringlinge neue Kräfte sammeln, denn die Deutschen standen und blockierten die Stadt nach wie vor an den Mauern von Leningrad.

Die endgültige Zerschlagung der deutschen Truppen vor Leningrad und die Befreiung der Stadt von der Blockade geschah im Januar 1944. An der Operation waren Truppen der Leningrader und der Wolchowfront beteiligt, die von Einheiten der 2. Baltischen Front, der Baltischen Flotte und von Partisanen unterstützt wurden.

Die Operation hatte das Ziel, die 18. deutsche Armee durch gleichzeitige Schläge, geführt von Truppen der Leningrader und der Wolchowfront, die von den Generalen Leonid A. Goworow und Kirill A. Merezkow befehligt wurden, zu vernichten. Kampfhandlungen von Einheiten der 2. Baltischen Front unter dem Befehl von General Markian M. Popow sollten die Hauptkräfte der 16. deutschen Armee binden. Im weiteren war beabsichtigt, durch den Angriff aller drei Fronten den Raum Leningrad zu säubern.

Den sowjetischen Truppen stand bevor, die starke, tief gestaffelte Verteidigung zu durchbrechen, an der die Deutschen mehr als zwei Jahre gebaut hatten. Deshalb schenkte die sowjetische Führung der Vorbereitung der Truppen auf den Angriff besondere Beachtung. Es erfolgte eine Konzentration von Truppen, Waffen und Technik, insbesondere wurden Einheiten der 2. Stoßarmee zum Oranienbaumer Brückenkopf verlegt; Vorräte an Munition, Treibstoff und Verpflegung wurden angelegt; die Kämpfer wurden in Methoden zum Durchbruch von Verteidigungsstreifen unterrichtet und Ausgangsstellungen für den Angriff vorbereitet, Wege angelegt und Furten über Flüsse und durch Sümpfe geschaffen, Hindernisse und Minenfelder beseitigt.

Diese gründliche Vorbereitungsarbeit schaffte die notwendigen Voraussetzungen für einen erfolgreichen Angriff und vor allem für eine Überlegenheit an Menschen und Material gegenüber dem Feind. Die sowjetischen Truppen der drei Fronten waren der Heeresgruppe Nord an Infanterie 1,7mal, an Geschützen und Minenwerfern 2mal, an Panzern und SFL (Selbstfahrlafetten) 4,1mal und an Kampfflugzeugen 3,7mal überlegen.

In Richtung des Hauptschlages gegen die 18. Armee, wo die Truppen der Leningrader und der Wolchowfront kämpften, war die Überlegenheit noch größer – mehr als 2mal an Truppenstärke, mehr als 3mal an Artillerie und 6mal an Panzern und SFL.

Am 14. Januar 1944, nach nächtlichen Bombenangriffen auf die deutsche Verteidigung durch Fernfliegerkräfte und nach morgendlicher Artillerievorbereitung, bei der über 100 000 Granaten und Minen auf den Feind niederprasselten, ging die 2. Stoßarmee unter General Iwan I. Fedjuninski, die den Brückenkopf bei Oranienbaum gehalten hatte, in allgemeiner Richtung auf Ropscha zu zum Angriff über. Am 15. Januar, abermals nach heftiger Artillerievorbereitung durch 220 000 Granaten, nahm auch die 42. Armee unter General I. I. Maslennikow von den Pulkowo-Höhen aus in gleicher Richtung den Angriff auf. Die deutschen Truppen, gestützt auf starke Verteidigungsstellungen, leisteten zähen Widerstand. Trotzdem waren am Ende des dritten Angriffstages die hauptsächlichen Verteidigungslinien der Deutschen durchbrochen. Am Morgen des 20. Januar vereinten sich die Truppen der beiden Armeen nordöstlich von Ropscha, nachdem sie die Reste der deutschen Gruppierung von Krasnoje Selo–Ropscha geschlagen hatten. Während des sechstägigen Angriffs brachen die Truppen der 2. Stoßarmee und der 42. Armee 25 km tief in die feindliche Verteidigung ein und bildeten eine durchgehende Angriffsfront vom Finnischen Meerbusen bis zum Ilmensee.

Am 14. Januar, dem Beginn des Sturms der 2. Stoßarmee auf die deutschen Befestigungen, gingen nach Artillerievorbereitung auch die Truppen der 59. Armee der Wolchowfront zum Angriff über. Sie brachen die Verteidigung des Gegners auf und nahmen nach schweren Kämpfen am 20. Januar Nowgorod ein, nachdem sie die Einheiten der feindlichen Nowgoroder Gruppierung, die nicht mehr zurückweichen konnten, vernichtet hatten.

Ende Januar 1944 befreiten die Truppen der Leningrader und der Wolchowfront die Städte Puschkin, Sluzk (Pawlowsk), Krasnogwardeisk (Gatschina), Tosno, Ljuban und Tschudowo und trafen auf die Verteidigungslinie der Deutschen längs des Flusses Luga. Indem die Sowjetsoldaten jene Eindringlinge 60 bis 100 km von Leningrad und 50 bis 80 km von Nowgorod weggedrängt hatten, waren ihre Nahziele erreicht: sie hatten Leningrad vom Artilleriebeschuß befreit und die «Oktoberstrecke», die wichtigste Eisenbahnverbindung Leningrads mit Moskau, zurückerobert.

Die Blockade der Deutschen, die Leningrad und seinen Werktätigen so großes Leid zugefügt hatte, war ein für allemal aufgehoben. Am Abend des 27. Januar 1944 dröhnte zu Ehren der völligen Befreiung der Stadt von der Blockade an den Ufern der Newa aus 324 Rohren ein feierlicher Artilleriesalut. Gemeinsam mit den Leningradern freuten sich alle Sowjetbürger und die gesamte fortschrittliche Menschheit über diesen großen Triumph.

Die Schlacht um Leningrad hatte über drei Jahre gedauert und war eine der wichtigsten im Großen Vaterländischen Krieg der Sowjetunion. Sie hatte beinahe den gesamten nordwestlichen Raum der UdSSR umfaßt. Truppen von sechs Fronten, Fernfliegerkräfte und die Luftabwehr sowie die Baltische Flotte, drei Binnenseeflottillen und Partisanenformationen hatten an dieser Schlacht teilgenommen. Auch die Werktätigen von Leningrad hatten mitgekämpft.

Die Schlacht um Leningrad hatte eine große politische und militärstrategische Bedeutung. Sie beeinflußte den Verlauf von Kampfhandlungen an den anderen Abschnitten der sowjetisch-deutschen Front. Starke deutsche Truppenverbände und die gesamte finnische Armee waren vor Leningrad gebunden, so daß die Wehrmachtsführung sie nicht an andere Fronten verlegen konnte, als dort Entscheidungskämpfe stattfanden.

Die Schlacht um Leningrad kam das sowjetische Volk jedoch teuer zu stehen. Die Verluste der sowjetischen Streitkräfte beliefen sich auf 979 254 Tote und 1 947 770 Verletzte und Seuchen-Erkrankte (vgl. «Sowjetische Militärenzyklopädie» Bd. 1, Moskau 1990). Vor Hunger und Entbehrungen starben während der deutschen Blockade nicht weniger als 800 000 Leningrader Bürger.

Die sowjetischen Menschen ehren das Andenken der Helden, die ihr Leben im Kampf gegen den Faschismus opferten. Auf den Brudergräbern aller Leningrader Friedhöfe, wo die gefallenen Helden ruhen, liegen vor den ihnen zu Ehren errichteten Mahnmalen stets frische Blumen.

Auch haben die Deutschen der Stadt Leningrad schweren materiellen Schaden zugefügt. Die Außerordentliche Staatliche Kommission zur Ermittlung und Verfolgung der Verbrechen der faschistischen Eindringlinge bezifferte ihn mit 38 Mrd. Rubel. Mit ihren 107 000 Fliegerbomben und über 150 000 Granaten haben die Deutschen viele Industriebetriebe, Objekte der Kommunalwirtschaft und Kunst- und Kulturdenkmäler zerstört oder schwer beschädigt.

Leningrad wurde zur Heldenstadt erklärt und mit dem Leninorden und der Medaille «Goldener Stern» ausgezeichnet.

Leningrad 1991

Übersetzung: Günter Jäniche

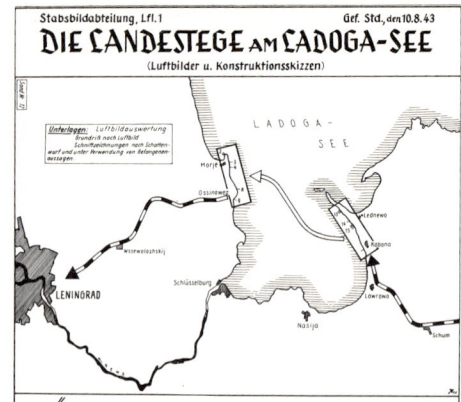

Die Deutschen versuchten, mit Bombardements und Artilleriebeschuß die einzige Versorgungslinie über den Ladogasee systematisch zu zerstören.

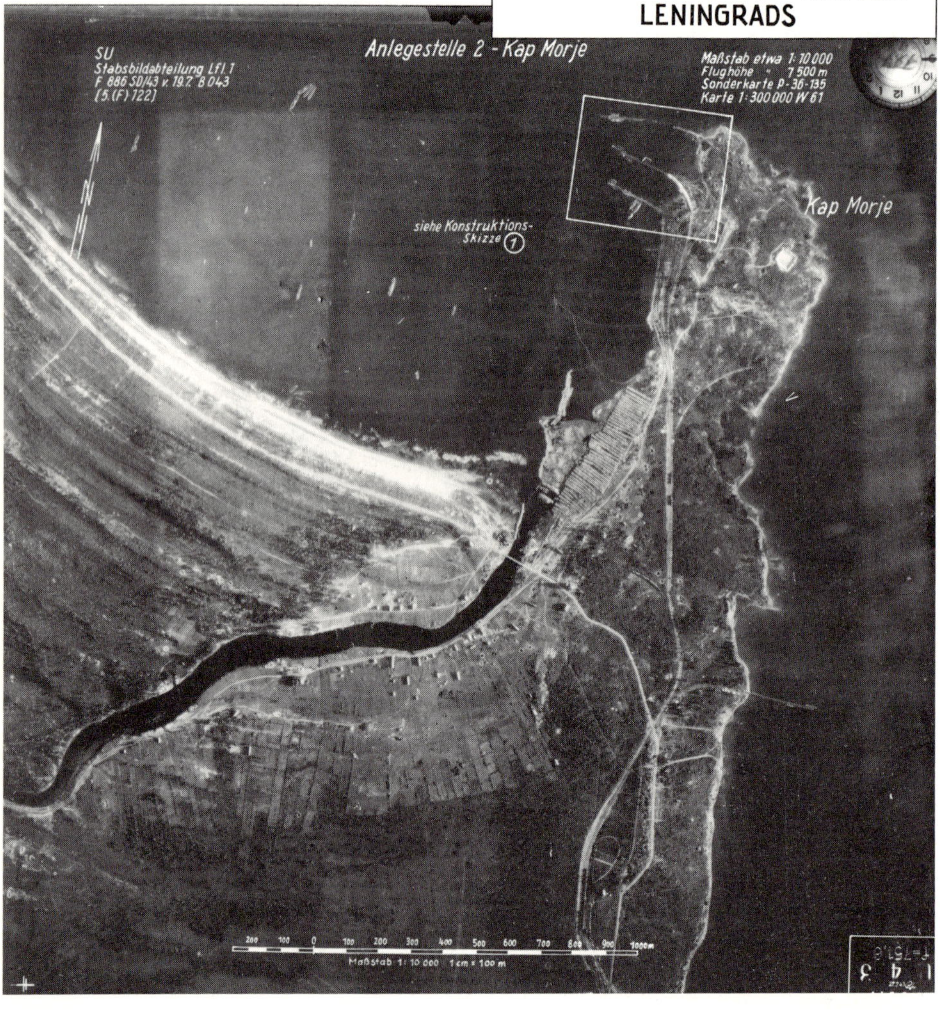

Anlegestelle 2 - Kap Morje

SU
Stabsbildabteilung Lfl.1
F 886 SD/43 v. 19.7. 8 043
(5. (F) 722)

Maßstab etwa 1:10 000
Flughöhe ~ 7 500 m
Sonderkarte P - 36 - 135
Karte 1:300 000 W 61

siehe Konstruktions-Skizze ①

Kap Morje

200 100 0 100 200 300 400 500 600 700 800 900 1000m

Maßstab 1:10 000   1 cm × 100 m

«STRASSE DES LEBENS» – «STRASSE DES TODES»

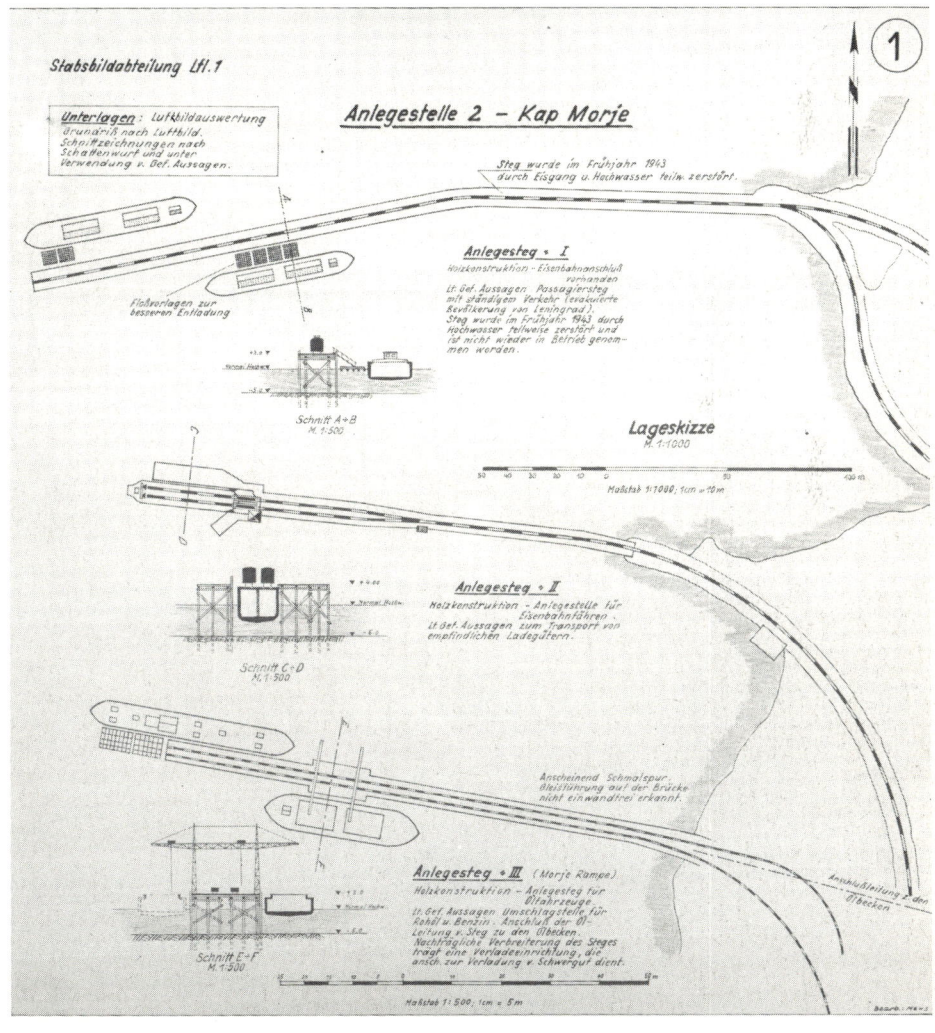

125

105

**Auf diesem Weg wurden vor allem Mütter
mit Kindern und alte Menschen evakuiert.**

**Links: Die Einfahrt zur Eisstraße
über den Ladogasee**

Die Transportkolonnen fuhren wegen der
deutschen Angriffe nachts

... und auch noch bei starkem Tauwetter.

Ein Lager am anderen Ufer des Ladogasees

Überrascht vom schnellen Vorstoß der
deutschen Truppen Richtung Leningrad,
verliefen viele Evakuierungsmaßnahmen
im Sommer 1941 unkoordiniert. Später,
als sich der Blockadering um die Stadt
geschlossen hatte, versuchte man, Teile
der hungernden Bevölkerung über (den im
Winter zugefrorenen) Ladogasee zu
evakuieren. Für wenige Privilegierte
standen Flugzeuge zur Verfügung.

September 1941.
Evakuierung mit der Straßenbahn

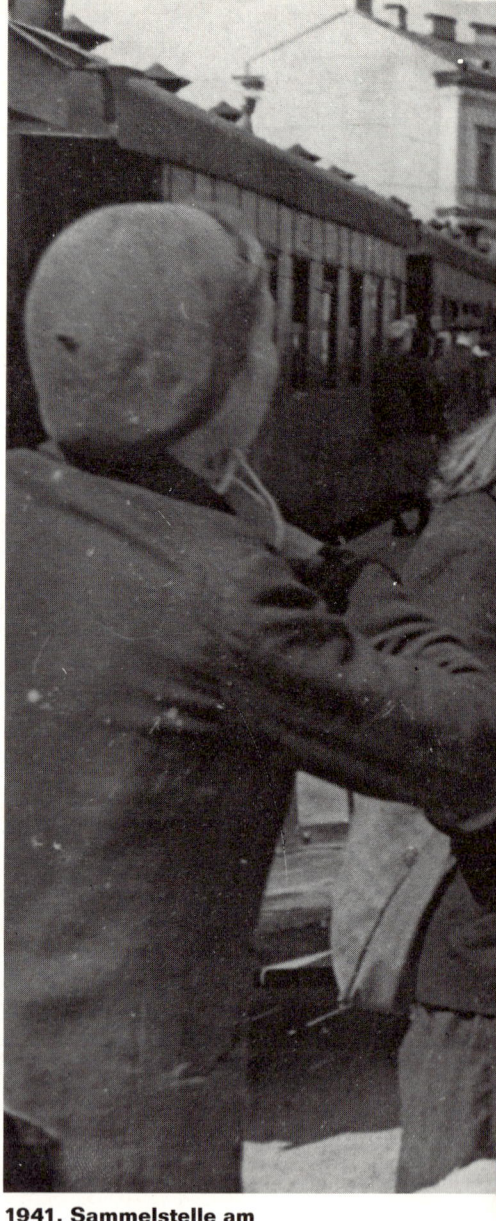

1941. Sammelstelle am
Moskauer Bahnhof

Oben: 1942. Lebensmittelausgabe nach der Ankunft an der anderen Seite des Sees

Unten: 1942. Die ausgehungerten Menschen mußten unter medizinischer Betreuung wieder an die Nahrungsaufnahme gewöhnt werden.

Evakuierung mit dem Dampfer über den Ladogasee

Juri Woronow

DAS LANGE ECHO.
WIE ES WAR

Heute vor einem Monat haben sie uns zum erstenmal bombardiert. Damals dachten wir, noch so eine Nacht, und wir verlieren den Verstand. Aber wir haben ihn nicht verloren!» Das schrieb die Leningraderin J. Wassjutina am 8. Oktober 1941 in ihr Tagebuch, als seit der vollständigen Einkreisung Leningrads durch die deutschen Truppen erst dreißig Tage vergangen waren.

Damals, vor fünfzig Jahren, konnte sich niemand vorstellen, daß der vergangene Blockademonat nur der Anfang langer und schwerer Prüfungen war, die Leningrad durchmachen mußte. Denn der Sieg kam erst nach 900 qualvollen Tagen und Nächten, am 27. Januar 1944.

Wie sah dieser denkwürdige Tag aus?

Zuerst verkündete das Radio, daß nach erbitterten Kämpfen die Stadt an der Newa vollständig von der Blockade befreit sei. Am Abend wurde der dunkle Himmel von Tausenden bunter Leuchtkugeln erhellt: Zu Ehren des Sieges feuerte Leningrad aus 324 Geschützen 24 Artilleriesalven Salut für die Truppen der Leningrader und der Wolchowfront ab.

An diesem Abend waren alle Leningrader auf der Straße – Männer und Frauen, Greise und Kinder. Die Menschen fielen sich in die Arme, küßten sich und weinten.

Salve auf Salve …
Es erdröhnt Salut.
Raketen blühen in der heißen Luft
wie Blumen bunt.
Doch Leningrad steht da und weint
mit stummem Mund …
So groß die Freude …
Doch der Schmerz

spricht laut und quillt hinauf:
Halb Leningrad
steht bei dem festlichen Salut
nicht auf.

Die Menschen singen, stehn
und sehn
sich unter Tränen
lange an:
Salut in Leningrad –
der Stadt,
die endlich weinen kann.

So schrieb ich in einem Gedicht, dessen erste Variante in jenen Tagen entstand.

Ja, die Menschen weinten, ließen vielleicht zum erstenmal während des Krieges ihren Tränen freien Lauf. Sie weinten um ihre Angehörigen, denn während der Blokkade waren – die Verluste an der Front nicht gerechnet – etwa eine Million Menschen umgekommen.

Der Jubel in dieser Siegesnacht wollte kein Ende nehmen. Doch die Erinnerung versetzte die Menschen in die Vergangenheit, ließ das Durchlebte wiederauftauchen und fragte: Ist das wirklich alles geschehen?

Zusammen mit den Soldaten hatte die gesamte Bevölkerung einen gewaltigen Anteil an der Verteidigung der Stadt. Zehntausende Leningrader meldeten sich freiwillig zur Volkswehr. An den Zufahrtswegen der Stadt wurden über sechshundert Kilometer Panzergräben und -steilhänge, zahlreiche Bunker, Drahtigel und Höckersperren aus Beton angelegt, auf den Straßen wurden Barrikaden und MG-Nester errichtet. In wenigen Wochen verwandelte sich die Stadt in eine Festung.

Nach dem Sirenenheulen:
Bomber in der Nacht.
Nach Explosionen
neue Trümmerberge.

Ich bin noch heil
und weiß es nur noch nicht,
daß ich für Türen, die es nicht mehr gibt,
die Schlüssel in der Hosentasche trage.

In dieser Zeit beschoß der Feind 272mal – mehrmals am Tag – die Stadt mit weittragenden Geschützen.

Wieder erdröhnt das Sperrholz in den
Fenstern.
Das alte Haus schwankt in den
Explosionen.
Im tiefen Schlafe liegt das Kind und lächelt.
Die Mutter singt ihm leis
ein Lied von Stille,
daß Stille es einmal
nicht so erschrecke.

Diese und viele meiner anderen Gedichte sind von persönlichen Erlebnissen geprägt.

Als ich in den siebziger Jahren Mappen mit alten Papieren meines Vaters durchsah, fand ich etliche vergilbte Umschläge mit Briefen, die ich in den ersten Monaten der Blockade aus Leningrad nach Kronstadt geschrieben hatte, wo er als Marineoffizier diente. Diese Briefe gewannen für mich plötzlich die Bedeutung von dokumentarischen Zeugnissen weit zurückliegender Ereignisse. Sie wühlten nicht nur das Gedächtnis auf. Ich sah mich selbst so, wie ich in jenen Tagen war.

Die Briefe hatte ein Halbwüchsiger geschrieben, der noch keine dreizehn Jahre alt war und sich in nichts von Tausenden seiner Altersgefährten unterschied. Das persönliche Leid und andere Erschütterungen ließen uns – manchmal unwahrscheinlich schnell – erwachsen werden.

Bevor ich aus dem Brief vom 13. November 1941 zitiere, möchte ich erklären, daß der darin erwähnte Alik mein Bruder Alexander ist, damals vier Jahre alt, und Milotschka meine Schwester Ljudmila, die erst einen Monat zuvor, am 8. Oktober, zur Welt gekommen war.

«Lieber Papa! Ich küsse Dich und schicke Dir einen herzlichen Gruß. Wir sind alle gesund, und es geht uns bis jetzt ganz gut. Das Wetter ist schön wie selten. Die faschistischen Aasgeier belästigen uns in diesen Tagen sehr stark. Eben erst wurde Entwarnung gegeben, irgendwo haben sie eine Sprengbombe abgeworfen. Gestern hatten wir siebenmal Luftalarm: viermal am Tage und dreimal nachts. Jetzt ist es Viertel neun abends, und wieder heult die Sirene. Alik sitzt neben mir und läßt Dich grüßen. Milotschka wächst und nimmt zu. Wir bekommen jetzt alle zusammen 750 Gramm Brot. Und 400 Gramm Zucker für alle. (Das war für fünf Personen die Brotration pro Tag und die Zuckerration für zehn Tage, J. W.) In der Schule bekommen wir jetzt das Mittagessen auf Karten… Ich lerne gut, habe nur Einsen.

Am 8. 11. 1941 wurde bei einem Luftangriff am Tage das ‹sechzigste Geschäft› auf dem Litejny-Prospekt zerbombt, ein Flügel ist ausgebrannt. Uns geht es ganz gut, aber Oma ist bei Luftalarm immer sehr nervös. In der Schule haben wir es warm, bei Alarm gehen wir alle in den Luftschutzraum und machen dort weiter Unterricht… Obwohl es jetzt schon spät ist, singt der Kanarienvogel. Alik will dauernd was zu essen, aber wir können ihm nichts geben. Also, auf Wiedersehen. Schreibe uns öfter. Ich küsse Dich. Dein Dich liebender Sohn J. Woronow.»

Der Tag, an dem dieser Brief geschrieben wurde, ging als ein denkwürdiger und schwerer Tag in die Geschichte der Blockade ein: zum viertenmal war die Brotration herabgesetzt worden. Die Arbeiter bekamen von nun an 300, alle übrigen 150 Gramm Brot, das mit Zellulose, Ölkuchen und anderen Beimengungen versetzt war. Die nächste Herabsetzung der Brotration – auf 250 bzw. 125 Gramm – erfolgte eine Woche später, am 20. November.

Am 25. November ereilte unsere Familie ein nicht wiedergutzumachendes Unglück. Es geschah am Tage, als ich in einer Nachbarstraße Brot geholt hatte und auf dem Heimweg war. Es hatte keinen Luftalarm gegeben. Aber plötzlich erklang ein Pfeifen, dann folgten zwei ohrenbetäubende Detonationen: offensichtlich war ein feindliches Flugzeug in großer Höhe über den Wolken unbemerkt durchgeschlüpft. Ich ging hinter den Säulen eines Kinos in Deckung. Als ich dann über unserem Viertel schwarzen Rauch aufsteigen sah, dachte ich, die Bombe sei weiter weg eingeschlagen, aber ich hatte mich geirrt. In unserem Hof sah ich eine Wolke aus Kalkstaub, und wo unser Haus gestanden hatte, war ein Trümmerhaufen, der sich noch zu bewegen schien.

Mutter und Großmutter, die sich in der Küche aufgehalten hatten und in das untere Stockwerk gestürzt waren, konnten gerettet werden. Die Soldaten des Aufräumkommandos hörten sie stöhnen und rissen die Hauptmauer nieder. Beide wurden ins Krankenhaus gebracht. Aber mein Bruder und meine Schwester konnten erst am fünften Tag tot geborgen werden. Am dritten Tag war den Soldaten des Aufräumkommandos klar, daß die Verschütteten nicht mehr lebten, und sie gingen zu einer anderen Unglücksstelle. Aber wir – mein Vater, wie durch ein Wunder aus Kronstadt herbeigerufen, ein Matrose, der ihn begleitete, und ich – gruben noch zwei Tage fast ohne Pause in den Ruinen.

Vater und ich beerdigten Alik und Ljudmila allein. Der Urlaubsschein des Matrosen war abgelaufen. Wir brauchten einen ganzen Tag, vom Morgengrauen bis zum späten Abend, um den Schlitten mit dem Sarg auf dem vereisten Weg zum Friedhof zu ziehen und in der steinharten Erde ein Grab auszuheben.

Ich kann
das niemals mehr vergessen:
überm Dezemberschnee
das Schlittenknirschen.

Dies schrille Knirschen,
langsam wie ein Stöhnen,
verkrampftes Weinen
wie erschöpftes Schluchzen.

Als wär das alles
gestern erst gewesen:
Bruder und Schwester
in den weißen Laken.

Wenn ich vom 1. Dezember 1941 spreche, erinnere ich daran, daß es erst der 85. Tag der Blockade war.

Mit dem Einbruch des Frostes kamen auf Leningrad unvergleichliche Entbehrungen zu. Die Lebensmittelvorräte waren so zusammengeschrumpft, daß die Ausgabe von Nahrungsmitteln fast eingestellt wurde. Auf Karten bekamen wir nur erbärmliche Brotrationen. Zeitweise verfügte die Stadt nur über Lebensmittel für zwei, drei Tage. Am 1. Dezember befanden sich in allen Lagern zusammen nur 980 Tonnen Mehl. Das reichte für zwei Tage. Graupen für vier Tage. Von den Hunderttausenden umgekommenen Leningradern sind die meisten im ersten Hungerwinter gestorben.

Wie konnte sich Leningrad halten?

Bereits Ende 1941, als die Faschisten überzeugt waren, daß die Schlinge der Blockade die Stadt jeden Moment erwürgen mußte, beschlossen die Führer der Leningrader Verteidigung, auf dem zugefrorenen Ladogasee einen Lebensmittelweg anzulegen, der mit Recht «Straße des Lebens» genannt wurde. Bei grimmigem Schneetreiben transportierten die Autos trotz Beschuß und Luftangriffen pausenlos Lebensmittel in die belagerte Stadt. So mancher von Granaten getroffene Laster versank im Wasser. Manchmal brach das Eis, besonders bei Frühlingsbeginn, unter den Autos. Dann wurde ein neuer Weg gelegt, und der Verkehr ging weiter. Dem Fahrer Saposchnikow, der auf der Trasse bei vierzig Grad Frost einen Motorschaden behob, erfroren beide Hände. Dennoch brachte er, mit den Ellbogen lenkend, den Wagen in die Stadt.

Zu Ehren der Fahrer, die auf der «Straße des Lebens» ihren Dienst taten, wurde ein Denkmal errichtet. Viele von ihnen sind wie andere Leningrader verhungert.

In den Wintermonaten 1942 war die Stadt nicht wiederzuerkennen. Obwohl seitdem ein halbes Jahrhundert vergangen ist, hat die Zeit nicht den herben und traurigen Anblick aus meinem Gedächtnis gelöscht: durchgefrorene, verstümmelte Häuser mit gähnenden Einschüssen, herabgerissene und verfitzte Leitungen, Schneewehen bis zur ersten Etage, im Schnee eingefrorene kaputte Straßenbahnen und Busse.

Häuser brennen –
keine Mittel mehr – zu löschen.
Häuser brennen,
brennen wochenlang.
Dieser Widerschein der Häuserbrände
überzieht den Himmel jeden Abend,
so als schmelze er bei Sonnenuntergang.

Weißer Schnee legt sich
wie schwarze Asche
auf die Stadt, gebannt in Eisesgruft.
Gäbe es noch Vögel,
sie erfrören,
wenn sie flögen – mitten in der Luft.

Von den frosterstarrten Häusern und
Betrieben

führen täglich neue Spuren
auf die Gräberfelder, die ringsum entstehn.
Ohne Feuer, ohne jedes Wasser,
haben es die Menschen sehr viel schwerer,
als gewaschen sein mit allen Wassern,
als durch alle Feuer hin zu gehn.

Doch die Stadt lebte, allem zum Trotz. Tagsüber wirkte sie wie eine Eiswüste. Man konnte ein paar Viertel durchwandern, ohne einem Menschen zu begegnen. Jeden Morgen aber bewegten sich Menschenströme über die Hauptstraßen, die zu den Fabrikbezirken führten. Jeder, der noch gehen konnte, reihte sich ein. In Tücher, Plaids und Decken gewickelt, auf Skistöcke gestützt, setzten die Menschen mühsam die Füße voreinander, um in die Fabriken zu gelangen. Die Front erhielt Patronen, Waffen, Granaten, die in Leningrad hergestellt wurden.

Mit jedem Schritt werden die Beine
schwerer,
doch denke besser nicht
an eine Rast.
Der Tote da am Wege hat beim Ausruhn
den Augenblick zum Weitergehn verpaßt.

Der Wind wird heftiger,
weht meine Spuren
mit meinem nächsten Atemzug davon.
Vor mir liegt noch der halbe Weg zur
Werkbank.
Ich schleppe mich dahin, es scheint mir aber,
als laufe ich den schärfsten Marathon.

Der Schneesturm fegt…
Ihm ist nicht auszuweichen.
Es bleibt mir nur, durch ihn hindurch-
zugehn.
Wirft er mich um –
fall ich, um aufzustehn,
wenn er mich blendet,
finde ich den Weg – ohne zu sehn.

«Hinter mir arbeitet Polja Semjonowna, eine ältere blauäugige Frau, sehr schlicht und lachlustig», schrieb J. Wassjutina im Januar 1942 in ihr Tagebuch. «Stehen kann sie, aber wenn sie sich hinsetzt, kommt sie nicht wieder auf die Beine. ‹Helft mir hoch, Mädchen›, bittet sie die Nachbarinnen. Dann fassen Lina Worobjowa und Anja Konopenko sie unter und stellen sie an die Werkbank…» So verhielten sich die Arbeiter, vor allem die Frauen, die den Platz der an die Front gegangenen Männer einnahmen. In Flugblättern riefen die Nazis die Frauen immer wieder auf, für die Aufgabe der Stadt zu sorgen. Aber schon im Herbst 1941 erteilten die Leningraderinnen diesen Aufrufen eine eindeutige Antwort. Hier ihr Appell, der auch von der Dichterin Anna Achmatowa unterschrieben ist: «Frauen Leningrads! Schwestern! Die Schlüssel der Stadt, unser Schicksal, bleiben in unserer Hand… Lieber stehend sterben als kniend leben!»

Übrigens wird in der ausländischen und auch in der sowjetischen Presse manchmal die Frage aufgeworfen, ob es von den Führern der Leningrader Verteidigung human war, die Stadt um den Preis unzähliger Opfer zu halten.

Ich denke, hier muß man sich zwei Dinge in Erinnerung rufen.

Erstens begriffen die Einwohner der Stadt wie auch die Kommandierenden, daß der Fall Leningrads, das gewaltige Kräfte des Gegners band, zum Prolog des Falls von Moskau werden konnte, denn die feindlichen Heere wären sofort zum Sturm auf unsere Hauptstadt eingesetzt worden. Wie wäre es dem Land dann ergangen?

Zweitens sollten die Leningrader nach Hitlers Plan in jedem Fall sterben. Unterschiedliche Dokumente belegen, daß der Befehlshaber der Heeresgruppe Nord, Generalfeldmarschall von Leeb, von Hitler angewiesen war, die Einwohner Leningrads zu erschießen, wenn sie versuchen sollten, dem Kessel zu entrinnen. Darüber berichten zahlreiche ernsthafte Historiker und Schriftsteller in ihren Abhandlungen, im besonderen der Amerikaner Salisbury und der Engländer Weerth in ihren Büchern über die Blockade.

Das alles wußten die Leningrader damals natürlich nicht, obwohl sie es vermuten konnten. Doch ungeachtet aller Vermutungen bereiteten sich die eingeschlossenen Menschen, auch die Jugendlichen, die sich zur Volkswehr gemeldet hatten, auf Straßenkämpfe und den Tod vor, aber nicht auf Gefangenschaft.

Viele Halbwüchsige gingen wie ihre Mütter in die Fabriken. Manch einem, der noch zu klein war, wurde eine Kiste an die Werkbank gestellt. Andere dienten in der Luftabwehr, halfen den Soldaten der Aufräumkommandos, bauten Verteidigungsanlagen, fällten Bäume, sammelten Baumnadeln, aus denen ein Aufguß gegen Skorbut hergestellt wurde, löschten Brandbomben, arbeiteten auf den Gemüsefeldern.

Ja, das war ein Kampf aller und jedes einzelnen. Ein Kampf jedes einzelnen im Namen aller, im Namen des Lebens. Keiner wußte, ob er überleben würde. Aber in den erschöpften, zermürbten Menschen erlosch nicht der unerschütterliche Glaube an den Sieg der gerechten Sache.

Ich werde niemals den «Blockade»-Palast der Schüler vergessen, der im berühmten Anitschkow-Palais an der Fontanka untergebracht war. Hier wurde im Winter 1941 ein Lazarett eingerichtet für Menschen, die aus den Trümmern zerstörter Gebäude geborgen worden waren, die an der Werkbank oder auf der Straße umfielen und nicht wieder aufstehen konnten. Auch meine Mutter und meine Großmutter kamen dorthin. Ich besuchte sie. Und als ich einmal fürchtete, vor Schwäche den Heimweg nicht mehr zu schaffen, behielten sie mich für ein paar Tage da. Die Krankenzimmer boten einen traurigen Anblick: Tag und Nacht Dunkelheit, die Fenster mit Sperrholz zugenagelt. Einzige Beleuchtung waren glimmende Petroleumfunzeln. Die Flaschen mit heißem Wasser, die die Pflegerinnen den Kranken an die Füße legten, barsten nach zwei, drei Stunden, denn in den Zimmern waren mitunter minus sechs bis sieben Grad. Aber alles übrige lief wie gewöhnlich: morgendliche Visiten der Ärzte, Operationen. Und wenn die Nachtschwester einen Patienten mit einer zusätzlichen Decke zudeckte, wußte er, daß neben ihm einer gestorben war. Die Menschen fragten hier sehr selten, ob sie am Leben bleiben würden, aber ein paar Stunden vor ihrem Tod fragten sie, wie es um Moskau stand.

Die Wasserleitungen waren eingefroren, und das Wasserholen war für die Menschen eine tagtägliche Marter. Nie vergesse ich die langen, stummen Schlangen auf dem Eis der Newa, der Fontanka und der Moika. Neben uns Kinderschlitten mit festgebundenen Eimern, Teekesseln und Kochtöpfen.

Als die Faschisten die Stadt einkesselten, hofften sie, daß die Einwohner, von Hunger und Mühsal entzweit, nur noch um die eigene Existenz, um das eigene Leben kämpfen würden. Sie rechneten damit, daß die belagerten Leningrader die Führung der Verteidigung zwingen würden, die weiße Fahne zu hissen. «Wir stürmen Leningrad nicht», verkündete Hitler Ende Januar 1942 zynisch. «Leningrad wird sich selber auffressen!» Aber seine Rechnung ging nicht auf. Der gemeinsame Kampf, die gemeinsamen Leiden und Nöte brachten die Menschen einander nur noch näher. Die Leningrader waren sich einig in ihrem Haß auf den Feind, in ihrem Willen, die Stadt zu halten, in ihrer Verachtung gegenüber Feiglingen, Marodeuren und Schiebern, die in dieser schweren Zeit wie Schaum an die Oberfläche gespült wurden. Das Zusammengehörigkeitsgefühl der Menschen wurde noch verstärkt durch das Bewußtsein, daß das ganze Land in dieser Zeit an Leningrad dachte, mit ihm fühlte und ihm half zu siegen.

Das waren nicht nur Worte. Wir denken noch heute daran, daß in jenen Tagen in allen Republiken und Städten des Landes Lebensmittel und Geschenke für Leningrad gesammelt wurden. Wenn es nur möglich gewesen wäre, das alles in die belagerte Stadt zu bringen!

«Die Stadt frißt sich selbst auf», prophezeite Hitler. Aber gerade in jenem schrecklichen Blockadewinter 1941/42 kam es immer wieder vor, daß sich ein Mensch für einen anderen opferte.

Damals entstanden in der Stadt die Sozialabteilungen der Komsomolzen. Ihre Mitglieder stellten sich die Aufgabe, den Menschen zu helfen. In halbdunklen, kalten Wohnungen suchten sie Sterbende und Kranke auf oder holten allein gebliebene, verwaiste Kinder heraus, um sie in Kinderheimen und Krankenhäusern unterzubringen. In jenen Tagen kostete es unmenschliche Anstrengungen, auch nur ein Stockwerk hochzusteigen. Die Mädchen der Sozialabteilungen gingen jeden Tag in Dutzende Wohnungen der vielstöckigen Häuser.

Wie unwahrscheinlich es auch klingen mag, im belagerten Leningrad kam das geistige Leben nicht zum Erliegen. Im Dezember 1941 wurde auf Initiative von Josef A. Orbeli der fünfhundertste Geburtstag des usbekischen Dichters Nawoi festlich begangen. Die Theatergruppen und Bibliotheken setzten ihre Arbeit fort. In der belagerten Stadt schrieb Dmitri Schostakowitsch den ersten Teil der «7. Sinfonie». Und weiterhin erklangen die mutigen Stimmen von Olga Bergholz, Nikolai Tichonow, Wsewolod Wischnewski und anderen Leningrader Literaten.

Über die Dichterin Olga Bergholz, die damals zur lebenden Legende wurde, muß ich noch ein paar Worte sagen: Sie war die

Stimme und die Stütze der eingeschlossenen Menschen. Wenn sie Briefe ins Große Land schrieben, legten sie häufig aus der Zeitung herausgerissene Kapitel der Blockade-Poeme und -Gedichte der Dichterin bei. Aus ihnen sprach die Wahrheit über das Durchlebte und unsere Gewißheit, daß Leningrad standhalten würde. Genauso eindringlich sprach Olga Bergholz im Radio.

Selbst in den unerträglichsten Tagen des Blockadewinters erklang Musik, gespielt vom Symphonieorchester des Rundfunkkomitees unter Leitung von Karl Eliasberg, der nach dem Krieg einer der führenden Dirigenten Berlins wurde.

Es macht die Kälte
blutend die erstarrten Lippen.
Sie schlägt die Geigenbögen
aus den Händen.

Jedoch die Flöten jubeln,
die Trompeten blenden,
und wie ein Wildbach
rauscht die Harfe nieder.
Die Finger fallen
auf das Eis der Tasten,
der Pianist spürt nicht mehr
seine Fingerglieder.

Doch durch der Brände Tosen,
durch des Schneesturms Schauer
flog die Musik –
sieghaft und voller Trauer.

Daß aber alles das geschehen konnte,
schleppten sie sich
durch die verletzte Stadt
und durch ihr Schweigen.
Auf Schlitten schleiften
hinter ihrem Rücken
die Waldhörner, die Bässe
und die Geigen…

Niemand erfuhr,
daß oben auf der Bühne
ein Arzt sich in die letzte Reihe schob
und daß gleich neben ihm,
sollte es Ausfall geben,
zwei Geiger standen
und ein Trommler schon die Stöcke hob.

Und ihr Konzert begann
im Lärm der Kanonade,
die wie gewöhnlich
alles rings in Atem hielt.
Ein unsichtbarer Sprecher aber sagte:
Achtung! Sie hören Leningrad!
Unser Orchester der Blockade spielt!

1942 spielte dieses Orchester zum erstenmal in Leningrad die «7. Sinfonie» von Schostakowitsch. Wie pathetisch meine Worte auch klingen mögen, ich wage zu sagen: Gerade in den Tagen der Blockade spürten die Leningrader so deutlich wie noch nie ihre Verantwortung vor der Geschichte, vor der Zukunft, und taten alles Menschenmögliche, um die Sehenswürdigkeiten der Stadt, ihre Schätze und Traditionen zu bewahren.

Bei klirrendem Frost nahmen die Menschen die Holzhäuser und Zäune auseinander und verbrannten sie, verheizten ihre Möbel bis zum letzten Stuhl, aber sie fällten nicht die Leningrader Bäume. Das war etwas Heiliges, das nach allgemeiner stiller Übereinkunft nicht angetastet werden durfte.

Ja, im schlimmen Hungerjahr, als die Temperatur auf 40 Grad unter Null sank, träumten die Menschen davon, daß der Sommergarten im Mai wieder grünte, daß die Bäume die Ufer der Newa schmückten. Sie tarnten sorgsam alle Denkmäler oder vergruben sie in der Erde, sie versteckten die in der Stadt verbliebenen Exponate der Museen und andere Kostbarkeiten an sicheren Plätzen. Den Hungertod vor Augen, bewahrten die Mitarbeiter des Allunionsinstituts für Pflanzenzucht die Sammlung der Getreidekulturen aus aller Welt, im Laufe vieler Jahre unter der Leitung von Akademiemitglied N. I. Wawilow hier zusammengetragen. Sie umfaßte viele Tonnen Getreide und hätte das Leben Dutzender Gelehrter und Mitarbeiter des Instituts retten können.

Schwer läßt sich die Freude der Einwohner beschreiben, als am 15. April 1942 auf den Straßen der Stadt wieder die Straßenbahn klingelte. Dieses Ereignis war mehr als ein Feiertag – es symbolisierte die Rückkehr zum normalen Leben. Die ersten Dampfbäder und Kinos öffneten wieder. Und am 6. Mai kam es zu einem wahrhaft «frühlingshaften» Ereignis: Im Dynamo-Stadion fand ohne Zuschauer, um die Aufmerksamkeit der feindlichen Artillerie nicht zu wecken, ein Fußballspiel statt, das im Radio übertragen wurde.

«Es war ein schwieriges Spiel», erinnerte sich Bytschkow, einer der Spieler. «Nach ein paar Anläufen wurde mir schwindlig, ich bekam keine Luft mehr, glaubte umzufallen … Ich sah die blassen Gesichter meiner Kameraden, die mit letzter Kraft spielten, hörte sie keuchen, aber keiner verließ das Feld. Wenn einer hinfiel, halfen ihm die eigenen wie die ‹Gegner› sofort auf die Beine.»

Dieses Spiel war eine dreiste Herausforderung an den Feind, zugleich hob es die Stimmung der Leningrader, flößte ihnen Hoffnung ein …

Über die Schrecken der Blockade und über den Mut der Leningrader ließe sich endlos erzählen. Aber es drängt sich die Frage auf: Soll man jetzt, nach fünfzig Jahren, daran erinnern, ist es nicht besser, die Vergangenheit zu vergessen, stört es nicht das Vertrauen und die Zusammenarbeit unserer Länder?

Das glaube ich nicht.

Erstens ist die Leningrader Blockade ein Stück Weltgeschichte, ein Zeugnis der Kraft und Größe menschlichen Geistes, worauf jedes Volk stolz ist. Wenn wir bis heute vom Mut der Einwohner des alten Troja sprechen, können wir dann Leningrad vergessen, das auch eine Art Troja ist, ein Troja des 20. Jahrhunderts, nur ohne Trojanisches Pferd?

Zweitens gehörten die Verteidigung Leningrads, der Große Vaterländische Krieg des sowjetischen Volkes wie überhaupt der Zweite Weltkrieg zu den traurigen, aber wesentlichen Ereignissen unseres Jahrhunderts, die im Namen der Gegenwart und der Zukunft unserer Erde nicht in Vergessenheit geraten dürfen.

Soweit ich Deutschland kenne, haben die meisten Deutschen die nötigen Lehren aus dem Krieg, aus der Hitlerzeit gezogen und das Erbe der dreißiger und vierziger Jahre überwunden.

Dazu möchte ich bemerken, daß der Zorn und der Haß, der die Herzen der sowjetischen Menschen in den Kriegsjahren erfüllte und der völlig gerechtfertigt war, sich nicht gegen die Deutschen, sondern gegen Hitler richtete. Wenn ich mich an die Vergangenheit erinnere, muß ich daran denken, daß ich während der Blockade – entsprechend dem Lehrplan für Literatur – Goethes «Faust», Werke von Schiller und Heine gelesen habe.

Goethes Worte: «Nur der verdient sich Freiheit wie das Leben, der täglich sie erobern muß», habe ich eben in jener Zeit gelernt.

Überhaupt war es für die Leningrader, wie auch für viele andere Menschen unseres Landes, undenkbar, die Deutschen nur deshalb als Feinde zu betrachten, weil sie Deutsche sind. Denn seit ewigen Zeiten gehörten zu unseren ersten Kinderbüchern die Märchen der Gebrüder Grimm, später folgten Werke deutscher Klassiker, und zu den Lieblingskomponisten zählten neben den Russen – Bach, Beethoven, Wagner.

Natürlich ging Hitlers Angriff nicht spurlos an uns vorüber, er hinterließ Narben in unseren Herzen. Aber schon 1945 wandelte sich unser Verhältnis zu den Deutschen, das bestätigten mir des öfteren Menschen, die in sowjetische Gefangenschaft geraten waren, und auch jene, die unter sowjetischer Besatzung gelebt hatten. Ich erinnere mich, daß Bewohner vieler Städte und Dörfer Ostdeutschlands ehemalige Mitarbeiter der sowjetischen Militärkommandanturen zu Besuch einluden. Bei diesen Begegnungen hörte ich von den Deutschen freundliche Worte über die sowjetischen Mitarbeiter, die ihren gestrigen Gegnern halfen, das friedliche Leben in Gang zu bringen.

Und meine Beobachtungen, daß die Mehrzahl der Deutschen umgedacht hat und ihre jüngste Vergangenheit und die sowjetischen Menschen anders einschätzt, als uns das manchmal vorkam, stützen sich nicht nur auf das Leben in der DDR oder in West-Berlin, wo ich gearbeitet habe, sondern auch auf meine Erlebnisse in der Bundesrepublik.

1958 war ich zum erstenmal in der Bundesrepublik, diese Reise war möglich geworden durch das Abkommen, das Chruschtschow und Adenauer kurz zuvor in Moskau unterzeichnet hatten. Eine der Vereinbarungen betraf den Austausch von Delegationen der Studenten- und Jugendpresse unserer Länder. (Ich war damals stellvertretender Direktor der Jugendzeitung «Komsomolskaja Prawda».) Bis jetzt bewahre ich eine dicke Mappe mit Berichten deutscher Zeitungen über unsere Reise auf. «Etwa zwei Dutzend junger Leute trafen sich im Europakollegium mit dem Rektor der Hamburger Universität», schrieb am 17. Februar 1958 «Die Welt». «Ein außenstehender Beobachter könnte denken, daß Professor Schiller (künftiger Minister der Bundesrepublik, J. W.) angeregt mit seinen Studenten debattierte. Vier von ihnen unterschieden sich in nichts von den anderen. Dennoch waren es ungewöhnliche Gäste. Zum erstenmal weilte eine Delegation sowjetischer Studenten in der Bundesrepublik, und heute werden fünf deutsche Studenten nach Moskau reisen.»

«Unsere Völker müssen zusammenarbeiten, statt gegeneinander zu kämpfen», betonte in einem Gespräch mit uns der große Physiker und Nobelpreisträger Otto Hahn.

Darüber sprach auch Herr Rowohlt, der uns damals in Hamburg mit der Arbeit seines Verlages vertraut machte und uns erzählte, welche Werke der russischen Literatur der Verlag schon herausgebracht hatte oder zum Druck vorbereitete.

Während der Reise unterzeichneten wir im Auftrag des Komitees der Jugendorganisationen der UdSSR mit dem «Jugendkreis» der Bundesrepublik und seinen Organisationen einen Vertrag über Zusammenarbeit, der auch einen weitgefächerten Austausch und Diskussionen einschloß.

Aber der Kalte Krieg, der bald darauf mit neuer Kraft aufflammte, vereitelte viele der getroffenen Vereinbarungen.

Eine breite Zusammenarbeit auf allen Gebieten erreichte die Sowjetunion im wesentlichen mit der DDR, obwohl auch hier, wie die Zeit zeigte, vieles in Oberflächlichkeiten und Schaumschlägerei steckenblieb. Was die Beziehungen mit der Bundesrepublik angeht, die nach dem Abschluß der Ostverträge neue Impulse erhielten, so litten sie nach meiner Meinung an Engstirnigkeit und beschränkten sich vor allem auf wirtschaftliche Aspekte. Die ideologische Gegensätzlichkeit, die gegenseitige Voreingenommenheit verhinderte, daß wir das geistige, wissenschaftliche und gesellschaftliche Leben des jeweils anderen kennenlernten.

Ich denke, daß heute, da Deutschland vereint ist, da die Sowjetunion die Perestroika und grundlegende Reformen durchführt und zwischen beiden Ländern wichtige Verträge abgeschlossen wurden, die Grundlagen geschaffen sind, um unsere Partnerschaft auf allen Gebieten auszuweiten. Daran sind meines Erachtens beide Staaten interessiert, wovon ich mich erneut überzeugen konnte, als ich kurz vor der Vereinigung, im Sommer 1990, beide Teile Deutschlands besuchte.

Ich reiste nicht ohne Grund in die Bundesrepublik. Bereits 1989 hatte die «Literaturnaja Gaseta», deren Chefredakteur ich damals war, zusammen mit der Evangelischen Akademie in Mülheim an der Ruhr den sowjetisch-deutschen Klub «Mülheimer Initiative» gegründet, woran von deutscher Seite der Professor der Bonner Universität G. Jacobsen und der Direktor der Mülheimer Akademie Dr. Bach besonders großen Anteil hatten. Der Klub stellte sich die Devise: «Durch Wissen zum Verständnis, durch Verständnis zur Versöhnung, durch Versöhnung zur Zusammenarbeit».

Unter diesem Motto diskutierten auf den Versammlungen des Klubs Wissenschaftler, Politiker, Geistliche und Literaten beider Länder. Und was besonders wichtig ist: die Teilnehmer der Begegnungen der «Mülheimer Initiative» sind sich darin einig, daß es für die völlige Gesundung der Beziehungen zwischen unseren Ländern und den endgültigen Abbau des «Feindbildes» unabdingbar ist, die Kontinuität der humanitären Verbindungen und der reichen, jahrhundertealten Traditionen kultureller Zusammenarbeit, wie sie früher für Rußland und Deutschland charakteristisch waren, wiederherzustellen.

«Es irren sich diejenigen, die die Wirkung kultureller, geistiger Kontakte und Beziehungen unterschätzen und alles ausschließlich auf politische und wirtschaftliche Beziehungen reduzieren», erklärte auf dem Mülheimer Treffen 1990 der Bundesminister Helmut Schäfer.

Dem kann man nur zustimmen. Obwohl wir über die Konflikte zwischen unseren Ländern immer noch mehr wissen als über das, was uns (wie auch andere europäische Länder) früher einander näherbrachte und bereicherte. Das zu überwinden kostet von beiden Seiten keine geringen Anstrengungen.

Dennoch steht außer Frage: Gemeinsame Projekte auf dem Gebiet von Kultur, Wissenschaft und Bildung, die Zusammenarbeit unserer Universitäten und Fernsehanstalten, der Theater, Museen, Filmstudios und Verlage, der Austausch von Wissenschaftlern, Schriftstellern, Musikern und Künstlern können uns – zusammen mit einer ehrlichen Politik und wachsenden wirtschaftlichen Beziehungen – helfen, alte Ängste und gegenseitiges Mißtrauen abzubauen, die ideologische Konfrontation und unterschiedliche Fehler und Vorurteile zu überwinden.

Ein dauerhaftes europäisches Haus, das für alle Völker des Kontinents anziehend ist, können wir nicht bauen, wenn wir nicht lernen, einander mit nüchternen und wohlwollenden Augen zu betrachten und einander zu verstehen und zu achten. Zweifellos spielen die Beziehungen zwischen der UdSSR und Deutschland dabei keine geringe Rolle.

Übersetzung: Renate Landa
Nachdichtungen: Heinz Kahlau
Abdruck mit freundlicher Genehmigung des
Verlags Volk und Welt, Berlin

DIE KINDER VON LENINGRAD

1941. Viele Kinder wurden ohne ihre
Eltern evakuiert.

Die medizinische Versorgung war in der
eingeschlossenen Stadt auf ein Minimum
beschränkt. Ein durch Artilleriebeschuß
schwer verletztes Mädchen wird ins
Krankenhaus gebracht.

Juni 1942. Säuglingszimmer
einer Entbindungsstation
nach dem härtesten
Blockadewinter 1941/42

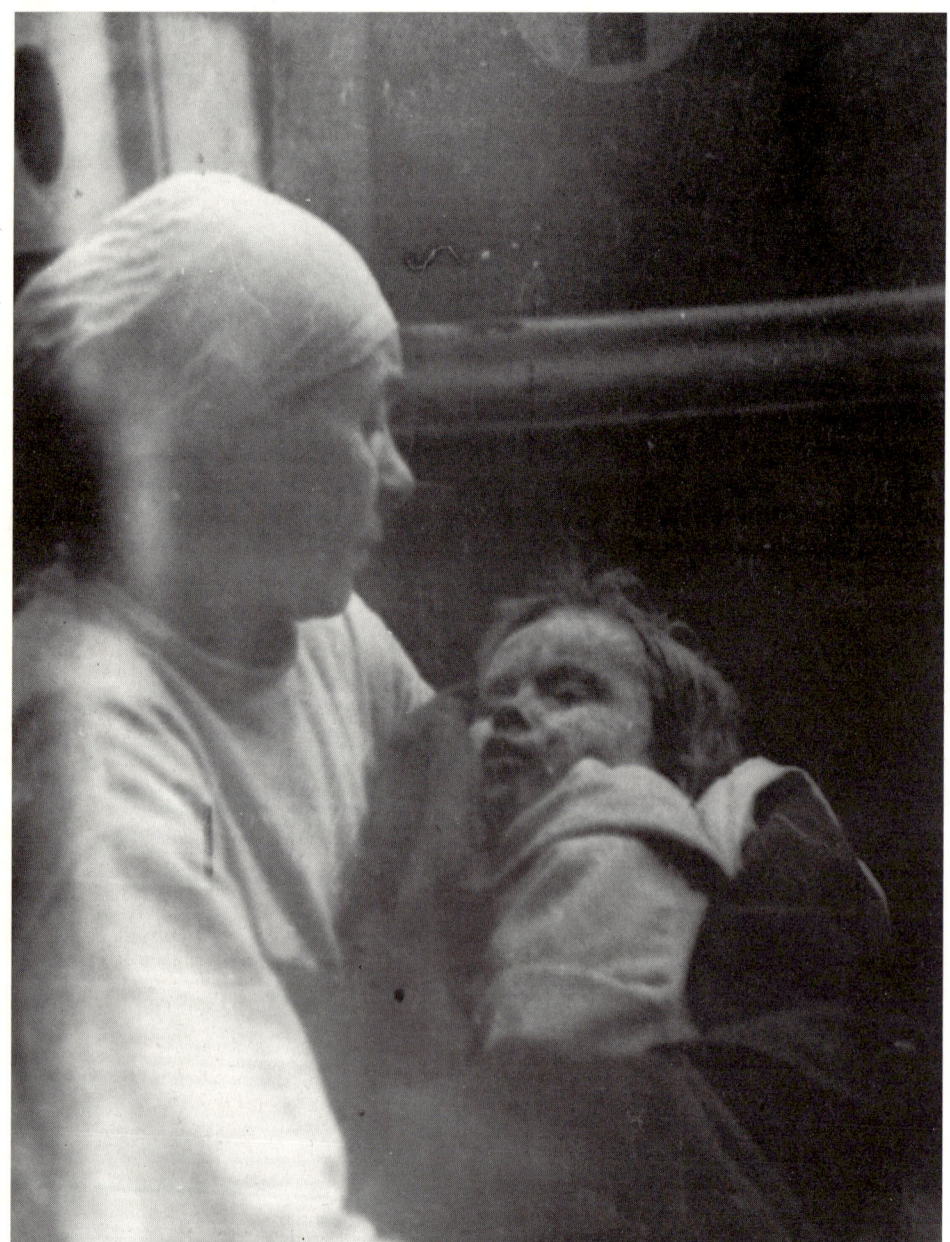

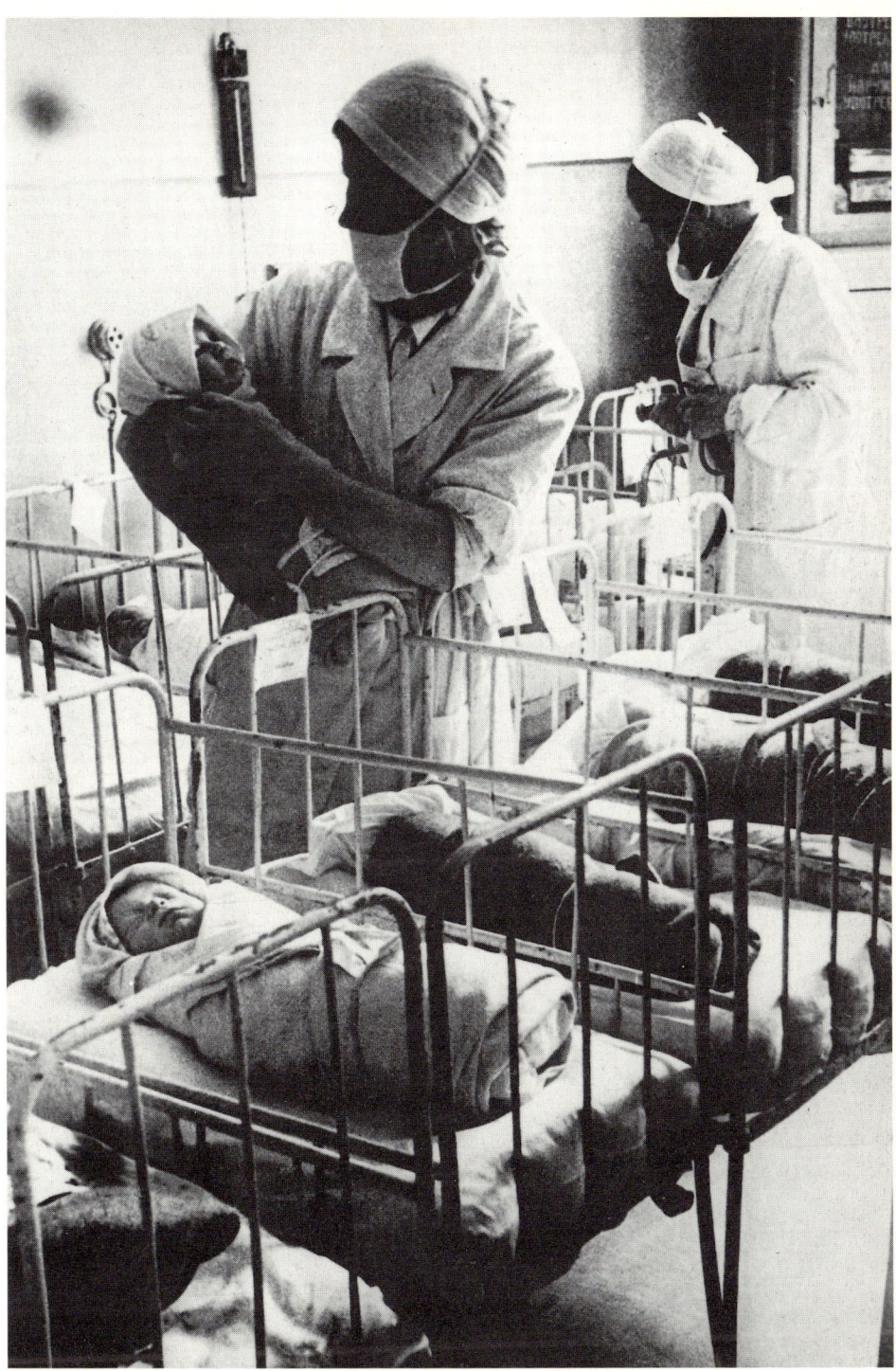

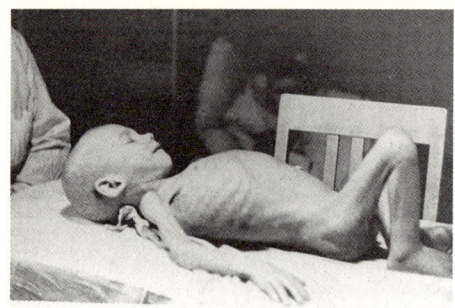

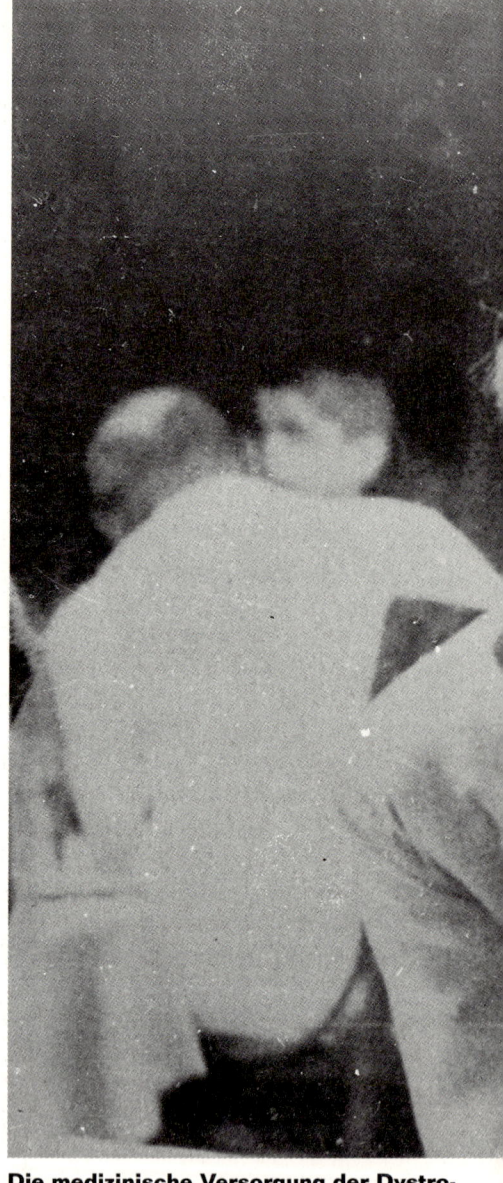

Die medizinische Versorgung der Dystrophiker – auch der Kinder – konnte nur
äußerst notdürftig erfolgen. Fast alle
Krankenhäuser der Stadt waren durch
Bombenangriffe zerstört. Die Wasser-
und Elektrizitätsversorgung funktionierte
auch dort nicht.

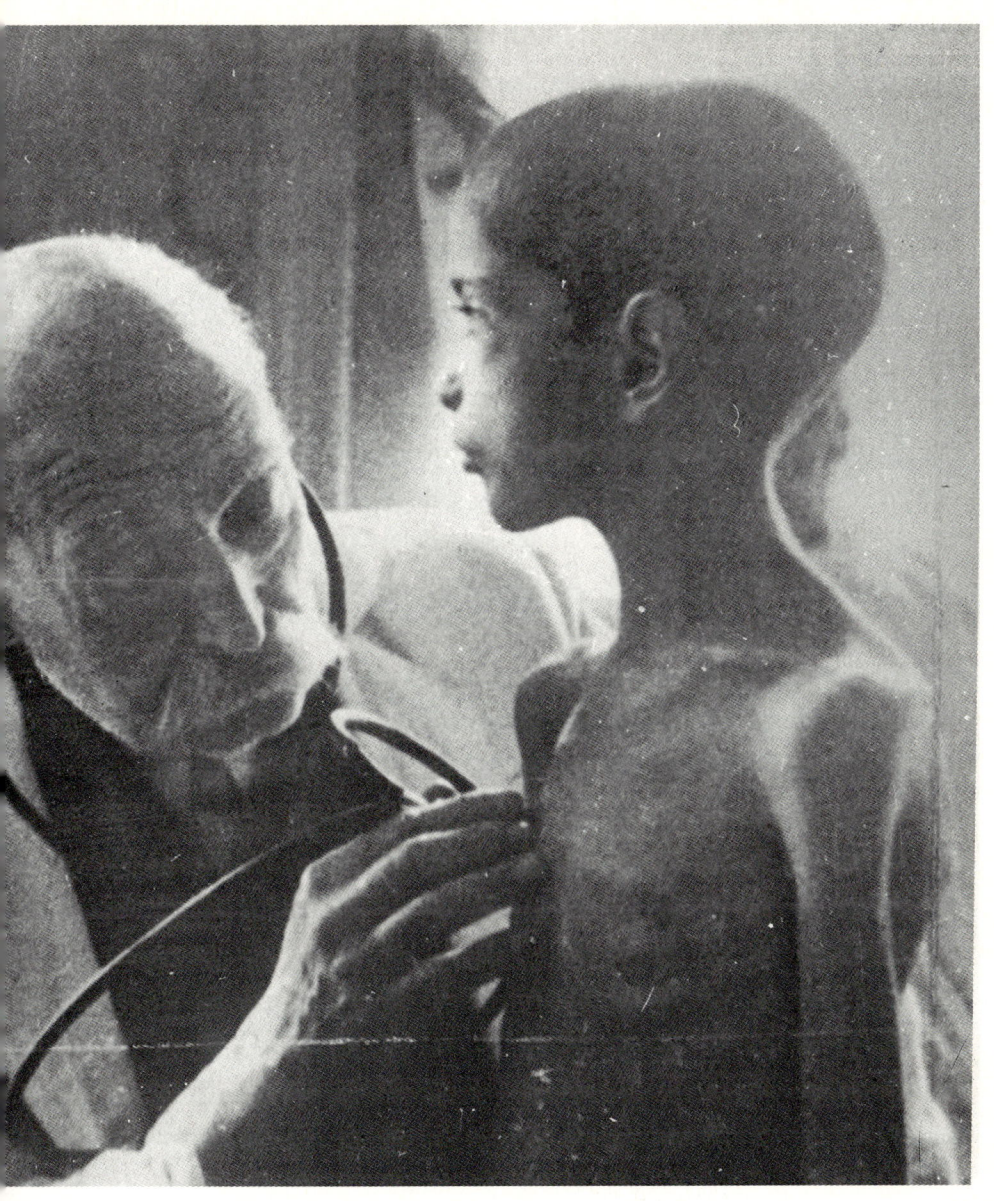

Leningrad im Mai 1942.
Zwei Frauen und ein kleines Mädchen in
der Frühjahrssonne. Lora, Veronika und
Dolores Opachowa. Links Lora, sie war
damals erst 13. Sie war infolge der
Dystrophie halb gelähmt. Die Knie ihrer
fünfjährigen Schwester Dolores waren
geschwollen, ihr Bauch aufgedunsen.
Sie haben die Blockade überlebt.

Wladimir Admoni

KRIEG UND BLOCKADE

Die Blockade. Die Leningrader Blockade. Sie erscheint selbst vor dem Hintergrund dieses so entsetzlichen Krieges ein Extrem des Menschenunmöglichen zu sein. Aber wir erlebten sie als die letzte Steigerung von Schrecknissen verschiedener Art – in den dreißiger Jahren, am Vorabend des Krieges und während der ersten Monate.

Wir beginnen mit dem Vorabend, denn bereits der Weg zum Krieg war mit einer Menge von schlimmen Befürchtungen sonderbarer Art umgeben. Wenn ich hier «wir» sage, so denke ich an eine dünne Schicht von Intellektuellen, die das Unsinnige und Verbrecherische des Stalinschen Systems, zum Teil auch der Diktaturtheorie Lenins nie verkannt haben. Daß wir dagegen nicht zu kämpfen versuchten, wurde – mehr oder weniger bewußt – durch das Gefühl der Vergeblichkeit hervorgerufen. Es entwickelte sich hier mit ungeheurer Kraft ein historischer Zyklus, verbrecherisch, aber übermächtig, der nicht anzuhalten war. Wir befolgten deswegen äußerlich die Riten der Zeit. Aber eins war uns heilig – dem kommunistischen System bei der Ausrottung von Menschen nicht behilflich zu sein. Was das Volk angeht, so gab es gewiß auch dort Menschen mit solchen Überzeugungen. Aber die große Masse und auch ein beträchtlicher Teil der Intellektuellen war so sehr von der unaufhörlichen Parteipropaganda geprägt, daß sie an alles, was man ihnen sagte, glaubten.

Daß der Krieg kommt, war uns klar. Von Anfang an, aber besonders seit der Zeit, als England dem Anprall der Luftwaffe standgehalten und alle Friedensangebote Hitlers abgelehnt hatte. Das war vielleicht der entscheidende Punkt des Krieges (oder vielleicht sollte man sagen: einer der entscheidendsten). England wurde von Amerika unterstützt. Hitler hatte somit keine Möglichkeit, England zu besiegen – außer einer: ein Bündnis mit der Sowjetunion. Das allerschrecklichste war, daß solche Variante für Stalin nicht ausgeschlossen schien. Er traute ja Hitler, in dem er eine verwandte Natur witterte, grenzenlos. Allerdings wollte er, noch bevor die Sache wirklich in Gang kam, immer neue und neue Zugeständnisse von Hitler in bezug auf Südosteuropa. Und so verärgerte er Hitler. Zudem offenbarte sich im Finnischen Krieg 1939/40 die Schwäche der sowjetischen Armee, die ja vordem durch Stalins Terror ihre besten Generäle und Offiziere verloren hatte.

So griff Hitler auf seinen ursprünglichen Plan zurück, der einen vernichtenden Krieg gegen Rußland als wichtigste Aufgabe einschloß. Und er begann diesen Krieg, der aber ein Zweifrontenkrieg war (auch wenn im Westen Europas keine kontinentale Front bestand). Er wiederholte also den deutschen Fehler von 1914. Denn das Hitlerdeutschland war ebensowenig wie das Wilhelminische imstande, einen Zweifrontenkrieg zu gewinnen.

Aber das alles zeigte sich erst später. In der Pause zwischen dem Finnischen Krieg und dem 22. Juni 1941 lebten wir in einer schrecklichen Ungewißheit, wie die Würfel der Geschichte fallen würden. Denn es war klar, daß Stalins Sympathien eben Hitler gelten. So hitlerfreundlich die sowjetische Presse war, so feindselig sprach sie von den Alliierten, brandmarkte England als Kriegsanstifter.

Man hetzte das Volk gegen England auf.

Wir hatten fürchterliche Angst vor diesem Bündnis mit Hitler. Ich kann dies an folgender Episode verständlich machen: Die Nacht auf den 22. Juni 1941 verbrachte ich im Schnellzug von Ufa nach Moskau. Am Nachmittag des folgenden Tages stieg ein Passagier auf einer kleinen Station aus, um etwas zu kaufen. Als er zurückkam, war er etwas verblüfft und sagte: «Ich glaube, es gibt Krieg.» Außer dieser Tatsache wußte er nichts Bestimmtes. Und sofort glaubten alle Passagiere außer mir, daß es ein Krieg gegen England sei. Ich versuchte ihnen zu widersprechen. Ich sagte, es sei doch unmöglich, daran zu glauben. Meine Hinweise auf ein vor einer Woche verbreitetes sowjetisches Kommuniqué, in dem von westlichen Meldungen die Rede war, daß Hitler kolossale Kräfte im Osten konzentriere, um einen Krieg gegen Rußland zu beginnen – allerdings mit der rätselhaften Bemerkung, daß solche Konzentration ganz in Ordnung sei und keine Gefahr für die deutsch-russischen Beziehungen bestünde –, diese Bemerkungen wurden feindselig aufgenommen. Ich verstand, daß ich schweigen mußte, und fühlte, daß sonst etwas Schlimmes geschehen würde.

Erst als man an einer größeren Station, wo der Zug eine halbe Stunde hielt, die Wahrheit erfuhr, ließ man – ungern, einige sogar leise knurrend – die Version vom Krieg gegen England fallen.

Ich befand mich in einem seltsamen Zustand. Daß der Krieg ungeheuer sein würde, verstand ich. Auch daß ich und meine ganze Familie den Krieg schwerlich überleben würden, war mir klar. Aber zugleich fühlte ich eine eigenartige Erleichterung, Genugtuung. Denn wir führten doch Krieg – auf der richtigen Seite. Wir wurden eher gezwungen, den Krieg auf der richtigen Seite zu führen.

Eine schreckliche Furcht erfaßte uns unmittelbar vor Beginn der Blockade und in den ersten Blockadetagen. Wir hielten es nicht für ausgeschlossen, daß die Armee über Nacht heimlich die Stadt verlassen könnte, um nicht eingekesselt zu werden. Und daß Leningrad, Petersburg, kampflos den Hitlertruppen übergeben wird. Ich wußte, daß der Krieg fürchterlich sein würde, aber ich wollte kämpfend sterben, nicht so ausgeliefert und hilflos sein. Für alle Fälle nahm ich in diesen ersten Tagen der Blockade eifrig an Übungen teil, mit einer Handgranate oder einer Flasche mit Brennstoff einen Panzer zu sprengen. Denn ich war fest gewillt, wenn es soweit kommen sollte, mich auf der Straße, aus einem Versteck heraus, unter einen Panzer mit einer Granate zu stürzen, um mit dem Panzer unterzugehen. Mein Tod sollte doch einen Sinn haben.

Unsere Befürchtungen waren nicht grundlos, wie sich viel, viel später gezeigt hat, als bekannt wurde, daß allein Schukow die Vereitelung eines solchen Fluchtplans zu verdanken war.

Der Beschluß, Leningrad zu verteidigen, wurde verschiedentlich kritisiert und sogar als unmenschlich bezeichnet. Doch was wäre den Millionen Leningradern widerfahren, wenn die Armee die Stadt geräumt hätte? Hitler kannte nur einen Weg für Proviant in den besetzten sowjetischen Gebieten: von Osten nach Westen. Von Hunger und Frost wäre auch das besetzte Leningrad nicht verschont geblieben. Hunderttausende von Leningradern wären von den Sonderkommandos einfach erschossen worden, als Juden, Kommunisten usw. Nein, es war das einzig richtige, Leningrad zu verteidigen und so eine große deutsche Armee an diesen Punkt zu binden – eine Armee, die sonst vielleicht in irgendeiner entscheidenden Schlacht eine entscheidende Rolle hätte spielen können.

Selbstverständlich gab es unter den Belagerten, gezeichnet von den Schrecknissen der Blockade, einige, die die Verteidigung Leningrads verwünschten. Wie es auch einige gab, die den Einzug der deutschen Truppen herbeisehnten. Aber ich behaupte, auf Grund meiner Erfahrungen bei der Blockade, daß die große Masse der Bevölkerung die Verteidigung der Stadt als notwendig betrachtete und ihr qualvolles Schicksal über sich ergehen ließ – ohne Protest. Wenn es sich anders verhielte, so hätte sich Leningrad in seiner anscheinend aussichtslosen Lage nicht halten können.

Sogar unter uns Intellektuellen geschah etwas Unerwartetes. Der Haß auf den eindringenden Hitlerismus und seine Bestialität ließ uns das sowjetische System mit seiner Partei und seinem ganzen Staat, dem wir unser Leben lang als einem Feind gegenüberstanden, als einen Verbündeten betrachten. Wir sahen es nun als eine heilige Pflicht an, dem Staat, der Armee mit allen Mitteln zu helfen, die uns zu Gebote standen. Es entfiel – zwar nicht vollständig, aber doch in entscheidendem Maß – das Gefühl, unablässig, fortwährend unser inneres Leben, unsere Seele, unser Gewissen, vor den Angriffen des herrschenden Systems verteidigen zu müssen. Das machte das Leben geistig leichter, trotz der immer katastrophaleren Bedingungen.

Es war noch etwas, was einige von uns (und mich insbesondere) aufrechterhielt: die Überzeugung von der Gewißheit des Sieges. Selbst in den schlimmsten Tagen der ersten Kriegsmonate und im tödlichen Elend der Blockade blieb ich mir des endgültigen Sieges der Antihitlerkoalition sicher. Später, in der Friedenszeit, habe ich von einer meiner Aspirantinnen einen Brief erhalten, in dem sie sich an unsere Begegnung in Leningrad im Frühherbst 1941 erinnerte. Sie befand sich damals in einem Zustand vollständiger Hoffnungslosigkeit, ich aber, schreibt sie, habe ihr gesagt, daß die Lage an der Front gar keine Bedeutung habe und daß der siegreiche Ausgang des Krieges erst nach vielen Monaten entschieden werde – irgendwo an der Wolga. Nun schrieb sie, daß sie sich während der Stalingrader Schlacht immer an meine Behauptung erinnert hat. Sie erinnerte sich anscheinend nur an die Worte nicht, die ich ihr gewiß damals auch gesagt habe (denn ich fügte sie meinen Siegesbeteuerungen stets hinzu), daß wir persönlich diesen Sieg gewiß nicht erleben würden, was aber gar keine Bedeutung habe. Glücklicherweise hat sich dieser Teil meiner Prophezeiungen nicht erfüllt.

Der Anfang der Blockade. Er kündigte sich an mit dem ersten großangelegten Luftangriff auf Leningrad. Es geschah am hellen Tage Anfang September. Die erste konkrete Begegnung mit der Blockade, das erste Mal, daß wir es wirklich gespürt, sogar gesehen haben. Ich ging mit einem Freund die Ligowka-Straße entlang, und plötzlich gab es Alarm. Luftalarm. Wir mußten in ein Haus, in einen großen Flur hineingehen. Wir waren dort ungefähr eine halbe Stunde in unser Gespräch vertieft, dann wurde der Alarm abgeblasen. Als wir wieder die Straße betraten, bemerkten wir sofort in südlicher Richtung eine mächtige Rauchwolke, die aber seltsamerweise nicht schwarz, nicht einmal dunkel war, sondern hellweiß, fast leuchtend. Und es wunderte uns. Es brannten ja, wie wir bald erfuhren, die großen Lebensmittellager, die die Existenz der Leningrader während der Blockade auf längere Zeit gesichert hätten, wenn man nicht störrischerweise alles zusammengehäuft hätte. Vor allem brannten Mehl, Zucker und Reis.

Und nun begann das eigentliche Blockadeleben. Für die einzelnen Etappen seines Ablaufs wurden die Veränderungen in der Rationierung maßgebend. Jeden Monat bekam man ungefähr die gleichen Rationierungskarten. Aber rasch verminderte sich die Anzahl der Coupons auf diesen Karten, für die es wirklich Lebensmittel gab. Als die Lebensmittel zu schwinden begannen, geschah das nicht plötzlich, sondern allmählich, bisweilen gab es doch in einem Laden etwas Grütze oder etwas Zucker. Im September ging es noch, wenn man auch immer zu suchen hatte. Doch im Oktober wurde das zu einem fast aussichtslosen Unternehmen. Die rationierten Lebensmittel tauchten von Zeit zu Zeit in verschiedenen Läden auf, reichten aber nie für die sich auf der Stelle ansammelnde Menschenmenge. Am Ende blieb nur die Ration Brot, die man noch in den Bäckerläden erhalten konnte, aber dieses Brot erinnerte mit der Zeit immer weniger und weniger an wirkliches Brot, sondern wurde zu einem Gemisch aus verschiedenen Substanzen, lehmig und schwer. Und es war doch das einzige, was man wirklich zu essen hatte.

Es entstand zuerst in der neuen Lage eine fast panikartige Unruhe, doch noch einen Laden aufzufinden, in dem die übrigen Rationen zu bekommen wären. Es verbreiteten sich immer neue Gerüchte: Morgen gibt es Grütze in der Pestel-Straße oder Zucker irgendwo auf der Wassili-Insel. Und Menschenmengen strömten dahin, um einen ebenso leeren Laden vorzufinden wie die anderen auch. Aber sofort erklang eine neue Parole – und wieder rannten die Menschen, um wieder getäuscht zu werden.

Viele, sehr viele nahmen an dieser täglichen Jagd teil. Und verbrauchten auf diese Weise ihre letzten Lebenskräfte. Tausende von ihnen gehörten zu den Opfern der ersten Flut von Sterbefällen. Doch auch die Gefaßtesten starben massenweise dahin, besonders die gesunden und starken Männer, deren Organismus es zu sehr nach der Zufuhr von Brennstoff durstete. Und die Schwächsten – die Greise, die Kinder. Den Frauen erging es etwas besser.

Besonders wütete der Tod, als der eigentliche Winter mit einem ungeheuren Frost eingebrochen war. Es gab eine besondere Bezeichnung für den Zustand, in den die Menschen aus Mangel an Lebensmitteln gerieten – die Dystrophie. Sie nahm verschiedene Formen an: schreckliche Abmagerung oder schlimme Geschwülste, zunehmende Schwäche und psychische Irrungen. Die Dystrophie führte in den Tod, bei älteren Menschen gewöhnlich, indem das Leben allmählich erlosch.

So war es mit meinem Großvater. In der zweiten Hälfte des Januars verfiel er in einen Halbschlaf, der dann unmerklich in den Tod überging. Seine Frau (es war seine zweite Frau, nicht meine Großmutter) und ihre Verwandten trugen seine Leiche in ein von niemandem bewohntes eiskaltes Zimmer der Wohnung und ließen sie dort einige Wochen liegen. Man wollte nicht sofort den Tod des Großvaters anzeigen, denn dann hätte man seine Januarbrotkarten abliefern müssen und seine Februarkarten nicht bekommen. Ich glaube, das taten fast alle, um für sich etwas mehr Brot zu erhalten.

Meine Mutter und ich wohnten unweit vom Hause des Großvaters. Als nun Anfang Februar die Frau des Großvaters beschloß, die Leiche zu beerdigen, habe ich mit zwei Frauen vereinbart, daß sie mir für anderthalb Kilo Brot (von dem, das die Frau meines Großvaters erspart hatte) helfen, seine Leiche auf einem Kinderschlitten zum nächsten Friedhof zu bringen. Als wir das Zimmer betraten und uns über die Leiche beugten, um sie anzuheben, ging es plötzlich wie von selbst, ohne Anstrengung. Der ausgedörrte Körper meines Großvaters hatte kein Gewicht. Wir wickelten die Leiche, wie es üblich war, in eine Decke, schnallten sie auf den Schlitten, trugen sie nach unten und machten uns auf unseren Weg.

Der Frost war enorm. Zwischen den schwarz-gelblichen Wolken trat von Zeit zu Zeit eine fürchterlich rote Sonne hervor. Den Schlitten zu ziehen war nicht leicht. Wir zogen, uns abwechselnd, zu zweit. Ja, die Leiche des Großvaters wog fast nichts. Aber mit der Decke und mit dem Schlitten zusammen bedeutete sie doch für uns von Hunger und Kälte erschöpften Leute eine nur mühsam zu bewältigende Schlepplast.

Es kam mir in den Sinn, daß ich mich jetzt in die unendliche Prozession einreihte, die den ganzen Tag lang das einzige blieb, was die Straßen Leningrads belebte – die Prozession der Schlitten, auf denen die in Decken gewickelten Leichen lagen, die zu den Friedhöfen gezogen wurden. Nur daß ich ein Mann war, paßte in das allgemeine Bild nicht hinein. Denn es waren die Frauen, die diese Arbeit gewöhnlich ganz allein vollbrachten.

Auf dem Friedhof nahmen geschäftige Leute uns die Leiche mit den dazugehörigen Papieren ab. Mit vielen anderen Leichen wurde sie auf einem sehr großen Schlitten aufgebahrt, der bald im Inneren des Friedhofs verschwand. Dort fanden die Toten in kolossalen Massengräbern ihre letzte Zuflucht. Ich erinnere mich nicht mehr, ob es Frauen oder Männer waren, die die großen Schlitten zogen. Es scheint mir, daß es – wenigstens vorwiegend – Frauen waren.

Nicht nur der Februarmorgen dieses Begräbnistages war fürchterlich kalt. Ungefähr von Mitte Januar an wurde der Winter immer unbarmherziger. Es kam – ich glaube, in den zwanziger Tagen – zu einem solchen Frost, daß die Wasserleitung barst, die die Bäckereien zu versorgen hatte (die Wasserleitung in der übrigen Stadt funktionierte längst nicht mehr). So blieb die Stadt zwei oder drei Tage lang selbst ohne die winzigen Rationen Brot, die ihre ganze Nahrung ausmachten. Gerade in diesen Tagen stieg die Sterblichkeitsquote in der Stadt besonders enorm an.

Die Schlitten mit der in eine Decke eingewickelten Leiche: sie sind ein Emblem der Leningrader Blockade. Und da fällt mir eine sonderbare Episode ein, die ich Ende Dezember erlebt habe. Ich ging mit einer Freundin

von meinem Institut (Leningrader Pädagogisches Institut für Fremdsprachen), das sich unweit vom Smolny (dem Sitz der Leningrader Führung) befand, die Woinowa-Straße zum Zentrum hinunter. Ungefähr auf der Mitte des Weges sahen wir, daß uns die vertraute kleine Prozession entgegenkam – eine Frau, die einen Schlitten zieht, auf dem eine vermummte Leiche liegt. Selbstverständlich haben wir dieser Begegnung keine Aufmerksamkeit geschenkt, bis wir dicht aneinander vorbeigingen. Da bemerkte ich plötzlich mit unsäglichem Schrecken, daß die Leiche des Mannes einen weißen Schnurrbart hatte und eine rote, eine knallrote Backe. Das war zu unheimlich. Ich sah meine Freundin an. Auch sie war entsetzt, fast betäubt. Erst nach einigen Augenblicken verstanden wir, daß es ein Santa Klaus war, den man zur Neujahrsfeier in ein Kinderheim brachte, vielleicht in eines, das irgendwie mit dem Smolny zusammenhing.

Denn der Smolny war eine Stätte, in der die Lebensbedingungen in der blockierten Stadt keine Geltung hatten. Ende Februar, als ich, vollständig zu einem Dystrophiker geworden, mich mit meiner Mutter zusammen evakuieren lassen mußte (meine Frau, Tamara Silman, war Gott sei Dank bereits im Juli evakuiert worden), bat ich den Oberst Zilpanow um eine Charakteristik meiner Arbeit, die ich bei der 7. Abteilung der politischen Leitung der Leningrader Front vom Juli bis zum Dezember 1941 geleistet hatte. Zilpanow stand an der Spitze dieser Abteilung, die sich mit der Propaganda unter den Soldaten der feindlichen Truppen befaßte. Er war gern bereit, dies zu tun, und bat mich (eigentlich bestellte mich) um sechs Uhr abends eines Februartages zu ihm in den Smolny, wo auch er residierte, zu kommen. Es gelang mir unter großen Mühen, zur angegebenen Zeit nach einem anstrengenden Gang durch die schwarzweiße Stadt, die bereits nächtlich wurde, weil wegen der Tarnung kein einziges Lichtchen auf den Straßen zu sehen war, an Ort und Stelle zu sein. Ich öffnete die erste Tür und kam in einen Vorraum. Dann öffnete ich die zweite Tür und blieb ganz geblendet stehen. Denn es umgab mich eine Flut von elektrischem Licht. Elektrisches Licht, das wir seit Monaten nicht mehr kannten. Es war so hell wie in einem Theater. Und es war wunderbar warm. Die angenehme, gleichmäßige Wärme durchströmte mich, so daß ich sofort schläfrig wurde. So sagte ich dem wachhabenden Soldaten, mich erwarte der Oberst Zilpanow (später wurde er General). Er nickte, sagte, warten Sie einen Augenblick, er telefonierte irgendwohin. Ziemlich bald erschien oben auf der Treppe im wiegenden, anmutigen Schritt eine Fee, wie es in der Märchenatmosphäre des Raums auch zu erwarten war. Eine junge schöne Frau in einer leichten weißen Bluse von tadelloser Reinheit und Eleganz und in einem blauen, ebenso eleganten Rock. Ich verstand, daß sie es ist, die mir die Charakteristik bringt. Und wirklich, indem sie elastisch-langsam die Treppe hinunterstieg, richtete sich ihr Blick auf mich, der ich in meiner ganzen schmutzigen, unrasierten Blockadehäßlichkeit an der Tür stand. Sie lächelte mich an, kam auf mich zu, erklärte, daß sie die Sekretärin von Zilpanow sei, und überreichte mir das Papier. Ich dankte ihr und Zilpanow und ging durch die beiden Türen in die Blockade hinaus – in die schwarze nächtliche Stadt. Mit dem Gefühl, eine Vision erlebt zu haben.

Dreimal hat Zilpanow Gesuche nach Moskau an die höheren Instanzen geschickt, mit der Bitte, mich in seiner Abteilung beschäftigen zu dürfen – und dreimal wurde seine Bitte abgelehnt. Abgelehnt, weil mein Bruder zu Beginn des Krieges verhaftet worden war. Doch dazu später. Ich taugte also nicht zum Dienst in den politischen Organen der Armee. Die Hartnäckigkeit, mit der

Zilpanow versuchte, mich dennoch einzustellen, gründete sich vor allem darauf, daß ich in Leningrad der einzige war, der deutsche Propagandagedichte schreiben konnte. Und tatsächlich habe ich das auch gemacht. In der Zeit vom Juli bis Dezember 1941 habe ich systematisch für die 7. Abteilung gearbeitet und mehrere Dutzend solcher Gedichte geschrieben, die in Flugschriften, durch Megaphone und Funk verbreitet wurden. In dieser Zeit habe ich keine Gedichte in russischer Sprache verfaßt. Nun, Propagandagedichte sind eben Propagandagedichte. Und es war nicht leicht, solche Gedichte zu der Zeit zu schreiben, als die Hitlersche Armee einen Sieg nach dem anderen errang – bis zum Dezember 1941. Aber ich war doch ganz begeistert von meiner Arbeit und versuchte, die Sache von verschiedenen Seiten anzupacken. So schrieb ich prophetische Warnungen, Mahnungen, z. B.:

Ist's dir bekannt?
Weit ist das Sowjetland
Und zäh der Mensch, den dieses Land
  geboren.
Es wird dir seltsam gehn in diesem
  Kriege:
Du meinst zu siegen –
Und du bist verloren.

Aber angestellt war ich bei der 7. Abteilung nicht. Und bekam somit keine Militärration. Als Zugabe zu meiner Brotration erhielt ich nur (als Mitglied des Schriftstellerverbandes) im Haus der Schriftsteller für die Grützecoupons eine ganz kleine Portion Brei oder 6 bis 8 Bohnen. Von Zeit zu Zeit gab es auch ein Löffelchen Streuzucker für Zuckercoupons. Vielleicht ist es doch dieser Vergünstigung zu verdanken, daß ich und meine Mutter am Leben blieben. Ich legte den Brei oder die Bohnen sorgfältig in ein verschließbares Glas, das ich immer bei mir hatte, schüttelte den Streuzucker in eine kleine Papiertüte und trug die Beute nach Hause. Auch unsere Ration Brot kaufte ich auf dem Wege. Meine Mutter erwartete mich in dem Zimmer, das wir bewohnten. Es gelang uns im Spätherbst für eine kolossale Summe Geld, das damals noch irgendeinen Wert hatte, bei einem Schlosser ein winziges eisernes Öfchen zu bestellen. Es war in einem Kamin eingebaut, der sich in unserem Zimmer befand, das einst wahrscheinlich ein Gästezimmer oder ein Herrenkabinett war. Damals, vor der Revolution, als die Siebenzimmerwohnung von einer einzigen Familie bewohnt war. Jetzt lebten dort sechs Familien. Meine Mutter heizte am Morgen und am Abend das Öfchen mit kleinen Stückchen Holz, das wir noch im Herbst auf dem Markt – auch für eine Unmenge Geld – gekauft hatten. Vor dem Öfchen stand ein Diwan, auf dem wir schliefen, genauer gesagt, auf dem wir lebten. Denn der Diwan war durch einen hohen und langen Schirm vom übrigen Raum und von den Fenstern getrennt. Die Wärme, vom Öfchen abgestrahlt, verlor sich bald wieder, aber im Laufe von einigen Stunden wurde doch ein kleines Fleckchen um den Diwan bewohnbar. Und man konnte auf dem Öfchen kochen. Meine Mutter bereitete darauf das Häufchen Brei, das ich brachte. Dies, einen Teil unserer Brotration dazu verzehrend, war unser Mittag- und Abendessen zugleich. Als Frühstück diente uns die andere Hälfte der Brotration und ein Glas heißes Wasser. Es wurde auch auf dem Öfchen gekocht, aber zuerst mußte ich Schnee dazu heranschaffen, denn selbstverständlich funktionierte keine Wasserleitung. Es war gut, wenn es schneite. Dann konnte man auf der Straße eine Kasserolle mit frischem, reinem Schnee füllen. Sonst mußte man auf der Straße lange nach einer Stelle suchen, die anscheinend rein war.

Sonderbarerweise rettete uns einmal mein inoffizieller Dienst bei Zilpanow das Leben. Als Anfang Januar unser Holz völlig ausging und nirgendwo neues zu beschaffen war, fühlten wir uns zum Tode verurteilt. Und es wäre gewiß wirklich um uns geschehen gewesen, wie es bei Hunderttausenden der Fall war, wenn nicht plötzlich ein junger Militär erschienen wäre. Er kam von Zilpanow, um zu erfahren, weshalb ich in der letzten Zeit verschwunden war. Als er von unserer Not hörte, sagte er erstaunt: «Aber es gibt doch Möbel!» Mit einer Axt, die wir zufällig besaßen, zerschlug er unseren kolossalen alten Schrank zu Kleinholz, so daß bereits eine Stunde später im Öfchen wieder ein Feuer brannte. Der Name des jungen Militärs war W. Amsterdam.

Als Beleuchtung diente uns ein kleines Fläschchen mit Brennöl (Kerosin), das wir aber nur sehr selten anzündeten, denn man mußte sparen. Wenn das Öfchen brannte, waren wir schon mit Licht zur Genüge versorgt. Durch die Fenster fiel am Tage nur ein schwach dämmerndes Licht herein, da sie mit Decken zugestopft waren, um das Zimmer vor der Straßenkälte zu schützen.

Und nun noch ein paar Worte zu meinem Bruder. Sein ganzes Verbrechen bestand darin, daß er von seiner Mutter im Jahre 1906 in Deutschland, in der Stadt Dessau, geboren war. Dies genügte, um ihn zu einem deutschen Spion zu stempeln. Seine Erklärungen, er sei ja ein Jude und daß Hitlers Sieg seinen Untergang bedeuten würde, bewirkte nichts. Lächelnd sagte man ihm, das sei nur Propaganda. Doch mein Bruder gestand nichts – trotz aller Qualen, denen er ausgesetzt war. Glücklicherweise schickte man ihn noch vor der Blockade nach Mittelasien, er wurde zu sieben Jahren Lager verurteilt. (Für die damalige Zeit war ein solches Urteil ein Kinderspiel.) Durch die Hilfe von Schostakowitsch gelang es uns, die Überprüfung der Sache beim Obersten Gericht zu erwirken, und im April 1945 wurde er freigesprochen – eben weil er nichts gestanden hat. Mit der Begründung, die in der Chruschtschow-Zeit zu einer allgemeinen Formel wurde: wegen mangelnder Straftat!

Meine Mutter und ich, der schon durch und durch dystrophisch war, wurden Anfang März mit einer Schriftstellergruppe evakuiert.

Nach dem Krieg entstanden – wenigstens in breiten Kreisen der Intellektuellen – Illusionen. Man dachte, daß nach einem solchen Krieg, nach einem solch schweren Sieg, der so viele Millionen Menschenleben gekostet hatte, die Rückkehr zur früheren Terrorzeit unmöglich sei. Aber bald erwiesen sich die Illusionen als völlig unberechtigt. Der schreckliche Parteibeschluß gegen Achmatowa und Soschtschenko machte allen klar, daß das alte System wieder da war. Bald kam dazu, daß der bereits während des Krieges spürbare Antisemitismus nun auch öffentlich in Erscheinung trat, nur durch die Formel «Kampf gegen den Kosmopolitismus» getarnt. Eine neue fürchterliche Terrorwelle begann.

Während der Antikosmopolitismus-Kampagne wurden wir und viele von unseren Freunden pöbelhaft beschimpft. Die meisten verloren ihre Stellungen. Wir alle fühlten uns in unserer Existenz bedroht, vom furchtbaren Apparat der Partei und des Staates in einen Belagerungszustand versetzt. Zu dieser Zeit dachten wir, eigentlich sei die Leningrader Blockade in ihrer Fürchterlichkeit gewissermaßen eine Fortsetzung der Blockade, in der wir unser ganzes Leben lang gelebt haben, umzingelt von der Partei, der Regierung, von der Macht. Ich erinnere mich an eine Begegnung (im Jahre 1948 oder 1949) mit einem Freund, der im Herbst während der Blockade einige Tage bei uns verbracht hatte. Fast gleichzeitig sprachen wir uns jetzt mit den gleichen Worten an: «Erinnern Sie sich an unser Zusammensein während der Blockade! Wieviel ruhiger fühlten wir uns damals seelisch!» So redeten wir damals.

Und doch bleibt die Leningrader Blockade in ihrer unbarmherzigen Fürchterlichkeit und extremen Grausamkeit etwas Einzigartiges.

Leningrad 1991

DIE STADT DER GETARNTEN DENKMÄLER
(1941)

Die Reiterstandbilder an der Anitschkow-Brücke wurden in den Gärten der Paläste vergraben.

S. 169: Standbild von Nikolaus I.
S. 170: Der Eherne Reiter
S. 171: Die Sphinx an der Newa

Die goldenen Turmspitzen und Kuppeln
der Stadt dienten den deutschen Bomber-
piloten als Orientierungspunkte. Sie
wurden deshalb getarnt. Die Alpinistin
Alla Prigoschewa bei einem Einsatz
(1941).

VERTEIDIGUNG UND ZERSTÖRUNG

1942. Sperrballons wurden zur Sicherung des Luftraums, Fesselballons zur Beobachtung der feindlichen Stellungen benutzt, die 15 km vor der Stadt lagen.

174

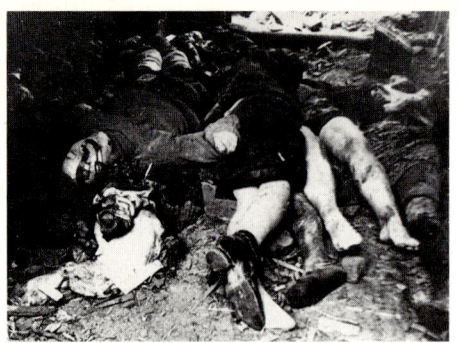

Oktober 1941.
Opfer eines Bombenangriffs

Im Luftschutzkeller

1942. «Tod den Kindermördern»

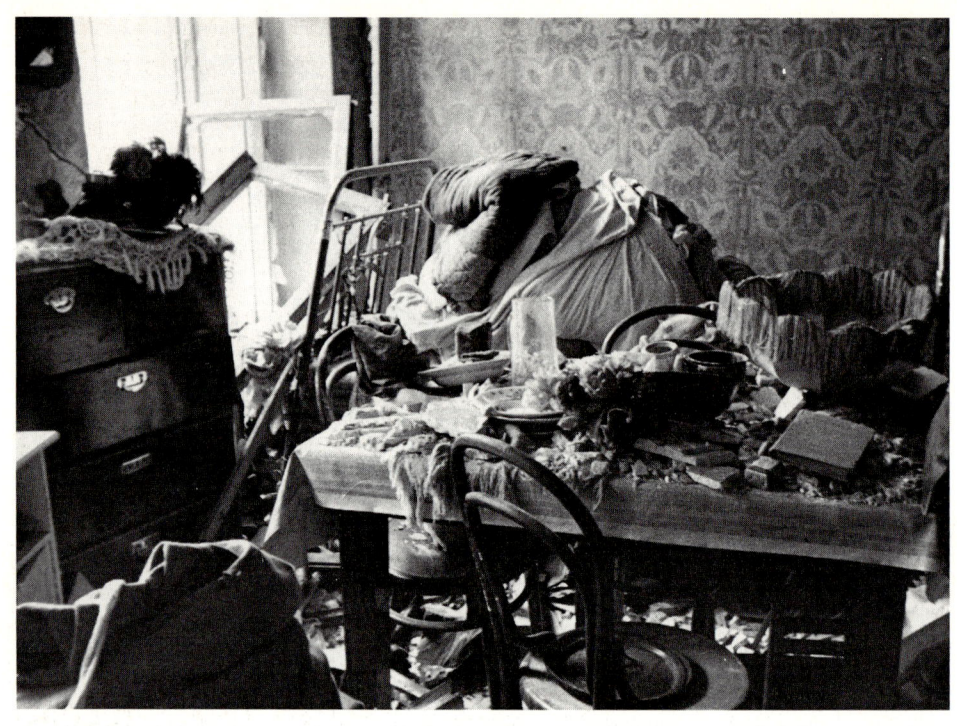

**Die Klebestreifen dienten der Sicherung
der Fenster vor Luftdruckwellen.**

Andrej Tschernow

DIE TODESRATION.
WEISSE FLECKEN IM SOWJETISCHEN BILD
DER BLOCKADE

Die Leningrader der fünfziger Jahre, mein jüngerer Bruder Nikita und ich, lebten auch in Moskau noch unter der Aufsicht von Blockadeteilnehmern. Ich rede nicht von den Erwachsenen: Vater war immer sehr beschäftigt und hatte keine Zeit für uns. Und Mutter war wie durch ein Wunder der Blockade entgangen: Sie war im Sommer zu Verwandten aufs Land ins Gouvernement Twer gefahren, wo sie bis zum Kriegsende blieb. Unsere Blockadeteilnehmer in der Moskauer Wohnung waren Bücher in Vaters Schrank: der vor der Revolution erschienene Bunin, Nekrassow (mit einer schwarzen Brandspur auf dem Umschlag), die akademische Ausgabe von Kondrati Rylejew.

Zwischen den anderen Bewohnern des Bücherschranks waren diese Blockadeteilnehmer unschwer zu erkennen: an den Rändern, die einst feucht waren, an einem herausgerissenen Vorwort (nicht nur Menschen wurden hingerichtet, auch Bücher, wie übrigens auch in Deutschland).

Mein Bruder und ich sind später geboren. Doch die Erwachsenen sind noch von dieser Zeit geprägt, und wir steckten uns unwillkürlich an. Die schwarze Spur vom Nekrassow-Einband ging auch auf uns über.

Aus dem Blockadetagebuch meiner Großmutter, Anastassia Alexejewna Tschernowa. Sie war die Tochter eines Petersburger Hauswarts und arbeitete als Krankenschwester. 1917 heiratete sie einen im Krieg gegen die Deutschen verwundeten Offizier:
«12. Oktober 41. Ich denke, daß unser Haus einfach Glück hat. Das letzte Mal hagelte es ringsumher Brandbomben, aber bei

uns kam bloß eine im Hof herunter. Heute nacht durchschlug eine Bombe das Dach des Nachbarhauses, aber bei uns fiel nur eine auf den Gehsteig vor dem Laden, und diese Bombe habe ich gelöscht. Ich wollte sie zur Erinnerung behalten, aber der Abschnittsbevollmächtigte hat sie mitgenommen, und ich konnte nur den Stabilisator verstecken.

Ich war bei Jura, er hat mir eine große Büchse Sprotten mitgegeben, jetzt bin ich reich: Sprotten sind heutzutage eine Rarität, die man für kein Geld bekommt.

13. Oktober. Die letzte Nacht war ruhig. Es gab keinen Luftalarm. Trotzdem schlafe ich sehr wenig, und das ist in der jetzigen Zeit unzweckmäßig. Ich habe Hunger, aber mit dem Essen sieht es schlecht aus. Ich bekomme 200 Gramm Brot am Tag, es ist minderwertig und mit Hafer versetzt, so daß man dauernd Spelzen aus dem Zahnfleisch klauben muß. Ich esse in einer vegetarischen Kantine Mittag, es schmeckt scheußlich. Vorläufig habe ich noch einen kleinen Vorrat an Zucker und ein paar Graupen, das reicht zum Leben, aber wenn das aufgebraucht ist, werde ich mich genauso quälen wie die meisten Leute, wie zum Beispiel die Lebedews; er ist furchtbar abgemagert, sie dagegen aufgedunsen. Überall wird nur noch übers Essen geredet, darüber, wo man wenigstens ein paar schmutzige grüne Kohlblätter herkriegen könnte. Die Leute fahren, um solche Blätter zu sammeln, in die Randbezirke, die von Artillerie beschossen werden. Es ist, wie Wawa sagt: Wir gehen unter, aber die Stimmung ist munter. Wie lange wird das noch dauern?

Eben war Jura kurz da. Er geht in der Stadt Streife. Er hat mir ein paar Stückchen

Zucker und Brot mitgebracht. Kurzum, der Sohn unterstützt mich, so gut er kann.»

Aus dem Buchmanuskript meines Vaters Juri Tschernow, der 1941 Offiziersschüler an der Frunse-Marineschule war:
«Unsere Lebensmittelration wurde wieder gekürzt. Sofort setzt Hunger ein. Übrigens hungern die Leute in der Stadt schon lange, und die Gespräche übers Essen werden an Wichtigkeit nur von den Frontmeldungen übertroffen.

Im Oktober hatte unsere Kompanie Streifendienst in der Stadt. Jura Kolesnitschenko und ich gerieten auf dem Witebsker Bahnhof unter das Kommando eines wortkargen Oberleutnants, dessen Panzer bei Luga liegengeblieben war.

Auf dem Bahnhof war es öde und kalt. Manchmal gingen bewaffnete Einheiten mit Flaschen voll heißer Flüssigkeit vorüber. Zivilisten waren überhaupt nicht zu sehen.

‹Jetzt was essen›, sagte Kolesnitschenko träumerisch.

‹Das wäre nicht schlecht›, stimmte unser Kompaniechef lebhaft zu. ‹Aber wer gibt uns was ohne Essenmarken?›

‹Ich hab an der Ecke eine Kantine gesehen. Wenn Sie erlauben, versuch ich's dort mal?›

Der Oberleutnant erlaubte es. Kolesnitschenko war gleich wieder zurück, und sein strahlendes Gesicht verriet, daß die Verhandlungen erfolgreich verlaufen waren.

Ein älterer schnurrbärtiger Mann, dessen leerer linker Ärmel unter den Riemen gesteckt war, empfing uns ohne sonderliche Freude.

‹Genossen Soldaten, Grütze geben wir nur auf Graupentalons aus. Und was ist das schon für eine Grütze. Aber je einen Teller Suppe könnt ihr haben.›

‹Besser wären zwei Teller für jeden›, sagte Kolesnitschenko.

‹Meinetwegen auch zwei›, willigte der Direktor der Kantine ein. ‹Übrigens, was ist das schon für eine Suppe… So was hätte vor dem Krieg keiner gegessen.› Er schrieb auf einen Zettel: Sechs Teller Suppe austeilen.

An der Ausgabe stellte eine magere alte Frau sechs Teller zurecht und schöpfte mit einer riesigen Kelle aus dem Kessel… Mein Gott, was war das für eine Suppe! In dem heißen Wasser, auf dem nicht das kleinste Fettauge glänzte, schwammen irgendwelche schwarzen Blattstücke.

‹Was denn, Jungs, habt ihr noch nie so eine Suppe gegessen?› fragte der Oberleutnant, als er unsere Gesichter sah. ‹Die ganze Stadt futtert jetzt nur so was. Eßt nur. Das sind Kohlblätter. Die sehen so schwarz aus, weil sie erfroren aus dem Schnee gebuddelt wurden. Da kann man mal sehen, wie üppig ihr in eurer Schule lebt, wir in der Reserve ernähren uns seit zwei Wochen nur von solcher Suppe.›

Die Kohlblätter waren wirklich genießbar.

Der Nachimson- und der Wolodarski-Prospekt (früher hießen sie Sagorodny- und Litejny-Prospekt) waren menschenleer. Nur vor dem Lebensmittelladen standen Menschen. In den Schaufenstern lagen Sandsäcke, im ersten Stock war aus Ziegeln ein MG-Nest gemauert. Über der verstummten Stadt dröhnte das Radio. Der Sprecher erzählte irgendwas über Napoleon, über die Standhaftigkeit des russischen Volkes, und plötzlich schlug wie ein Blitz der Satz ein: ‹Napoleon ist es gelungen, unsere Hauptstadt zu erobern, aber wir wissen, wie der Feldzug von 1812 für ihn endete.›

Verdammt! Nein, unmöglich, etwas Derartiges zu glauben. Wir hatten uns endlich vor Leningrad festgesetzt. Wir werden uns auch vor Moskau festsetzen. Sollte es dort etwa so stehen, daß die Geschichte zu Hilfe gerufen werden muß? ‹Mein Junge, wie schön, daß du kommst. Ich habe Bohnensuppe für dich.›

Mutters Suppe war nicht aus der Kantine. Sie duftete.

‹Heute ist ein Freudentag. Du besuchst mich, und von Vater ist eine Postkarte gekommen. Er ist an der Karelischen Landenge. Vor zwei Wochen war er noch gesund.›

Vom vernagelten Fenster zog es stark. Aber ich dachte nur an die Bohnensuppe und nahm nichts anderes wahr. Unser langes, schmales Zimmer im Erdgeschoß war dunkel. Licht kam nur von der Kerze auf dem Tisch und vom Petroleumkocher.

Erst als ich sah, daß Mutter die Suppe nicht aus dem Kochtopf schöpfte, sondern aus einem Krug, begriff ich, daß es ihr Mittagessen war. Anstandshalber schluckte ich ein paar Löffel.

‹Warum ißt du nicht das Dicke?›

‹Ich bin satt. Wir bekommen genug zu essen. Ich habe dir sogar ein bißchen Zucker und Brot mitgebracht.› Ich nahm aus der Gasmaske ein paar in Zeitungspapier gewickelte Zuckerstückchen und zwei Brotkanten.»

Aus Großmutters Tagebuch:

«16. Oktober. Die Stimmung der Leute ist nicht besonders. Alle reden nur vom Essen. Die Lage ist jetzt schlimmer als im Jahre 18 und 19. Es gibt nichts zu kaufen, obwohl Geld da ist. Auch tauschen ist fast unmöglich, denn alle Vororte sind abgeschnitten, kein Nachschub kommt durch. Wenn an der Front keine Wende eintritt, wird es uns bald fürchterlich ergehen. Das Herz tut weh. Lieber an nichts denken. Ich kann nicht mal mehr weinen.

17. Oktober. Heute ist der Frontbericht noch schlechter. Offensichtlich wurde Kalinin aufgegeben. Moskau ist in Gefahr... Jura ist nicht gekommen.

18. Oktober. Die Frontberichte werden immer schlechter. Unsere Truppen wurden aus Odessa evakuiert. Also ist Odessa aufgegeben. Die Stimmung sinkt immer tiefer.

Wie wird das enden? Von Wawa immer noch kein Brief. Was ist mit ihm? Lebt er? Im Zimmer sind 9 Grad. Ich habe einen halben Kubikmeter Brennholz bekommen, wie lange wird das reichen? Aber das ist mir egal, wenn nur meine Lieben, Wawa und Jura, am Leben sind. Herrgott, hilf. Ich bin bereit, noch Schlimmeres zu ertragen, wenn sie alles gut überstehen.»

Aus dem Manuskript des Vaters:

«Im November wurde bei uns Ausbildung in Infanterietaktik eingeführt. Wir gingen dazu auf den Smolensker Friedhof und den Ödplatz daneben. Vor Unterernährung spindeldürr geworden, hörten wir zerstreut zu, wie man sich richtig eingräbt, wie man einen voll ausgebauten Schützengraben anlegt. Zum Glück mußten wir nicht die gefrorene Erde aufhacken. Dafür waren wir unseren Kommandeuren dankbar. Zwischen den Ausbildungsstunden war eine halbstündige Pause. In dieser Zeit verkrochen sich manche im Wartehäuschen des Friedhofsaufsehers, andere suchten hinter Grabsteinen Schutz vor dem Wind. Einmal kam Goscha Wosilin völlig aufgelöst zurück.

‹Dort werden Gräben ausgehoben.›

‹Panzerabwehrgräben?›

‹Nein, sie beerdigen Leningrader. Gerade haben sie einen Wagen voll angefahren und werfen die Toten in den Graben. Einer hat sich noch bewegt. Ich bin zu den Totengräbern gerannt und habe gesagt: Einer lebt noch! Aber sie haben geantwortet: Junge, kümmre dich nicht um fremde Angelegenheiten. Das ist dir bloß so vorgekommen. Selbst wenn noch einer leben sollte, macht er's sowieso nicht mehr lange, er hat keine Lebensmittelkarte mehr. Stör uns nicht bei der Arbeit.›

Wir wollten zum Chef des Bestattungskommandos laufen, um uns die Leichen anzusehen, bevor sie mit Erde zugeschüttet wurden. Da ertönte das Kommando

‹Angetreten!› Und die Gespräche verstummten.»

Aus Großmutters Tagebuch. Die beiden letzten Eintragungen:
«30. 10. 41 … Die Stimmung ist miserabel. Immer noch kein Brief … Charkow wurde aufgegeben. Bei Leningrad haben sie die Deutschen wohl etwas zurückgeworfen, aber noch ist kein einziger Weg freigekämpft, Lebensmitteltransporte kommen kaum durch, die Lage wird mit jedem Tag schlechter, die Menschen hungern, viele sind schon angeschwollen, in der Kantine kommt es zu widerlichen Szenen. Ich weiß nicht, ob ich im November einen Schein für die Kantine bekomme, wenn nicht, ist meine Situation auch nicht rosig.
4. November. Jeden Tag Luftangriffe. Gestern fiel wieder eine Bombe auf die Entbindungsklinik, und das dreistöckige Gebäude ist zur Hälfte zerstört. Das Flugzeug hatte einen Treffer bekommen und stürzte in den Taurischen Garten. Kurzum, der Abend war sehr ‹lustig›, es gab fünfmal Luftalarm, die Flak ballerte, Bomben schlugen ein, und ich zitterte in der ständigen Erwartung, eine Bombe auf den Kopf zu kriegen. Obendrein habe ich Schmerzen und bleibe bei Alarm in der Wohnung. Was mag das Ultimatum der USA an Finnland über die Einstellung des Krieges gegen uns bringen? Voller Angst warten alle, darunter auch ich, auf den 7. November (Tag der Oktoberrevolution, A. d. Ü.), wahrscheinlich machen uns die Deutschen so die Hölle heiß, wie wir es noch nicht erlebt haben.
Ich fühle mich grauenhaft, körperlich und moralisch. Ich sehe schrecklich aus. Das Essen ist erbärmlich. In der Kantine gibt es nur noch Wasser. Ich träume von etwas Fettem, einem Stückchen Butter oder gebratenem Schweinefleisch, und wenn ich sehe, wie Ljuba Kartoffeln oder Speck ißt, läuft mir das Wasser im Mund zusammen. Ich schäme mich, es zuzugeben, aber heute habe ich es nicht mehr ausgehalten und ihr zehn kleine Kartoffeln und ein Stückchen Speck stibizt. Soweit ist es mit mir gekommen, obwohl ich noch nicht hungern muß, ich habe noch Linsen und Erbsen, aber viele haben nichts außer 200 Gramm Brot und 20 Gramm Graupen am Tag.»

Meine Großmutter starb nicht in der belagerten Stadt, führte aber ihr Tagebuch nicht weiter. Sie starb 1944 in Petrosawodsk an Dystrophie.
Mit Hilfe Ljubas, der reichen Nachbarin, der sie Kartoffeln und Speck entwendet hatte, konnte sie Leningrad verlassen.
Vor dem Krieg hatte Ljuba bei der staatlichen Aufkaufstelle auf dem Malzewski-Markt gearbeitet, wo die persönliche Habe der Erschossenen verkauft wurde. Ob diese Aufkaufstelle noch während des Krieges existierte, weiß mein Vater nicht.
Im April 1942 holte Ljubas Mann, Ökonom bei Lenfilm, seine Frau mit dem Auto aus der Stadt, und nach dem Verstauen des Gepäcks war noch ein Platz für meine Großmutter frei.
Ich weiß nicht, ob Großmutter Ljuba ihren Diebstahl gebeichtet hat, wenn nicht, ist diese Veröffentlichung vielleicht eine postume Beichte.
Vater fand Großmutters Tagebuch, ein kariertes Schulheft, als er nach einer Verwundung bei Stalingrad nach Leningrad zurückkehrte.

Aus dem Manuskript meines Vaters:
«Die Schule wird evakuiert. Uns wurde mitgeteilt, daß wir über den zugefrorenen Ladogasee gehen und dann mit dem Zug nach Astrachan fahren.
Es gab keinen Stadturlaub, aber für die Leningrader wurde eine Ausnahme gemacht. Wir durften Wollsachen von zu Hause holen: Pullover, Socken, Handschuhe.

Die Stadt ist in Schneewehen erstarrt. Der eherne Krusenstern gegenüber der Schule ist von zwei Splittern beschädigt. Das Holzgehäuse ist als Brennholz weggeschleppt worden.

Ich bin auf einem Trampelpfad über die Newa zur Leutnant-Schmidt-Brücke gegangen und zur Uferstraße hinaufgestiegen. Die Oberleitungen der Straßenbahn sind festgefroren. Vor der Brücke lag ein Mann, mit einem Mantel zugedeckt. Er war mit einem Pferdewagen über die Brücke gefahren und wurde getötet, während ich die Newa überquerte. Als ich hinkam, war von dem Pferd nur noch das Kummet übrig: Pferdefleisch ist in der belagerten Stadt eine Kostbarkeit.

Zu Hause war Mama mit einem neuen Kanonenofen beschäftigt. Quer durchs Zimmer zog sich ein Rohr. Mama war niedergeschlagen.

Als erstes sagte sie, daß die Brotration wieder gekürzt worden sei. Dann erzählte sie, daß ihre Freundin, Anna Wassiljewna, sie besucht habe.

In einer belagerten Stadt ist ein Gast eine Seltenheit. Dieser Gast hatte ein graues Gesicht und fiebrig glänzende Augen.

Mutter legte ein Stück Brot auf den Teller – die Ration für zwei Tage. Während sie in der Küche war, um den Teekessel zu holen, aß die Freundin das Brot auf. Dann tranken sie das heiße Wasser, das mit getrockneten Mohrrüben gefärbt war.

‹Leb wohl, Tasja›, sagte Anna Wassiljewna beim Abschied, ‹danke für die Bewirtung. Wir werden uns wohl nicht mehr wiedersehen.›»

Aus einem Brief meines Vaters vom Großen Land:

«13. Dezember 41
Liebe Mama!
Der wesentliche Teil des Weges ist zurückgelegt. Ich bin gesund. Ich fühle mich frisch und gut. Jetzt (auch wenn der Frost zunimmt) wird alles leichter werden. Wir gehen ohne große Gewaltmärsche. Darum fällt es uns leicht. Die Stimmung ist gut.

Jura»

(Mit anderer Tinte auf demselben Blatt)

«Ich rate Dir noch einmal wegzufahren, sobald es möglich ist. Und es muß in diesen Tagen (im Zusammenhang mit den Erfolgen an der Front) möglich sein. Mach Dir aus zwei Laken einen Tarnumhang. Er hält die Wärme, und am Ende des Weges hast Du zwei zusätzliche Laken. Der Übergang über den Ladogasee ist nicht gefährlich, aber es kann zu Schneeverwehungen kommen, und dann wird Dir das Gehen sehr schwer fallen. Wenn Du die Wahl hast, im Wagen zu bleiben und abzuwarten oder zu Fuß zu gehen, dann warte lieber ab… In zwei bis drei Tagen kannst Du mit einem Brief vom Neuen Ladoga rechnen. J.»

(Mit Bleistift, weiter unten)

«Tabak, ein Stück Zucker und Seife. Für ein paar Schachteln ‹Raketa› (Papirossy, wie mir mein Vater erklärte, A. Tsch.) kann man buchstäblich eine halbe Kuh, einen Eimer Kohl oder Kartoffeln usw. eintauschen. Nimm so etwas mit.»

Erzählung einer Angehörigen der Nachrichtentruppe im April 1942 (aufgezeichnet von N. Krandijewskaja-Tolstaja):

«Ich habe kein Vertrauen mehr zu den Menschen, Natalja Wassiljewna. Neulich kam ich vom Dienst und hatte einen Wolfshunger. Ich machte Feuer im Ofen und wollte mir einen Riemen auskochen. So ein dicker Riemen ist ganz schön ergiebig. Eine Mitbewohnerin strich dauernd um den Topf herum. Was wollte sie? Ich ging nur einen Moment hinaus, und als ich wieder hereinkam und in den Topf guckte, war der halbe Riemen weg! Was ist aus den Menschen geworden, Natalja Wassiljewna?! Sie haben keine Scham und kein Gewissen. Es ist sehr schade um den Riemen. Heutzutage kriegt man so einen für kein Geld. Es war ein Kofferriemen, ein ausländischer.»

Als Ende 1988 Tatjana Tolstaja, die Enkelin von N. Krandijewskaja-Tolstaja, Schdanow und Stalin (Andrej Schdanow [1896–1948], Sekretär des Gebiets- und Stadtkomitees der KPdSU in Leningrad, A. d. Ü.) beschuldigte, den Hunger und den Tod Hunderttausender Menschen im belagerten Leningrad vorsätzlich organisiert zu haben, erschienen in zwei Moskauer Zeitungen Proteste von «Augenzeugen». Übrigens bestellte.

In «Ogonjok» war bereits Juri Karjakins entlarvender Artikel über Schdanow erschienen, und auf dem Newski hatte irgendwer Farbe auf das Namensschild am Pionierpalast geschüttet, der nach Schdanow benannt war. Doch das Schild war mit einem besonderen Bootslack überzogen, von dem sich, wie mir ein verantwortlicher Angestellter des Palasts erklärte, jede Farbe mit klarem Wasser abwaschen läßt.

In jenem Jahr war Schdanows Name schon geächtet. Auch offiziell.

Im Eifer des Gefechts hätte man beinahe das Flüßchen Schdanowka umbenannt, das schon seit dem 18. Jahrhundert so heißt.

Die Argumente von Tatjana Tolstaja:

Es ist bekannt, daß die Flieger vom Großen Land Räucherwurst, Kondensmilch und anderes mehr nach Leningrad flogen. Was die Leningrader für eine Ration bekamen, ist sehr oft beschrieben worden, aber solche Lebensmittel werden nirgends erwähnt. Warum nicht?

In der belagerten Stadt konnte man auf dem schwarzen Markt für Gold oder ein kostbares Gemälde ebenjene Kondensmilch eintauschen. Aus welchen Reserven kamen die Lebensmittel, und wer besaß Gold und Gemälde?

Es gab auch andere Publikationen. Aus

einem Brief des Leningrader Schriftstellers Ignati Iwanowski erfuhren wir, daß für Schdanow frische Pfirsiche eingeflogen wurden. Und zwar nicht nach der Blockade, sondern in ihren schlimmsten Tagen.

Jetzt, da das Leningrader Filmtonbildarchiv die Geheimschränke geöffnet hat, kann man sich ansehen, was die «Backwarenfabrik X» unter der Aufsicht eines ihrer besten Konditoren alles herstellte. Das schlimmste ist dabei das Entstehungsdatum – Mitte Dezember 1941.

Das Foto war offenbar zur Veröffentlichung in Zeitungen außerhalb Leningrads vorgesehen (vielleicht wurde es sogar veröffentlicht?).

Unter den Produkten, die vom süßen Fließband kamen, erkannte meine Mutter, auch eine Leningraderin, die berühmten Petersburger «Rumkugeln». Vor dem Krieg wurden sie tatsächlich mit Rum gemacht, Anfang der fünfziger Jahre war es ein normaler Rührkuchen.

Auf dem Foto sind es übrigens noch die richtigen Rumkugeln. Davon zeugen die Papierbecherchen, ohne die eine Rumkugel keinen Halt hat und ausläuft.

Das Foto ist echt, nicht gestellt (das garantiert die Aufbewahrung im Geheimarchiv!). Da ist noch ein anderes Foto – von Menschen, die evakuiert werden. Es ist nach allen Regeln des sozialistischen Realismus gemacht.

Im Vordergrund ist eine Familie zu sehen. Zu ihrem Gepäck gehört ein Sack, auf dem köstliche Weißbrote liegen. Aber das reichte dem Fotografen nicht: er fügte den Broten auch noch die wirklichen Rationen hinzu. Und auf all diesen Reichtum blicken weiter hinten eine junge Frau und ein Junge voller Schmerz und Abscheu.

Als das Land bereits von den Flecken der Schdanowschen Lüge reingewaschen war, schrieb der Schriftsteller Michail Tschulaki in der «Leningrader Prawda», er glaube nicht an die «Orgien im Smolny» während der Blockade. Wir respektieren den Glauben des Schriftstellers: Es ist tatsächlich nicht bewiesen, daß Schdanow in seinem Arbeitszimmer ein Fahrrad stehen hatte, um sich das Fett abzutrainieren, oder daß er in Mußestunden einen zahmen Bären, seinen Liebling, mit Schokolade fütterte. Und von sorgsam warm gehaltenen Plinsen, die im Auto, vorbei an nicht weggeräumten Leichen, quer durch die ganze Stadt transportiert wurden, berichtet nur sein persönlicher Fahrer.

Das zu glauben fällt noch schwerer, als zu begreifen, daß in der nächsten Nähe Lebensmittel vorhanden waren, während alle deine Angehörigen verhungerten. Als vor ein paar Jahren ein Haus im Zentrum Leningrads generalüberholt wurde, entdeckten Arbeiter ein zugemauertes Zimmer mit Vorräten an Schokolade und Champagner. Die Lebensmittel lagen dort seit der Revolution und waren nicht verdorben.

Nachdem der Fund in der Presse publik gemacht worden war, ging eine Welle von Infarkten durch die Stadt. Die alten Blockadeteilnehmer konnten nicht glauben, daß die Rettung so nahe gewesen war.

Denn ein Stückchen Brot konnte retten. Und es gab keine Rettung, wenn dieses Stückchen Brot nicht da war.

Aus den Erinnerungen A. I. Mikojans:
«Zu Kriegsbeginn, als die deutsch-faschistischen Truppen vorrückten, erreichten viele Transportzüge mit Lebensmitteln, die nach dem schon vor dem Krieg bestätigten Mobilisierungsplan nach Westen unterwegs waren, nicht mehr den Bestimmungsort, denn die Adressaten befanden sich in dem vom Feind eroberten Gebiet oder waren von der Okkupation bedroht. Ich gab Anweisung, diese Bestände nach Leningrad umzuleiten, das nach meiner Überzeugung über große Lagerkapazität verfügte.

In der Annahme, daß die Leningrader sich über diese Entscheidung nur freuen konnten, stimmte ich mich vorher nicht mit ihnen ab. Auch Stalin wußte nichts davon, bis ihn Schdanow aus Leningrad anrief. Er teilte Stalin mit, daß alle Leningrader Lager bis obenhin voll seien, und bat, ihnen keine Lebensmittel über den Plan hinaus zu schikken.

Stalin erzählte mir von dem Telefongespräch und fragte, warum ich so viele Lebensmittel nach Leningrad schicken wolle.

Ich legte ihm die Gründe dar und fügte hinzu, daß Leningrad unter Kriegsbedingungen gar nicht genug Lebensmittel, vor allem Mehl, einlagern könne, zumal die Stadt stets von außerhalb (besonders vom Wolgagebiet) mit Getreide versorgt werde und die Transportmöglichkeiten künftig erschwert sein könnten. Und was die Lager angehe, so dürfte in einer so großen Stadt wie Leningrad ein Ausweg gefunden werden.»

Erstmals wurden diese Erinnerungen 1977 in der «Militärhistorischen Zeitschrift», Nr. 2, publiziert.

Als wolle sich Mikojan selbst der Rebellion überführen, beeilte er sich hinzuzufügen: «Damals rechnete keiner von uns mit einer Blockade Leningrads. Darum befahl mir Stalin, den Leningradern keine zusätzlichen Lebensmittel ohne deren Zustimmung zu schicken.»

Dieses «darum» von Mikojan sagt viel aus. Auch Mikojan «rechnete» nicht mit der Blockade und schickte die Transportzüge aus diesem Grund nicht nach Leningrad. Das sagte er selbst. Und die Drohung in der Frage des Generalsekretärs (nach dem telefonischen «Signal» Schdanows) ist sehr durchsichtig: Leningrad wird morgen fallen, und Mikojan schickt Lebensmittel dorthin. Obendrein Lebensmittel, die den schon aufgegebenen Städten zugedacht waren. Warum?

Wir kennen nicht das genaue Datum

dieses Gesprächs. Aber wir wissen, daß Woroschilow und Schdanow vor Schukows Ankunft in Leningrad die Aufgabe der Stadt vorbereiteten: sogar die Rostra-Säulen wurden vermint. Admiral Kusnezow schreibt, daß die Verminung der Schiffe für den Fall, daß Leningrad aufgegeben wurde, schon Ende August begann. Im September beorderte Stalin Kusnezow zu sich: «‹Schicken Sie dem Befehlshaber ein Telegramm und geben Sie Befehl, alles für die eventuelle Vernichtung der Schiffe vorzubereiten.›

‹Ich kann so ein Telegramm nicht unterschreiben›, brach es aus mir heraus.» (Kusnezow, *Gefechtsalarm der Flotten*, Moskau 1971)

Diese Weigerung Kusnezows und dann auch die von Schaposchnikow ein Jahr später, als aus Leningrad eine telegrafische Denunziation kam, rettete sowohl den beiden wie auch Admiral W. Tribuz, der der Panikmacherei und Verminung der Flotte beschuldigt wurde, das Leben. Stalin ordnete eine Untersuchung der «Panikmacherei» an, obwohl er selber den Befehl gegeben hatte. Übrigens mündlich. Der Führer war stets auf sein Alibi bedacht.

Stalin hatte 1941 sowohl Leningrad als auch Moskau aufgegeben, das Volk jedoch nicht.

Und die «Orgien» oder das «Gelage während der Pest» oder einfach die «Sonderrationen», das kann man sehen, wie man will.

Pawel Wolin veröffentlichte 1989 einen Text mit dem Titel «Das Geheimnis, das alle kennen» in «Ogonjok». Berichtet wird über die Sonderprivilegien, die die führenden Funktionäre in unseren Tagen genießen:

«Ich wohne neben dem Taurischen Palast», schreibt die Leningraderin W. Solofnenko. «Einmal fand darin eine grandiose Versammlung statt. Alle umliegenden Straßen waren mit Dienstwolgas verstopft, in denen sich die Fahrer an die fünf Stunden langweilten. Sicher wissen Sie so gut wie ich, wie sich das Volk über so etwas aufregt, wie schwer es vor einem solchen Hintergrund zu Höchstleistungen anzuspornen ist. Ich habe an zwei Kriegen teilgenommen – am Großen Vaterländischen und am Krieg gegen Japan 1945 –, und ich bin Kriegsinvalide. Ich denke, daß wir auch deshalb gesiegt haben, weil wir alle zusammengehalten haben, weil wir es alle gleich schwer hatten.»

Erzählung des Komponisten D. Tolstoi, Sohn von N. Krandijewskaja-Tolstaja, auf meine Bitte 1987 aufgeschrieben:

«Im Januar 1942 stiegen meine Mutter und ich die Hintertreppe zu unserer Wohnung im vierten Stock in der Kronwerskaja 23 hinauf.

Wir hatten nach Brot angestanden und trugen nun sorgsam jeder seine 125 Gramm nach Hause. Wir gingen sehr langsam die vier Stockwerke hinauf.

Der Vorderaufgang war offen, aber alle Mieter benutzten während der Blockade nur die Hintertreppe, denn alle wohnten in der Küche; es gab ja weder Wasser noch Licht, noch Heizung, und in der Küche hatte jeder ein Kanonenöfchen.

Die 125 Gramm Brot, unsere einzige Nahrung, aßen wir nicht einfach auf. Wir schnitten ein Stück Brot in kleine Würfel und rösteten jeden Würfel auf dem Öfchen leicht an. Dann teilten wir uns die Ration genau ein: Diesen Würfel esse ich gleich, den da in einer halben Stunde und den dritten in einer Stunde.

An jenem Tag fiel uns das Treppensteigen besonders schwer. Die Beine gehorchten uns nicht. Wir wohnten in Wohnung 110, und unter uns, in Wohnung 108, wohnte die Familie des ‹ersten Mannes von Leningrad› (so sagten wir damals), eines hochgestellten Funktionärs.

Auf dem Treppenabsatz im dritten Stock bemerkten meine Mutter und ich, daß die

Tür zur Wohnung 108 einen Spalt offen-
stand, und wir sahen einen Mülleimer, aus
dem ein seltsamer gelbbrauner Gegenstand
ragte.

Als wir uns über den Eimer beugten (die
Neugier übermannte uns), stellten wir fest,
daß dieser Gegenstand ein altbackenes Weißbrot war.

Die erste unwillkürliche, ich würde sagen
instinktive Regung war, dieses Brot zu nehmen. Aber plötzlich hielt ich inne und sah
meine Mutter an.

‹Weißt du was›, sagte sie, ‹wir haben auch
unseren Stolz.›

Und wir gingen an der Tür vorbei.»

D. Tolstoi nannte keinen Namen. Nein,
der «erste Mann in Leningrad» war in diesem Fall nicht Schdanow, sondern Popkow,
der Vorsitzende des Leningrader Exekutivkomitees. Er wurde später im Zusammenhang
mit der Leningrader Affäre erschossen.
Während des Krieges war seine Familie evakuiert, und er konnte sich als führender
Funktionär im Smolny so viel Brot mitnehmen, wie er wollte. So war es übrigens auch
schon 1918 gewesen. Die Bolschewiken teilten auch damals die Menschen in Freunde
und Feinde ein. Und die Feinde mußten vernichtet werden.

Ilja Fonjakow berichtet in «Wie werden wir
leben, Leningrader? Über die Paradoxa einer
Versammlung» (Literaturnaja Gaseta, 1989,
Nr. 34):

«Im historischen Saal des Taurischen Pa-
lastes in Leningrad fand eine Versammlung
des Parteiaktivs statt, die der Vertiefung der
Perestroika gewidmet war, und die Versammelten ‹klatschten› einen Redner von der
Bühne.

Der Chefredakteur der Zeitschrift
‹Newa›, Nikolski, sprach über das Schicksal
der alten Leningrader, der Blockadeteilnehmer, die immer noch in engen Gemein-
schaftswohnungen hausten. Man ließ Ni-

kolski kaum zu Ende sprechen. Auf diese
entmutigende Episode kamen andere Redner
noch mehrfach zurück. Sie entschuldigten
sich bei dem Schriftsteller und artikulierten
ihre Betroffenheit: Genossen, wie konnten
wir bloß, wie stehen wir da vor den Millionen Fernsehzuschauern ... Da ergriff der
1. Sekretär des Gebietskomitees, Boris
Gidaspow, das Wort, um zu unterstreichen:
Das Schicksal der Blockadeteilnehmer ist
eine Sache unserer Ehre und unseres Gewis-
sens. Wieder wurde geklatscht. Doch dies-
mal war es stürmisch zustimmender Beifall!»

Im Petrograd des Jahres 1918 wog die Brotration 250 Gramm.

In Leningrad bekamen vom 20. November bis 24. Dezember 1941 Nichtberufstätige
und Kinder 125 Gramm Brot. Ab 25. Dezember war es fast doppelt soviel: Die Toten
überließen ihr Brot den Lebenden und retteten sie damit.

Laut Aussage von A. Solschenizyn wurden 1942 Menschen, «die die Verleumdung
verbreiteten, im belagerten Leningrad seien
Menschen verhungert», nach Artikel 58,10
wegen «antisowjetischer Propaganda» verurteilt.

Die Großmutter meiner Frau – Olga Paw-
lowna Becker, eine Petersburger Deutsche –
überlebte die Blockade. Sie betete auf
deutsch für die Gesundheit der Verteidiger
von Leningrad. Es ist beinahe unglaublich,
wie ein Mensch, in dessen Paß in der Rubrik
Nationalität «Deutsche» stand, in der belagerten Stadt bleiben durfte. Das verdankte
sie dem Großvater, ihrem Mann. Mit russischer Findigkeit radierte er die verfluchte
Zeile weg und schrieb: «Russin».

Heute steht fest, daß wir auch nach einem
halben Jahrhundert so gut wie nichts über
die Blockade wissen. Der Mythos ver-

schleier noch immer die Augen. Die Dokumente schweigen in den Geheimschränken. Ich bin sicher, daß sie aussagen werden: Nicht 600 000, sondern zwei (oder mehr?) Millionen Menschen lagen auf den Straßen und in den kalten Häusern. Und die damalige Führung der Stadt – alle diese Romanows und Chodyrjows – wußte das sehr gut.

Erst kürzlich enthüllten Leningrader Journalisten, daß die am linken Newa-Ufer Gestorbenen nicht zum Piskarjowskoje-Friedhof gebracht, sondern in einer zum Krematorium umgebauten Ziegelfabrik verbrannt worden waren. Dorthin transportierten Lastwagen auch die gefallenen Soldaten und Volkswehrmänner von der Frontlinie.

Es wird behauptet, daß etwa eine Million Verteidiger Leningrads dort liegen. Was tat die Romanowsche Führung vom Gebietskomitee der KPdSU? Sie ließ kurz vor der Perestroika ein nach Lenin benanntes Konzertgebäude errichten. Der Weg dorthin führt über die Gräber.

Die Kommunisten wußten, was unter diesem Weg ist. Natürlich nicht das Fußvolk, sondern die Kommunisten, die in Stalins Sprache die «Ritter des Schwertordens» waren. Aber für Faschismus wie für Kommunismus ist das wichtigste Wort, mit dem sie sich an die Menschen wenden: VERGISS!

Wir haben vergessen.

Jetzt erinnern wir uns qualvoll.

1991

Übersetzung: Renate Landa

SONDERRATION
FÜR DEN SMOLNY

**Diese Fotos entstanden im
Dezember 1941 in Leningrad, als in
der Stadt täglich Tausende
verhungerten.
Ihre Existenz belegt, was in der
Sowjetunion bis vor kurzem
Tabuthema war: Privilegien-
mißbrauch und Korruption.
Archiviert waren diese Bilder und
die Beschriftungen unter der
Rubrik ‹Feinmechanik›!**

**«12. 12. 1941. Der beste Schichtmeister
der Konditoreifabrik ‹X›, W. A.
Abakumow. Sein Kollektiv übererfüllt
die Norm. Hier überprüft Genosse
Abakumow die Qualität der
gebackenen ‹Wiener Erzeugnisse›»
(Bildunterschrift im sowjetischen Archiv)**

«12. 12. 1941. Die Zubereitung von
Rumkugeln in der 2. Konditoreifabrik»
(Bildunterschrift im sowjetischen Archiv)

«12. 12. 1941. Die 2. Konditoreifabrik.
Der Chef, A. N. Pawlow, der Konditor-
meister S. A. Krasnobajew und die
Helferin bei der Kontrolle der fertigen
Produkte»
(Bildunterschrift im sowjetischen Archiv)

«26. 12. 1942. Junge Arbeite-
rinnen in der ‹X›-Fabrik erlernen
ihren neuen Beruf. Die Zucker-
gußmeisterin W. S. Gorkina
macht sie mit Produktions-
prozessen vertraut.»
(Bildunterschrift im sowjetischen
Archiv)

Peter Jahn

SCHATTENSTADT. DER DEUTSCHE BLICK AUF
ST. PETERSBURG – PETROGRAD – LENINGRAD

Die internen Überlegungen und die Befehlsgebung der deutschen Militärführung im Jahre 1941, die das Schicksal Leningrads betreffen, lassen die eindeutige Absicht erkennen, die Stadt total zu zerstören und ihre Millionenbevölkerung dem Hungertod preiszugeben. Ohne Widerspruch einer militärischen Instanz setzte sich der Entschluß Hitlers vom 8. Juli durch, «Moskau und Leningrad dem Erdboden gleich zu machen, um zu verhindern, daß Menschen darin bleiben, die wir dann im Winter ernähren müßten»[1].

Nachdem verschiedene Varianten für die erwartete Leningrader Kapitulation durchgespielt worden waren, wurde die Entscheidung gefällt, die Stadt bis zum Frühjahr eingeschlossen zu halten. «Im Frühjahr dringen wir dann in die Stadt ein (…), führen das, was noch lebt, nach Innerrußland bzw. in die Gefangenschaft, machen Leningrad durch Sprengung dem Erdboden gleich und übergeben den Raum nördlich der Newa den Finnen.»[2]

Diese Absicht wurde später wiederholt bekräftigt. Auch die unterstellten Verbände haben sie sich zu eigen gemacht. So notiert der Oberquartiermeister der 18. Armee auf die Anfrage eines unterstellten Armeekorps, was für die hungernde Bevölkerung getan werden solle, am 3. Oktober:

«Gen(eral)Qu(artiermeister) hat für Petersburg alle vorbereitenden Maßnahmen zur Versorgung der Zivilbevölkerung abgelehnt.» Als Zivilisten aus der belagerten Stadt hinter die deutschen Linien fliehen wollen, wird am 14. November Stacheldraht zur Abwehr angefordert, und es heißt: «Abwehr der Flüchtlinge aus Oranienbaum und Petersburg durch Feuer notwendig (auf weite Entfernung), da Ernährung nicht in Frage kommt. In Frage steht nur wo, nicht ob, Zivilisten verhungern.»[3]

Die Zerstörung Leningrads war Teil einer Vernichtungsstrategie, bei deren Planung durch Dienststellen von Partei und Wehrmacht bereits vor dem Überfall die umfassende Dezimierung der sowjetischen Bevölkerung einkalkuliert war. So hieß es in den wirtschaftspolitischen Richtlinien des Wirtschaftsstabes Ost, Gruppe Landwirtschaft, vom 23. Mai 1941 über Nord- und Zentralrußland: «Viele 10 Millionen von Menschen werden in diesem Gebiet überflüssig und werden sterben oder nach Sibirien auswandern müssen. Versuche, die Bevölkerung dort vor dem Hungertod dadurch zu retten, daß man aus der Schwarzerdezone Überschüsse heranzieht, können nur auf Kosten der Versorgung Europas gehen.»[4]

Das Ziel, Leningrad total zu vernichten, war allerdings nicht allein mit der ökonomischen Strategie begründet, sowjetisches Getreide für deutsche Zwecke zu rauben. Im Beschluß Hitlers vom 8. Juli hieß es weiter: «Volkskatastrophe, die nicht nur den Bolschewismus, sondern auch das Moskowitertum der Zentren beraubt». Mit der Chiffre «Bolschewismus» war die Stadt der Oktoberrevolution gemeint (Moskau stand für die traditionelle russische Herrschaft); die Zerstörung der Stadt sollte symbolisch die Ausrottung des Bolschewismus bedeuten. Es ist bezeichnend für die deutschen Herrschaftsvorstellungen, daß die Zerstörung einer Ideologie nur mit der physischen Vernichtung ihrer wirklichen oder vermeintlichen Träger realisierbar schien.

Die Befehlsgebung der Heeresgruppe Nord und der ihr unterstellten 18. Armee, die die Stadt eingeschlossen hielt, charakterisiert ein weiteres Element:

Die Vernichtung der Millionenbevölkerung sollte sich auf jeden Fall der eigenen Wahrnehmung entziehen. Nachdem der Kommandeur der 58. Infanteriedivision Bedenken über die Truppenmoral für den Fall geltend gemacht hatte, daß die Soldaten auf «Frauen und Kinder und wehrlose alte Männer» schießen müßten, wenn sie über die Frontlinie fliehen wollten, wurde drei Tage später im Kriegstagebuch der Heeresgruppe Nord festgehalten: «Oberbefehlshaber des Heeres hat vorgeschlagen, vorwärts der eigenen Linien Minenfelder auszulegen, um der Truppe den unmittelbaren Kampf gegen die Zivilbevölkerung zu ersparen.» Nach der Kapitulation sehe der Oberbefehlshaber der Heeresgruppe Nord keinen Grund mehr, «…die Einschließung aufrecht zu erhalten. Die Truppe wird in die Unterkunfsräume verlegt werden. Auch dann wird ein großer Teil der Bevölkerung zu Grunde gehen, aber doch wenigstens nicht vor unseren Augen.»[5]

Wie schwierig der Vernichtungsbefehl durchzuführen war, wenn er unmittelbar vor den Augen der deutschen Soldaten realisiert werden sollte, zeigt die Diskussion in der 18. Armee über das Schicksal von 20 000 Zivilisten im Leningrader Vorort Puschkin, der unmittelbar in der deutschen Frontlinie lag. Einerseits wollte man den Befehl, keine eigenen Lebensmittel für die Bevölkerung abzuzweigen, strikt durchsetzen, andererseits galt der Hungertod als unzumutbarer Anblick für die Truppe: «Evakuierung der hungernden Frauen und Kinder aus dem Gefechtsgebiet. Zustand für Truppe untragbar, Ernährung nicht möglich, ebenso Abschub nach Petersburg. Also fort. Im Konzentrationslager muß Verpflegung übernommen werden.» So wurde trotz Bedenken die Bevölkerung von Puschkin ins Hinterland abtransportiert, um die Truppe von ihrem Anblick zu befreien.[6]

In dem Moment also, als das Massensterben individuelle und menschliche Züge annahm, erschien der Befehl zur Vernichtung Leningrads als kaum noch durchführbar. Die Diskussion in der 18. Armee darüber, wie mit der Bevölkerung des Vororts Puschkin zu verfahren sei, zeigt, daß diese Realität konsequent aus dem Wahrnehmungsfeld der Truppe ferngehalten wurde. Damit drängt sich die Frage auf: Welche Vorstellungen über die Leningrader und überhaupt die sowjetische Bevölkerung müssen in den Köpfen der deutschen Offiziere und Soldaten geherrscht haben, damit derartige Befehle klag- und widerspruchslos erteilt und ausgeführt werden konnten?

Die immer wieder genannte ökonomische Begründung, daß das Getreide der Ukraine für den deutschen Bedarf gebraucht werde und daher die russischen Siedlungszentren dem Hungertod preiszugeben seien, stellen die Befehlsgebung in den Zusammenhang skrupelloser imperialistischer Herrschaftslogik. Dieses Argument liefert allerdings keine hinreichende Erklärung. Imperialistische Herrschaftspläne, die Rußland und die Ukraine betrafen, hatten Tradition und waren schon 1918 vom kaiserlichen Deutschland kurzzeitig realisiert worden, ohne daß damit derartige Vernichtungsvorsätze verbunden gewesen wären. Überdies zeigen die Ausbeutungsvorstellungen bei genauerer Prüfung selbst Züge des Phantastischen und sind zu keinem Zeitpunkt auch nur annähernd verwirklicht worden.

Die hemmungslosen Vernichtungspläne der deutschen Führung bezogen einen zentralen Impuls aus Vorstellungen vom östlichen Feind, die zwar zahlreiche reale Elemente verarbeitet hatten, aber in den Grundstrukturen phantasiert waren. Sowohl in der Planungsphase als auch während des

Krieges stellt sich die Befehlsgebung als eine Mischung aus Bedrohungsphantasien und – vermeintlich präventiven – radikalen Vernichtungsvorstellungen dar. Diese Vorstellungen waren keineswegs spezifisch für die Vertreter nationalsozialistischer Ideologie, sondern sowohl bei parteinahen wie auch bei distanzierten Wehrmachtsoffizieren zu finden. Der Krieg sollte demnach, mit den Worten Generaloberst Hoepners vom 23. Mai 1941, geführt werden als «...der alte Kampf der Germanen gegen das Slawentum, die Verteidigung europäischer Kultur gegen moskowitisch-asiatische Überschwemmung, die Abwehr des jüdischen Bolschewismus». Die Verteidigung europäischer Kultur sollte «...die Zertrümmerung des heutigen Rußland zum Ziele haben und deshalb mit unerhörter Härte geführt werden. Jede Kampfhandlung muß in Anlage und Durchführung von dem eisernen Willen zur erbarmungslosen völligen Vernichtung des Feindes geleitet sein.»[7]

Dieselben Angst- und Vernichtungsphantasien gegenüber «jüdischem» und «asiatischem» Bolschewismus finden sich im Befehl des Generaloberst Hoth vom 17. November 1941, der vom Vergleich mit dem besiegten Kriegsgegner Frankreich ausging: «Der Ostfeldzug muß anders zu Ende geführt werden als z. B. der Krieg gegen die Franzosen. Es ist uns in diesem Sommer immer klarer geworden, daß hier im Osten zwei innerlich unüberbrückbare Anschauungen gegeneinander kämpfen: Deutsches Ehr- und Rassegefühl, Jahrhunderte altes deutsches Soldatentum gegen asiatische Denkungsart und ihre, durch eine kleine Anzahl, meist jüdischer Intellektueller aufgepeitschten primitiven Instinkte: Angst vor der Knute, Mißachtung sittlicher Werte, Nivellierung nach unten, Wegwerfen des eigenen wertlosen Lebens. (...)

Mitleid und Weichheit gegenüber der Bevölkerung ist völlig fehl am Platz. (...)

Über das Alltägliche wollen wir die weltgeschichtliche Bedeutung unseres Kampfes gegen Sowjetrußland nicht aus dem Auge verlieren. Die russische Masse hat seit zwei Jahrhunderten lähmend auf Europa gelegen, Rücksichten auf Rußland und Sorgen vor einer Invasion haben immer wieder die politischen Verhältnisse in Europa beherrscht und die friedliche Entwicklung gehemmt. Rußland ist nicht ein europäischer, sondern ein asiatischer Staat.»[8]

Diese Feindbilder imaginierten Russen als «primitiv», «unterwürfig» und «grausam» zugleich, nur darauf «lauernd, unter jüdischbolschewistischer Führung Europas Kultur zu zerstören». Sie gingen davon aus, daß die «asiatischen Horden» nur durch ihre Vernichtung aufzuhalten seien. Die Planung zur Zerstörung Leningrads stellt einen Kulminationspunkt dieser Logik dar: als Ausgangsort der Revolution von 1917 wurde die Stadt – und ihre Bevölkerung – als extrem feindselig angesehen.

In diesem hochaffektiven Feindbild war kein Platz für Vorstellungen von Gemeinsamkeit oder gar von der Teilhabe an einer gemeinsamen Geschichte, wie sie etwa dem eroberten Paris entgegengebracht wurden. Vergleicht man die Politik gegenüber den beiden Metropolen, so wird deutlich, wie vollständig alle gegenläufigen Züge aus dem Bild Leningrads ausgeblendet wurden. Auch im besetzten Paris herrschte das nationalsozialistische Terrorsystem, doch zugleich begriff sich die Okkupationsmacht als dominierender Teilhaber an einem gemeinsamen kulturellen Erbe. Eine Zerstörung von Paris war für die Wehrmachtsoffiziere unvorstellbar.

Warum aber lag für die Offiziere im Osten, die nicht in anderen Traditionen als die in Paris dachten, die Vernichtung Leningrads so nahe? Hier handelt es sich nicht allein um ein Resultat nationalsozialistischer Indoktrination, vielmehr sind die schon vor dem Zweiten Weltkrieg existierenden Vorstellungen von Petersburg–Petrograd–Leningrad in diesem Zusammenhang von eminenter Bedeutung. Denn die NS-Pläne zur Vernichtung ganzer Siedlungszentren im Osten stützen sich auf eine wesentlich ältere, doch augenscheinlich überaus wirksame Tradition.

Bereits im 16. Jahrhundert, seitdem es kontinuierliche Berichte von Rußland-Reisenden gibt, finden sich Vorstellungen von russischer Primitivität, Grausamkeit und Bedrohlichkeit. Zumeist handelt es sich um isolierte polemische Schriften, die an bestimmte politische Ereignisse gebunden waren, ohne darüber hinausgehende Wirkung. Der Blick der bürgerlichen Aufklärung auf die relativ rückständige Gesellschaft Rußlands im 18. Jahrhundert war keineswegs negativ, Rußland wurde die Chance einer offenen Zukunft zuerkannt.[9]

Noch zu Beginn des 19. Jahrhunderts wurden positive wie negative Züge von Staat und Gesellschaft in Rußland gegeneinander abgewogen. Als Beispiel mag die Beschreibung Johann Gottfried Seumes von seinem Fußmarsch nach Petersburg und Moskau gelten, 1807 unter dem Titel *Mein Sommer 1805* veröffentlicht. Seume kritisierte mehrfach scharf die Leibeigenschaft, ohne diese als spezifisch russisches Charakteristikum darzustellen (die baltischen Adligen hielt Seume vielmehr für die schlimmsten Gutsherren). Seine Beschreibung Petersburgs war unbefangen, weder enthusiastisch noch nörglerisch, wenn auch eindeutig im Detail. Ein ästhetisches Urteil bildete Seume noch unabhängig vom politischen aus: «Der Eingang in die Stadt selbst ist zu Lande nicht so glänzend, als man nach den prächtigen Villen wohl denken sollte. Aber wirklich groß und überraschend und vielleicht einzig ist die Fahrt zu Wasser von dem Galeerenhof hinauf ...

Hier habe ich bewundert, wenn ich dach-te, daß da, wo Paläste stehen und Monumente, die man kühn unter die größten zählen darf, da, wo sich Menschen drängen und in Glanz und Üppigkeit leben, wo eine kolossalische Macht jetzt ihre Propyläen errichtet hat, daß da vor hundert Jahren nichts war als rund umher eine ungeheure Sumpfgegend mit einigen Fischerhütten. Das ist Größe. Ob auch Güte, ist eine andere Frage. (...) Petersburg ist mehr als Berlin und Wien und ist es in einem Jahrhundert geworden. Der Russe in seinem heißen Patriotismus findet es noch besser als Paris und Rom.»[10]

Dreißig Jahre später hatte sich der deutsche Blick auf Rußland und insbesondere auf St. Petersburg gänzlich verändert. Auch wenn noch immer positive und negative Urteile in zahlreichen Darstellungen nebeneinanderstehen, zeigt sich doch eine klare Tendenz zur Polarisierung: Die Darstellungen zweier Reisender, die im Abstand von wenigen Jahren – 1835 und 1839 – Petersburg besucht haben, sollen dies deutlich machen.

Im 19. Jahrhundert war es ein gängiger Topos, Petersburg, die moderne Stadtgründung nach westeuropäischem Vorbild, als ein für Rußland völlig untypisches Phänomen darzustellen. Als typisch russische Stadt galt Moskau, das flache Land als reizlos (diese Einschätzung änderte sich erst am Ende des Jahrhunderts). Trotzdem nahm Petersburg als Regierungssitz einen zentralen Platz bei der Beschreibung und Charakterisierung Rußlands ein. Moskau fiel dahinter deutlich zurück. Trotz aller Vorbehalte formte sich das Bild Rußlands wesentlich aus dem Bild Petersburgs und seiner Bevölkerung.[11]

Als Vertreter konservativer Rußlandfreundschaft (Russophilie) soll der württembergische Kavalleriegeneral von Bismark zu Wort kommen, der Petersburg im Jahre 1835 besuchte. Seine Ankunft in der Stadt schien ihn in eine bessere Welt geführt zu haben: «Wer auch die bewohnte Erde bereist hat, St. Petersburg wird überraschen und erstaunen zugleich. Den schönsten Anblick bietet diese große Stadt dar, wenn man auf einem Dampfschiffe die Newa herauffährt, wo der Wasserspiegel mit Schiffen bedeckt, die Paläste auf beiden Ufern des blauwelligen Flusses feenartig sich darstellen, und dieser große Strom zwischen seinen Quais von großen Granitstücken, ein Werk der Kunst Catharinens II. schaffenden Geistes, sich ruhig fortbewegt.»[12]

Als erstes Resümee heißt es schon kurz darauf: «St. Petersburg, durch ein kräftiges Zauberwort eines großen Mannes entstanden, hat ein Jahrhundert von Arbeit und von Glück, wobei alles, was die Welt an Erfahrung darbot, benützt wurde, auf die jetzige Prachthöhe gestellt, eine Inselstadt durch die Newa, ihre Arme und Kanäle gebildet. Die Stadt, imposant durch die Mannigfaltigkeit ihrer Regelmäßigkeit, hat zugleich ihre eigene Originalität.»[13]

Eine ganz andere Stadt scheint vier Jahre später der französische Marquis de Custine besucht zu haben, dessen Buch *Rußland im Jahre 1839* (1844) ein Bestseller in Europa und insbesondere in Deutschland wurde. Dieses Buch wurde in den vierziger Jahren des 19. Jahrhunderts zu einer Leitschrift für die liberale und demokratische Rußlandfurcht (Russophobie). Schon die Anreise führte den Marquis in eine düstere Welt der Schatten: «Ich habe in der Nähe keiner großen Stadt etwas so Trauriges gesehen als die Ufer der Newa … Vor Petersburg kommt man über eine Wasserwüste, die von einer Torfwüste begrenzt ist. Meer, Küste, Himmel, alles verschwimmt; es ist ein Spiegel, aber ein so trüber, so matter, als hätte er gar keine Folie; er reflektiert nichts.»[14]

Als der Reisende sich nach der Zollkontrolle der Stadt nähert, wird es nur noch

düsterer: «Jeden Augenblick kamen neue schwarze Boote aus der Stadt und ruderten traurig auf uns zu. Ob wir gleich nahe den Mauern der Stadt lagen, herrschte doch die tiefste Stille … Keine Stimme schallte aus diesem Grabe; die Schatten, welche wir um uns her schwimmen sahen, waren stumm wie die Steine, die sie verlassen hatten. Man hätte sagen können, es werde ein Leichenzug vorbereitet und man warte nur noch auf den Sarg. Die Männer, welche jene düsteren und schmutzigen Fahrzeuge lenkten, trugen grobe Röcke von grauer Wolle; ihre Gesichter hatten keinen Ausdruck und eine grünlich-gelbe Farbe.»[15]

Custine schickte sich offenkundig an, Orpheus und Dante auf ihrem Weg in die Unterwelt zu folgen. Wie brachte nun der Autor die Beschreibung der Stadt, die, im wesentlichen klassizistisch geprägt, nach den Kategorien zeitgenössischer Ästhetik tatsächlich ein imposantes Ensemble darstellte, mit einem derartigen Leitmotiv in Einklang? «Man kann ihnen (den Russen, d. V.) wohl erlauben (sic!, d. V.), Muster für ihre Gebäude in Constantinopel zu suchen, nur nicht in Athen. (…) Man liebt hier vor allen Dingen das, was glänzt: vergoldete Turmspitzen, die dünn sind wie Blitzableiter; Portiken, deren Basis fast unter dem Wasser verschwindet; Plätze mit Säulen, die in dem unermeßlichen Raume umher verschwinden; antike Statuen, deren Züge, Stil und Bekleidung gegen die Beschaffenheit des Bodens, gegen die Farbe des Himmels, gegen das Klima wie gegen die Gestalt, die Tracht und Lebensweise der Menschen sind, so daß sie Helden gleichen, die bei ihren Feinden gefangen gehalten werden; Gebäude, die nicht in das Land passen, Tempel, die von dem Gipfel der Berge Griechenlands in die Sümpfe Lapplands fielen …»[16]

Das ästhetische Verdikt funktioniert hier ideologisch: die Übertragung griechischer Vorbilder in nördliche Landschaften ist in der Epoche ein keineswegs einmaliger Vorgang. Wäre es nur um Stilfragen gegangen, hätten auch die Zentren von Berlin im märkischen Sand und von München im platten Alpenvorland mit ihren klassizistischen Ensembles den Standort verfehlt. Vielmehr liegt im Verweis auf Konstantinopel als erlaubtes Muster für russische Architektur die eigentliche Botschaft. Rußland als «asiatischer» Staat solle sich gefälligst auf «Asien» beziehen und nicht versuchen, europäisch zu werden. «Asien» steht synonym für die Stagnation in vorbürgerlichen Verhältnissen, für die Chancenlosigkeit, am Menschheitsfortschritt teilzunehmen.

Daß diese ideologische Zuordnung Rußlands zu Asien im Zentrum der Anschauung stand, wird auch aus der Charakterisierung der Stadtbewohner durch Custine deutlich. Wie auch Bismark schildert er die Russen als «große Kinder». Wobei Bismark den Russen physische Stärke, Tapferkeit, Genügsamkeit sowie leichte Auffassungsgabe zuspricht. Ihm gilt als höchstes Lob ihre soldatische Qualität. «Der Kaiser, Haupt der Kirche wie Haupt des Staates, wird als der Vater, der Patriarch seiner Untertanen, mehr als kindlich verehrt.»[17]

Für Custine waren die Russen «geborene Nachahmer», die «von der Natur einen trägen und oberflächlichen Geist erhalten» hatten, sie seien schmutzig und stänken, hätten den «schlauen, verstohlenen Blick der asiatischen Völker». Die vom konservativen Bismark geschätzte Kindlichkeit interpretierte Custine als Sklavensinn: «Alles ist hier einstimmig, Volk und Regierung … Man kann die Russen, die Großen wie die Geringen, von Sklaverei trunken nennen.» Zugespitzt heißt es: «Rußland ist das Vaterland der zügellosen Leidenschaften oder der schwachen Charaktere, der Empörer oder der Automaten, der Verschwörer oder der Maschinen: ein Mittel zwischen dem Tyrannen und dem Sklaven, zwischen dem Wahnsinnigen und dem Vieh gibt es hier nicht; die rechte Mitte ist hierzulande unbekannt, die Natur will sie nicht.» Solchen Wesen gegenüber verweigerte Custine schließlich auch jegliches Mitleid, da sie für ihn ihre menschlichen Züge eingebüßt haben: «Es kam mir vor, als sehe ich nur ein Vieh vor mir und als dürfe ich mit ihm keineswegs Mitleid haben wie mit meinesgleichen.»[18]

Diese extremen Kontraste in den – repräsentativen – Wertungen der russischen Hauptstadt und ihrer Bewohner erklären sich im zeitgenössischen politischen Kontext. Für den General Bismark stand Rußland als Bollwerk der Monarchie im Kampf gegen die Revolution in Europa: «Von dem unversöhnlichen Streite einer falschen Zivilisation mit der ewigen Ordnung der Dinge, die ihre ungeregelten Ansprüche zurückweist, weiß das alte Rußland nichts. (…) die Anarchie, welche nur durch revolutionäre Umwälzung ihr Ziel erreichen kann, betrachtet Rußland als ihren größten Feind.»[19] Dabei war Rußland nicht nur im politischen Sinn für Bismark eine Wahlheimat. Für den von der bürgerlich-kapitalistischen Entwicklung sich bedroht sehenden Adligen stellte sich St. Petersburg als heiler höfisch-feudaler Kosmos dar, in dem Volk und Adel im Rahmen ihrer Standesschranken vertrauensvoll autoritär miteinander lebten.

Für Custine – und gleiches findet sich im Vormärz bei Liberalen und Demokraten – war die konservative Schutzmacht, der «Gendarm Europas», eine fremde Bedrohung, die die europäische Kultur zu zerstören suchte. «Asiatisch» oder «orientalisch» waren die stereotypen Bezeichnungen, mit denen diese bedrohliche Fremdartigkeit benannt wurde. Die Russen seien «in Regimenter geteilte Asiaten», die in Europa eine Beute sähen. In diesem Angstbild erhielt Petersburg eine zentrale Rolle: «Die Russen sind aus einer Vereinigung von Völkerschaften hervorgegangen, welche lange nomadisch und immer kriegerisch waren, und sie haben das Bivakleben noch nicht ganz vergessen. Alle vor kurzem aus Asien angekommenen Völker lagern in Europa wie die Türken. Petersburg ist der Stab einer Armee, nicht die Hauptstadt einer Nation.»[20]

So wie Bismark den höchsten Ausdruck monarchischer antirevolutionärer Herrschaft in Europa auf Petersburg projizierte, war für Custine und viele Liberale die Stadt Zentrum asiatischer Bedrohung, das Heerlager eines mongolischen Khans. Diese Vorstellungen wurden bis in Details ausphantasiert: die Brüchigkeit und Fassadenhaftigkeit aller Bauwerke weist auf das schnell abzubrechende Militärbiwak, die große Zahl nicht in Petersburg ansässiger Wanderarbeiter auf den nomadischen Charakter der Russen, der üppige Luxus des Adels wird zum Kennzeichen asiatischer Sinnlichkeit und Dekadenz.

Derartige russophobe Bilder haben um die Mitte des 19. Jahrhunderts die deutsche (und die westeuropäische) Öffentlichkeit dominiert. Die konservative Russophilie befand sich dagegen nur in einer Verteidigungsposition. Schon 1851 konnte ein Autor behaupten, daß die Gegnerschaft zwischen Germanen und Slawen – d. h. in erster Linie Russen – historisch nicht mehr zu begründen sei, sondern eine «gegenseitige Abstoßung des europäischen und asiatischen Elements» bestehe, die auf einer «ursprünglich körperlichen Idiosynkrasie» seiner Träger beruhe.[21] Damit hatte sich dieses Bild bereits aus seinem ursprünglichen politischen Kontext gelöst und wurde auch in anderen Zusammenhängen verfügbar.

Dabei war Russophobie im Vormärz und in der Revolution von 1848 ursprünglich fest mit der bürgerlichen Emanzipation verbunden gewesen. Im Kampf gegen den Obrigkeitsstaat, gegen Feudalrelikte, Adelsprivilegien und Beamtenwillkür funktionierte die Agitation gegen Rußland als ein zentrales Konsensthema der liberalen und demokratischen Bewegung. Da die zarische Regierung ein erklärter Gegner aller Emanzipationsbewegungen in Europa war und auch mit Gewalt gegen sie vorging, fand sich in dieser Einstellung durchaus ein realitätsgerechtes Element. Zugleich diente «Rußland» unter den Zensurbedingungen des vormärzlichen Deutschland als Chiffre, mit der sich die Öffentlichkeit über die eigenen Verhältnisse verständigen konnte. Die Kritik an russischer Despotie zielte auf die eigene Monarchie, die Kritik an der russischen Leibeigenschaft auf die Feudalrelikte im eigenen Land, russische Beamtenwillkür und Zensur standen für die eigenen Verhältnisse. Indem bürgerliche Ideale als «deutsch» gedacht wurden, wurden die Repräsentanten des alten Obrigkeitsstaates als «russisch» ausgegrenzt.

In der Aussage des Staatslexikons von Rotteck und Welcker, Rußland verkörpere das «sinnlich-despotische Prinzip», wird noch eine weitere Funktion des Rußlandbildes deutlich: An einer relativ rückständigen Gesellschaft mit vorbürgerlichen Strukturen ließ sich die eigene, noch gar nicht überwundene Vergangenheit abhandeln. Denn als «deutsch» galten bürgerliche Werte wie Herrschaft der Vernunft, Selbstbestimmung und Originalität, Nüchternheit, Mäßigkeit, Sauberkeit, Fleiß und Pünktlichkeit. Das Bild der Russen als gefühlsbestimmt, fremdgeleitet und nachahmend, zwischen Extremen schwankend und rauschhaft, schmutzig, faul und unzuverlässig grenzte diese Eigenschaften aus der eigenen Gesellschaft aus und schrieb sie einer anderen zu. Indem man den Topos der moralischen Verurteilung des Verdrängten benutzte, wurden Bedürfnisse, die bürgerlichen Sozialisationsidealen zuwiderliefen, im einfühlenden und zugleich abwehrenden Umgang mit einer fremden Gesellschaft nacherlebt.[22]

Die Russen als «große Kinder» verkörpern in diesem Horizont einen Teil der eigenen Kindheit und Emotionalität. Als gehorsamen, starken Lasttieren konnten ihnen durchaus Sympathien entgegengebracht werden. Doch drohte in dieser Vorstellungswelt immer die Gefahr, daß diese Kraft unlenkbar ausbrechen könnte, als überwältigende Masse zerstörerisch mobilisierbar sei und über die eigene europäisch-vernünftige Ordnung herfallen könne. Ob als «in Regimenter geordnete Asiaten», als «Kosaken», als «russische Dampfwalze» oder als «bolschewistische Horden vor den deutschen Grenzen» – in diesen Schreckbildern waren niemals allein aktuelle politische Konstellationen wirksam. Diese Angstphantasien waren zugleich kollektives Symbol für als niedrig empfundene Kräfte, die die Grenzen der bewußten und autonomen Persönlichkeit zu sprengen drohten, um Vernunft und Ordnung zu zerstören.

Die im Vormärz geprägten Klischees von russischer Art und auch, damit eng verbunden, das Bild St. Petersburgs, sind in der Folgezeit auch bei wechselnden ideologischen Positionen erstaunlich stabil reproduziert worden. So finden wir etwa im Reisebericht des Feuilletonisten Max Nordau aus dem Jahr 1879 die alten Stereotypen: Der Baustil ist importiert und der Landschaft nicht angemessen («Offene Kolonnaden, Freitreppen, nackte Statuen an der Newa! ... Ach, die Karyatiden blicken fröstelnd und grämlich in die kalte Luft hinaus, Schnee verstreicht die Umrisse der zarten Akanthusblätter an den korinthischen Kapitälen ...»[23]), das «gutmütige» Petersburger Volk ist von «einer fast rührenden Kindlichkeit», dabei mit rauhem Umgangston, insgesamt «willenlos, apathisch, ein essender und trinkender Mechanismus»[24], der von einer starken Obrigkeit angeleitet werden muß. In der Oberschicht Petersburgs herrsche dagegen ein «Luxus, wie ihn die Satrapen des Orients kaum gekannt haben», das Gesellschaftsleben gilt als «Nachahmung und Übertreibung der materiellen Seite des Pariser Lebens»[25]. Und das im vormärzlichen Lexikon benannte «sinnlich-despotische Prinzip», das Rußland angeblich beherrsche, hat sich bei Nordau angesichts vornehmer Russinnen mit wogendem Busen und «üppig» lächelnden Lippen stark verengt: «Der Despotismus versteht es überall, den Sinn für Lebensgenuß und aufregende körperliche Unterhaltung außerordentlich zu entwickeln.» Zur Veranschaulichung des Bildes kann der Autor nur Makarts «Sieben Todsünden» heranziehen.[26]

Gegen Ende des 19. Jahrhunderts tritt ein neues Element im Bildensemble auf: «...als hätte alle Welt die dunkle Empfindung, daß im nächsten Augenblick eine Katastrophe hereinbrechen müsse, die allem ein Ende macht»[27]. Ähnlich äußert sich zwanzig Jahre später der Weltreisende Korff angesichts hektischer Vergnügungen im winterlichen Petersburg: «Hinter den jungen Damen steht das Todchen und droht mit dem Zeigefinger. Wer das aushält, hat eine Kosakengesundheit. Der erste beste junge Kavalier zahlt alles. So geht es dem einen an die Gesundheit, dem anderen ans Vermögen. Man lebt hier schnell.»[28]

Diese Vorstellungen vom Tanz auf dem Vulkan müssen wohl vor dem Hintergrund einer immer stärker werdenden revolutionären Bewegung in Rußland gesehen werden, die die alten Vorstellungen der rein agrarisch-patriarchalischen Gesellschaft überlagerte. Der Regierungssitz Petersburg, in dem sich auch die revolutionäre Bewegung konzentrierte, wurde zum Ort der blutigen Verschwörungen. Die Charakterisierung Petersburgs als in den nördlichen Sümpfen deplacierter griechischer Tempelstadt, als Residenz- und Garnisonsmetropole, die für den absolutistischen Herrschaftsanspruch und die Zusammenballung des asiatischen Volkslebens steht, wird um ein neues Bildelement erweitert: Nun gilt Petersburg auch noch als Schlupfwinkel von Verschwörern und Bombenwerfern, später als düstere Arbeiterstadt.

Sprachen die traditionellen Reisebeschreibungen von Weitläufigkeit und Überdimensionalität, ist nun auch von Dunkelheit und Enge die Rede. Die breite Rezeption Dostojewskis hat das Bild Petersburgs aus der Perspektive der Hinterhöfe und Kellerwohnungen weit nach vorn gerückt.

Auch die Angstphantasien von «asiatischer Bedrohung» blieben um die Jahrhundertwende aktuell. So assoziierte Korff angesichts skythischer Kunstschätze in der Eremitage detailliert deren Grausamkeiten, um dann fortzufahren: «Die Skythen, Sarmaten, Russen oder wie sie heißen mögen, sind Hirtenvölker, die seit Menschengedenken im Kampf um die Existenz gegen Klima und widerwärtige Bodenverhältnisse in einen gemeingefährlichen Abhärtungszustand geraten sind, der zwei extreme Richtungen im Volkscharakter herausgebildet hat: die eine ist die Resignation und die andere die Gewalttätigkeit. Die wachsende Bevölkerungszahl, die siegreiche Überwindung von elementaren Hindernissen erdrücken gelegentlich die Interessen schwächerer Nachbarn. (…) Mit Härte und Grausamkeit werden dann europäische Theorien in asiatische Praxis übertragen…»[29]

Diese Beschreibung des von zwei Extremen geprägten «Volkscharakters» entspricht exakt der um die Jahrhundertwende geläufigen Rußlandvorstellung: Gegen die aus dem «russischen Despotismus» und der «wilden asiatischen Natur» gewachsene Bedrohung müsse sich Deutschland wappnen. Mit diesem Angstbild ließ sich die deutsche Aufrüstung begründen. Überdies funktionierte so auch die Integration politischer Kräfte, die gegen andere Feindbilder wie den «Erbfeind» Frankreich oder «den Juden» resistent waren: Die Sozialdemokratie war in der Tradition demokratischer Russophobie empfänglich für Bedrohungsvorstellungen aus dem Osten. Nicht zufällig begründete sie 1914 ihre Zustimmung zu den Kriegskrediten in einer Weise, als führe das Deutsche Reich allein Krieg gegen Rußland.

Auf der anderen Seite verband sich die Vorstellung von Apathie und Unfähigkeit zu selbständigem Handeln mit imperialistischen Zielsetzungen gegenüber dem Zarenreich: Aus dem zerfallenden Vielvölkerstaat schienen sich Teile zur kolonialen Verwendung herauslösen zu lassen, deren Bevölkerung als prädestiniert für deutsche Herrschaft galt. Im Ersten Weltkrieg wurden nicht allein die Vorstellungen von beiden extremen Zügen im «russischen Volkscharakter» durch Kriegshysterie und -propaganda enorm verstärkt: Russen waren «Wanderratten», die in «bräunlichem Gewimmel» aus der Steppe «hervorquollen», zu «vernichtende Insekten», für die Hindenburg das Pulver bereithielt.[30] Vielmehr wurden auch die kolonialen Herrschaftspläne mit dem Frieden von Brest-Litowsk 1918 erstmals in die Realität umgesetzt.

Unter dem Eindruck der russischen Revolution von 1917 und dem folgenden Bürgerkrieg konnten sich die Vorstellungen russisch-asiatischer Barbarei weiter verfestigen. Und mit der Umwandlung des Zarenreichs in eine Republik verlor das deutsche Bild von Petersburg wohl den letzten Glanz. Denn als Symbol der monarchischen Macht Rußlands hatte Petersburg/Petrograd bei aller negativen Beurteilung Faszination ausgestrahlt. Als Stadt der Revolution wurde es in den deutschen Vorstellungen zum Ort des Schreckens – und das, bevor der wirkliche Terror des Bürgerkriegs begann. Aus der Kriegsgefangenschaft zurückgekehrte Offiziere zeichnen schon unmittelbar nach der Februarrevolution Angstbilder des entfesselten Chaos und des Verbrechens: «Die Stadt machte einen durchaus traurigen, schmutzigen, verwahrlosten Eindruck. Das Publikum ernst, bleich, übernächtigt, geängstigt und schmutzig, dabei hungrig aussehend. Die Straßen voller Schmutz, der Schnee nicht beseitigt. Ab und zu hört man Schüsse.» Dem Publikum werden die Arbeiter gegenübergestellt: «Die ganze Stadt steht im Zeichen der Arbeiter. Überall, selbst in den teuersten Lokalen, sitzen sie in ihren Arbeitskitteln und geben Unsummen aus.» Diese Stützen des Bolschewismus werden dann nach den alten Kategorien bewertet: «Der russische Arbeiter kennt wie der Bauer keinen wirklichen Fleiß und hat keine Ausdauer. Die Meister sind fast alle Ausländer. Die deutschen Techniker werden sehnsüchtig herbeigerufen ...»[31]

Die Revolutionsschrecken wurden noch drastischer ausgemalt, so in einer Beschreibung, in der Soldaten einer Dame die Stiefel auf offener Straße ausziehen und sie im Schnee barfuß gehen lassen. Aber damit war der Horror noch nicht auf dem Höhepunkt angelangt: «Andere wieder rotten sich zusammen, pflanzen ihre Seitengewehre auf und halten ‹im Namen des Gesetzes› Haussuchungen in den Wohnungen begüterter Bürger. Alles, was nicht niet- und nagelfest ist, wird mitgenommen. Der leiseste Versuch von Widersetzlichkeit ist mit dem Tode bedroht. In viehischer Weise werden dabei die Unglücklichen getötet.»[32]

Derartige Vorstellungen, die mit der deutschen Revolution vom November 1918 auch als eigenes Schicksal zu drohen schienen und die Angst potenzierten, prägten das Bild Petrograds. Ein deutsch-baltischer Beobachter ironisiert: «Petersburg schenkt der russischen Welt die großen und neuen Gedanken, ist das rastlos arbeitende Gehirn, während die Provinz die grobe physische Kraft repräsentiert ...»[33]

Der Gedanke, Petrograd/Leningrad als Ursprung der Bedrohung durch die alles zerstörende Revolution auszulöschen und so die als übermächtig empfundene Gefahr zu bannen, liegt hier nicht mehr weit entfernt.

Trotz zahlreicher emphatischer oder zumindest sympathisierender Berichte aus der jungen Sowjetunion hat dieses Horrorbild vom revolutionären Petrograd die Vorstellungen der deutschen Zeitgenossen in der Weimarer Republik mehrheitlich bestimmt. Tatsachen zur Stützung dieses Bildes waren nicht unerläßlich, aber erwünscht – und die Realität der sowjetischen Herrschaft hat diesen Bedarf denn auch reichlich gestillt. Wahrgenommen wurde nur Negatives, Gegenläufiges wurde verdrängt. Der Kontrast zur vorrevolutionären Zeit konnte gerade am Exempel Petrograds/Leningrads deutlich gemacht werden, wo sich alte Pracht des Herrschersitzes mit grauer Gegenwart vergleichen ließ: «Riesige Lautsprecher auf Straßen und Plätzen setzen die Sprache der Transparente durch das lebendige Wort fort. Aber dieses Dogma vom neuen Aufbau, das Schrift und Wort verkünden, steht in einem sichtlichen Gegensatz zu jener Sprache, die das Leben ringsum spricht. Grau und schmutzig schauen die Häuser drein, verfallen und verwahrlost starren leere Ladenfronten über die breiten Boulevards, rissig und brüchig verkümmern alte Handelspaläste und Schlösser.»[34]

Die Menschen entsprechen diesem Stadtbild: «Aus der Nähe gesehen wird diese Masse zum Individuum und das Individuum zum freudlosen und gedrückten Menschen. Nicht anders als die Häuser und die Geschäfte sind auch die Menschen in ihrem Äußeren, ungepflegt und verwahrlost. (...) Diese Menschen tragen nicht die Züge einer besseren neueren Welt. Sie lassen nirgends ein neues Werden erkennen. Farbe, Form und Freudigkeit scheinen in einem einzigen traurigen Grau untergegangen zu sein.»[35]

Anders als Schilderungen von politisch Rechten war diese Darstellung eines Sozialdemokraten aus dem Jahre 1930 keineswegs explizit von imperialistischen oder rassistischen Einstellungen geprägt. Dennoch wird gerade deshalb deutlich, wie massiv sich das deutsche Bild von Leningrad schon zu diesem Zeitpunkt aus traditionellen Feindbildern, der aktuellen Revolutionsfurcht und aus einem drastischen Antibolschewismus speiste. Hier war nichts mehr anwesend, um dessen Zerstörung zu trauern gewesen wäre. Der Sozialdemokrat Weichmann hegte den Bewohnern Leningrads gegenüber gewiß keine Vernichtungsabsichten, dennoch erschienen sie in seiner Darstellung als graue, freudlose Masse gänzlich entindividualisiert: Mitleid oder entsprechende menschliche Regungen waren hier obsolet.

An dieses Bild der grauen Menschenmassen lagerten sich die alten Angstvorstellungen von «russischen Horden» ebenso an wie die neuen von «jüdischen Kommissa-ren». Aufgeladen durch das Trauma der Novemberrevolution, verband sich dieser Bildkomplex mit imperialistischen Herrschaftsträumen, die die Deutschen bereits 1918 realisiert zu haben glaubten. Unter diesen Voraussetzungen konnte die Vernichtung gedacht werden.

In den Köpfen der Akteure von 1941 existierte kein realer Ort menschlicher Kultur, der zerstört werden sollte, sondern die Quelle der Revolution. Nicht Millionen menschlicher Individuen sollten vernichtet werden, sondern minderwertiges Leben, bolschewistische Schattenexistenzen. Zwischen das millionenfache Leiden der sowjetischen Bevölkerung und seine Verursacher hatte sich ein Feindbild geschoben, das Vorstellungen oder die Wahrnehmung von fremdem Leid nicht mehr hindurchließ.

FRONTFOLKLORE

Sommer 1941. «Kraft durch Freude»:
Russische Folklore für Wehrmachtssoldaten
in den Palastgärten von Gatschina,
35 km vor Leningrad

GEFANGENE BESATZER

**August 1942.
Deutsche Kriegsgefangene wurden
über den Newski-Prospekt geführt.**

Michael Schneider
LENINGRAD UND DIE VERDRÄNGTE ERBLAST VON 1941

Erkundigungen am Tatort

Durch Einladungen des sowjetischen Schriftstellerverbandes erhielten meine Frau und ich die exzeptionelle Gelegenheit, 1987 und 1988 durch die UdSSR zu reisen. Begleitet wurden wir von meinem Freund, dem sowjetischen Schriftsteller Rady Fish, der mit 19 Jahren als Leutnant und «Aufklärer» der Roten Armee gegen die Deutschen gekämpft hat. Durch ihn lernten wir viele Männer und Frauen kennen, die zur sowjetischen Kriegsgeneration gehören: ehemalige Soldaten und Partisanen, Chronisten und Augenzeugen der «verbrannten Dörfer» und der Blockade Leningrads, ehemalige «Ostarbeiter» und Kriegsgefangene, die die deutschen Lager überlebt hatten. Sie alle befragte ich danach, wie sie Hitlers Überfall von 1941 und die deutsche Okkupation erlebt hatten.[1] Es erging mir wie einem Detektiv, der zum erstenmal – wenn auch mit beträchtlicher Verspätung – den Tatort selbst besichtigt und Überlebenden und Angehörigen der Opfer begegnet: erst dort begreift er die Ungeheuerlichkeit des Verbrechens.

Die Lebensschicksale der meisten älteren Sowjetbürger sind durch den deutschen Überfall und die deutsche Okkupation entscheidend geprägt worden. Jeder zehnte Sowjetbürger ist im Großen Vaterländischen Krieg umgekommen, es gibt kaum eine Familie, die nicht Angehörige im Kampf gegen den deutschen Faschismus verloren hat, kaum eine, die vom Terror des Stalinismus verschont geblieben wäre. Erst durch die zahlreichen Begegnungen mit sowjetischen

Kriegsveteranen und Überlebenden der deutschen Lager, erst durch den Besuch von KZ-Gedenkstätten und ehemaligen Kriegsschauplätzen, von Museen und Filmarchiven in verschiedenen Sowjetrepubliken ist mir nachhaltig bewußt geworden: von Riga bis Leningrad, von Kiew bis Rostow, vom Baltikum bis Weißrußland, von der Ukraine bis zum Kaukasus, so weit die deutsche Okkupation reichte, sie hat sich als kollektives Trauma in das Gedächtnis eines ganzen Volkes eingegraben. Noch in den entferntesten Städten Zentral- und Mittelasiens, noch in den entlegensten sibirischen Provinzen haben wir Gedenkstätten und Gedenktafeln gesehen, auf denen in endlosen Kolonnen die Namen der Gefallenen und Vermißten eingraviert sind. Viele Bräuche halten das Gedächtnis an die Vergangenheit wach, so ist es zum Beispiel in vielen Sowjetrepubliken bis heute üblich, daß das Brautpaar am Hochzeitstag Blumen oder einen Kranz vor der ewigen Flamme eines Mahnmals für die Gefallenen des Großen Vaterländischen Krieges niederlegt.

Dabei verbindet sich diese Kultur der Erinnerung keineswegs mit antideutschen Ressentiments oder gar feindlichem Verhalten gegenüber Deutschen. Nie behandelte man uns als Angehörige jenes Volkes, das die Sowjetunion zweimal in diesem Jahrhundert überfallen und ihr unvorstellbare Verluste und Zerstörungen zugefügt hat. Im Gegenteil: Wo wir Ressentiments, Feindlichkeit oder mindestens reserviertes Verhalten erwarteten, wurden wir mit offenen Armen empfangen. Und keine Familie, ob in Moskau oder Sibirien, ob in der Großstadt oder auf dem Dorf, die uns ohne Geschenke entlassen hätte. Wir empfanden es als ein unverdientes Geschenk, gerade von sowjetischer Seite so viel Gastfreundschaft und Herzlichkeit zu erfahren. Wir nahmen dankbar an, ohne recht begreifen zu können.

Leningrad und die nationalsozialistische Geopolitik des Hungers

Der Besuch des Piskarjow-Friedhofs im Nordosten von Leningrad, wo die Opfer der Blockade in Massengräbern bestattet wurden, gehört nicht zum offiziellen Sightseeing-Programm für Westtouristen. Unter den Einheimischen, die dieses Totenfeld besuchen, Narzissensträuße an der ewigen Flamme niederlegen und sich schweigend in den beiden Pavillons am Eingang drängen, sieht man denn auch nur vereinzelt Ausländer, die artig ihre Kameras zücken. Ausgestellt sind Fotos und Dokumente aus Leningrads schwerster Zeit, darunter das Tagebuch der Tanja Sawischewa, ein Schulheft, in dem das Mädchen mit krakeliger Schrift die Todesdaten seiner Angehörigen notiert hat: elf Namen in drei Monaten und dann: «Sawischews sind tot. Alle sind tot. Nur Tanja ist übriggeblieben.»
Heutige Besucher des Friedhofs können sich nur schwer das Ausmaß der Entbehrungen und Qualen vorstellen, unter denen die Zivilbevölkerung während der 900 Tage dauernden Blockade zu leiden hatte. In einer Vitrine ein Stück Brot und eine kleine Petroleumlampe. Aus 125 Gramm Brot bestand die tägliche Ration für Hausfrauen, Angestellte, Alte und Kinder; eine Ration weit unter dem Existenzminimum, die für viele das Sterben nur hinauszögerte. «Wir können ihre Namen nicht aufzählen», heißt es in der Inschrift am Ehrenmal, «aber niemand ist vergessen und nichts ist vergessen.» Diese Sätze stammen von Olga Bergholz, der 1975 verstorbenen Leningrader Lyrikerin, in ihrem Land für die Gedichte berühmt, die

sie damals, während der Belagerung, zur Ermutigung der Eingeschlossenen verfaßt hatte.
In seinem Buch *Die Geopolitik des Hungers* schreibt der brasilianische Gelehrte H. de Castro, der die Organisation für Ernährung und Landwirtschaft bei der UNO leitete: «Der Plan organisierten Hungers, wie er vom Dritten Reich verwirklicht wurde, hatte eine solide wissenschaftliche Basis und klar abgesteckte Ziele. Er war eine wirksame Waffe des Krieges mit großer Vernichtungskraft, die man im breitesten Maße und mit maximaler Effektivität nutzen wollte. Genauso verfuhren die Deutschen, nachdem sie jede Sentimentalität verworfen hatten.»[2] Am 2. Mai 1941 forderte Görings «Oberste Zentralstelle für Rußland», die gesamte Wehrmacht aus Rußland zu ernähren, und nahm eiskalt in Kauf: «Hierbei werden zweifellos zig Millionen Menschen verhungern, wenn von uns das für uns Notwendige aus dem Lande herausgeholt wird.»[3] Und Alfred Rosenberg, Hitlers «Beauftragter für die zentrale Bearbeitung der Fragen des osteuropäischen Raumes», erklärte seinen Mitarbeitern zwei Tage nach dem Überfall auf die Sowjetunion: «Wir sehen durchaus nicht die Verpflichtung ein, aus den Überschußgebieten das russische Volk mitzuernähren ... Dem Russentum werden sicher schwere Jahre bevorstehen.»[4]
Der Staatssekretär im Reichsernährungsministerium, Herbert Backe, alter Parteigenosse und Agrarexperte der NSDAP, entwarf als Strategie gegenüber der sowjetischen Bevölkerung eine regelrechte Geopolitik des Hungers.[5] Nach Backes Konzept, das weitgehend realisiert wurde, sollten die Überschußgebiete des sowjetischen Südens von den Zuschußgebieten in Mittel- und Nordrußland abgeschnitten und die Ernte für die Wehrmachtsversorgung bzw. nach Mitteleuropa abgezogen werden. Geplant war, die großen Industriezentren mit ihren

Bevölkerungsmassen von der Versorgung aus dem agrarischen Inland abzuschneiden und auszuhungern, um so die für deutsche Zwecke benötigten Überschüsse zu gewinnen. Der gewünschte Nebeneffekt war die Vernichtung derjenigen «Bevölkerungselemente», die im NS-Verständnis als rassisch minderwertig und politisch besonders unzuverlässig galten: Juden, Moskowiter und die Industriearbeiterschaft. Das Ziel war eine radikale Entindustrialisierung Rußlands, um koloniales Siedlungsland für germanische Wehrbauern zu gewinnen. Die von Backe formulierten wirtschaftspolitischen Richtlinien vom 23. Mai 1941 lassen keinen Zweifel daran, daß die Aushungerung Leningrads nicht nur ein militärisches Druckmittel war, um die Stadt zur Kapitulation zu zwingen, sondern ein sehr wohl kalkuliertes Element in der nationalsozialistischen Politik gegenüber den «Zuschußgebieten des sowjetischen Nordens».

Mit der Einnahme von Schlüsselburg am 8. September 1941 unterbrach das faschistische Oberkommando die letzte Landverbindung und blockierte für 900 Tage die Stadt an der Newa. Leningrad, das zugleich unter andauerndem Artilleriebeschuß und Bombardement stand, war vom sowjetischen Staatsgebiet vollständig abgeschnitten, alle Versorgungs- und Nachschublinien waren unterbunden. Nur auf dem Luft- und Wasserweg – über den im Winter zugefrorenen Ladogasee – konnte ein Teil der Leningrader Bevölkerung evakuiert, konnten in geringem Umfang Nahrungsmittel und Heizmaterial herangeführt werden – zu wenig, um das Massensterben in der Stadt zu verhindern und die Soldaten an der Front zu ernähren. Zwischen 700 000 und 900 000 Leningrader – die Zahlenangaben schwanken – starben an Hunger, Kälte und im Bombenhagel. An der Leningrader Front kamen insgesamt anderthalb Millionen Zivilisten und Militärpersonen ums Leben. Dennoch ergab sich

die eingekesselte Stadt nicht der Übermacht der Okkupationsarmee und kapitulierte trotz der systematischen Aushungerung nicht. Sie hielt unter unsäglichen Entbehrungen und Opfern und schier übermenschlichen Anstrengungen stand, bis die Rote Armee im Sommer 1944 den Blockadering sprengte.

Der Fall Foertsch oder Die Karriere eines «Blockade»-Generals im Nachkriegsdeutschland

Friedrich Foertsch war Chef der Operationsabteilung beim Generalstab der 18. Armee (Nord) und ab 1943 Generalstabschef dieser Armee, die an der Belagerung Leningrads maßgeblich beteiligt war. Er geriet in sowjetische Gefangenschaft, nach dem Krieg wurde ihm von einem sowjetischen Gericht der Prozeß gemacht. Friedrich Foertsch wurde angeklagt:

«1. Hitlers Plan der Vernichtung Leningrads und seiner Bevölkerung, soweit die Faschisten das verwirklichen konnten, vollstreckt zu haben, 2. als Generalstabschef in unmenschlicher Weise die Bevölkerung aus den frontnahen Gebieten evakuiert und Massenvernichtungen von Ortschaften vorgenommen zu haben, 3. die alten russischen Städte Nowgorod, Pskow und Ostrow vollständig zerstört und die Massenvernichtung friedlicher Bürger betrieben, sowie im Gebiet Nowgorod alle 186 760 Kriegsgefangenen, Soldaten und Offiziere der Sowjetarmee, getötet zu haben» (*Die Neue Zeit*).[6] Das umfangreiche Beweismaterial zum «Fall Foertsch» stammt aus sowjetischen Archiven, Justizakten und zahllosen Augenzeugenberichten.

Zur geplanten Vernichtung Leningrads erklärte Foertsch vor Gericht: «Ich gebe zu, die Befehle zum Beschuß gegeben zu haben, bekenne mich aber nicht schuldig.» Er versuchte, das Tribunal glauben zu machen, nur militärische Objekte seien von der deutschen Artillerie attackiert worden. Doch natürlich wußte jeder Leningrader, wie hemmungslos gerade die Wohnviertel der Stadt beschossen worden waren. Ein Sonderkorrespondent der *Neuen Zeit* besuchte nach dem Prozeß Nowgorod, wo die 18. Armee unter der Leitung von Foertsch gehaust hatte. Er berichtete, daß «allein im Gebiet Nowgorod 6513 Einwohner erschossen, 430 erhängt, 4851 zu Tode gemartert und 166 167 verschleppt worden waren. Der materielle Schaden – allein in Nowgorod – überstieg 23 Milliarden Rubel alter Währung.»

Vor Gericht hatte Foertsch behauptet, daß die von der 18. Armee getroffenen Maßnahmen zur Evakuierung der Bevölkerung den Zweck hätten, den Menschen das Leben zu retten. Erzählungen von Überlebenden belegen, daß die «Evakuierten schwer mißhandelt wurden, schweren Entbehrungen ausgesetzt und dem Untergang preisgegeben waren. Im Bezirk Nowgorod wurden im Auftrag von Foertsch allein 96 Dörfer niedergebrannt.» Der an diesen Aktionen beteiligte Hauptmann Strüfing von der 21. Luftwaffen-Felddivision erklärte im Verhör auf die Frage: «War Ihnen befohlen, sämtliche Ortschaften niederzubrennen und die sowjetischen Einwohner zu vernichten?» – «Ja, das war befohlen worden.» – «Und wer gab den Befehl?» – Antwort Strüfings: «Die Division erhielt den Befehl aus der 18. Armee. Er trug die Unterschrift des Oberbefehlshabers der 18. Armee und von General Foertsch!»

Friedrich Foertsch wurde von dem sowjetischen Tribunal als «überführter Kriegsverbrecher» zu 25 Jahren Gefängnis verurteilt, mußte davon jedoch nur zehn Jahre absitzen. 1955 wurde er – so die *Neue Zeit* – «zusammen mit anderen deutschen Kriegsverbrechern an Westdeutschland zurückgegeben». Für seine zehnjährige Haftzeit wurde

Foertsch in der Bundesrepublik alsbald auf besondere Weise entschädigt – nämlich mit einer Bilderbuchkarriere bei Bundeswehr und NATO. Bereits 1956 wurde er Divisionskommandeur der 2. Grenadierdivision in Kassel und kurz darauf zum General ernannt. 1959 wurde er stellvertretender Stabschef für Planung und Politik im NATO-Hauptquartier, 1961 löste Foertsch den damaligen Generalinspekteur der Bundeswehr, Heusinger, ab, ebenfalls ein ‹verdienter› Nazi-General.

Solche Militärkarrieren stellten nach 1945 beileibe keine Ausnahmen dar, es existierte eine nahezu ungebrochene personelle Kontinuität in den Führungsstäben von Wehrmacht und Bundeswehr. Bereits 1957 taten 44 ehemalige Wehrmachtsgenerale und -admirale und mehr als 10 000 ehemalige Wehrmachtsoffiziere in leitender Stellung wieder Dienst in der neuen deutschen Armee. [7] Die Bundeswehrtradition ist entscheidend von ehemaligen Wehrmachtsoffizieren und -generalen geprägt worden, wofür nicht zuletzt die Tatsache spricht, daß man sich in der Bundeswehr bis heute wohl auf die «militärischen Leistungen» der Wehrmacht bezieht, nicht aber über ihre Verbrechen während des Rußlandfeldzuges diskutiert.

Ungewöhnlich und atypisch am Fall Foertsch ist lediglich, daß er so gut – wenn auch nur von sowjetischer Seite – dokumentiert ist. Die bundesrepublikanische Justiz hatte bekanntlich kein Interesse an der Verfolgung von Nazi-Kriegsverbrechern, geschweige denn von solchen, die wieder hohe Stellungen in der neuen deutschen Republik und Armee bekleideten. Öffentliche Untersuchungen solcher Fälle hätten die apologetische Legende der deutschen Kriegsteilnehmer, die Wehrmacht habe in Rußland einen «rein militärischen Krieg» geführt, wie ein Kartenhaus zusammenstürzen lassen. Selbstredend wäre auch das

Ansehen der Bundeswehr schwer beschädigt worden. So fand denn diese perfide Verzerrung der historischen Realität über lange Jahre hinweg unverstellt Eingang in viele bundesrepublikanische Geschichtsbücher. Bekanntlich trugen dazu auch höchste politische Amts- und Würdenträger der Bundesrepublik aktiv bei, so zum Beispiel der immer wieder über seine Fronterlebnisse schwadronierende CDU-Fraktionsvorsitzende Alfred Dregger oder in jüngster Zeit der FDP-Exvorsitzende Erich Mende.

Mechanismen der Verdrängung: Die Erblast von 1941

Rady Fish kam 1988 mit seiner Frau zum Gegenbesuch in die Bundesrepublik. Sechs Wochen lang bereisten wir das Land. Der ehemalige Leutnant der Roten Armee war besonders an Begegnungen mit deutschen Kriegsveteranen interessiert, die am «Unternehmen Barbarossa» teilgenommen hatten. Er wollte wissen, was sie während des Ostfeldzuges erlebt hatten und wie sie heute über die Sowjetunion dachten.

Ein roter Faden zog sich durch seine zahlreichen Gespräche mit Bundesbürgern der verschiedenen Alters- und Berufsgruppen. Rady Fish faßte seine Erfahrungen wie folgt zusammen: «Über die Verbrechen des Stalinismus ist man bei euch sehr gut informiert. Aber die Verbrechen, die die deutschen Armeen in der Sowjetunion verübt haben, scheinen für die meisten Bundesbürger, die älteren wie die jüngeren, eine Art ‹terra incognita› zu sein. Wie kommt es, daß sie ein halbes Jahrhundert seit Kriegsende noch immer nicht wissen, was unter deutscher Besatzung in der Sowjetunion passiert ist?» Diese Frage meines Freundes beschäftigte auch mich immer wieder. Während unserer Reise fiel uns auf, daß nahezu alle Spuren, die an die sowjetischen Opfer des deutschen Ver-

nichtungsfeldzuges im Osten erinnern, aus dem Alltag, dem politischen und kulturellen Leben dieser Republik getilgt worden sind. Zwar gehören Debatten und Kontroversen über die deutsche Vergangenheit zum – schon fast rituellen – Szenario von Gedenktagen und sorgen in den Medien periodisch für Skandale: so die Auseinandersetzung um den 40. Jahrestag des 8. Mai, um den Besuch von Ronald Reagan auf dem Soldatenfriedhof in Bitburg, um Faßbinders Frankfurt-Stück und die Thesen der «neuen Historiker». Diese Debatten allerdings konzentrieren sich auf den nationalsozialistischen Völkermord an den Juden. Über den Völkermord jedoch, der im Zuge des «Unternehmens Barbarossa» an Millionen sowjetischen Zivilisten, kommunistischen Funktionären und Kriegsgefangenen verübt worden ist, über die NS-Geopolitik des Hungers, die «verbrannten Dörfer», die Blockade Leningrads, die jeden dritten Einwohner der Stadt das Leben kostete, wird kaum gesprochen. Anläßlich des Medienspektakels zum 50. Jahrestag des Überfalls kam es mit peinlicher Verspätung zu ersten offiziellen Bekundungen von Trauer über die Verbrechen, die in den okkupierten Gebieten begangen worden sind. Wie schwer sich die politischen Amts- und Würdenträger mit der Einübung solcher Gesten tun, hat sich an ihrem Umgang mit den Überlebenden des Holocaust und dem Staat Israel gezeigt, denen gegenüber es inzwischen eine gewisse Selbstverständlichkeit hat, Scham zum Ausdruck zu bringen. Kein deutsches Staatsoberhaupt ist je auf die Idee gekommen, vor dem Mahnmal für die Opfer der Blockade Leningrads so etwas Symbolträchtiges wie einen Kniefall zu zelebrieren, auch wenn sich inzwischen die Außenminister beider Länder über dem Grab des gefallenen Bruders öffentlichkeitswirksam die Hände reichten.

Die meisten Bundesbürger gehen noch heute von der fundamental falschen Vorstellung aus, die über 20 Millionen Toten des Weltkrieges auf sowjetischer Seite seien «Opfer normaler Kriegshandlungen». Mindestens zehn Millionen Sowjetbürger sind zwischen 1941 und 1945 *außerhalb* der eigentlichen Kampf- und Kriegshandlungen zu Tode gekommen, darunter zwei Millionen sowjetische Juden und 3,3 Millionen sowjetische Kriegsgefangene. Die deutschen Kriegsgefangenenlager mit einer durchschnittlichen Sterbequote von fast 60 Prozent (im ersten Kriegswinter 1941/42 lag sie sogar zwischen 70 und 80 Prozent) waren Todes- und Vernichtungslager. Mehrere Zehntausend zivile kommunistische Funktionäre sind im Zuge des «Kommissarbefehls» und des «Kriegsgerichtsbarkeitserlasses» liquidiert worden. Hunderttausende von Sowjetbürgern wurden als «Freischärler», «Partisanenverdächtige», «Saboteure» und als Geiseln erschossen oder bei kollektiven Vergeltungsmaßnahmen umgebracht. Allein in Belorußland sind 628 Dörfer von deutschen Strafkommandos ausgelöscht worden. Die Dorfbewohner wurden oft in Schulen, Scheunen, Kirchen und Kasernen getrieben und verbrannt. Jeder vierte Belorusse ist während der deutschen Okkupation getötet worden, verhungert oder im Kampf gegen die deutschen Faschisten gefallen. Die Politik der «verbrannten Dörfer» gegen die sowjetische Zivilbevölkerung war Teil einer Gesamtstrategie, die in Auschwitz kulminierte.

Dennoch wird der Begriff des nationalsozialistischen Genozids vornehmlich, wenn nicht sogar ausschließlich auf die Vernichtung der Juden, allenfalls noch auf die der Sinti und Roma bezogen. Ich halte dies für eine folgenschwere Verengung, die Resultat einer jahrzehntelangen, parteien- und generationsübergreifenden Verdrängung ist.[8] Über die sowjetischen Opfer des deutschen Vernichtungsfeldzuges im Osten gibt es bei uns erbärmlich wenig Literatur und Filme.

Zwar bemühen sich mittlerweile engagierte Historiker um eine Auseinandersetzung mit diesem Thema, doch ist bis zum heutigen Tag eine breite Erinnerungsarbeit über diesen Teil der deutschen Vergangenheit ausgeblieben. An diesem Befund ändern auch wohlmeinende Aktivitäten der westdeutschen Friedensbewegung, die «Blumen für Stukenbrock», letztlich wenig.

Jahrzehntelang war die Haltung der westdeutschen Bevölkerung gegenüber der Sowjetunion mehrheitlich von einem haßerfüllten Antisowjetismus und einer panischen Russenangst bestimmt. Diese Einstellung gründete zwar auch auf realen Erfahrungen bei Kriegsende, vor allem auf den brutalen Vergeltungsakten von Rotarmisten bei der Eroberung Ostdeutschlands und auf der traumatischen Erfahrung von Flucht und Vertreibung. Dennoch war die sprichwörtliche deutsche Angst vor den Russen in erster Linie irrationaler, sogar pathogener Natur. Sie entsprang einer kollektiven Projektion: man unterstellte den Russen gerade das, was man ihnen selbst angetan hatte. Der Hamburger Psychoanalytiker Carl Nedelmann hat dies sehr klar diagnostiziert: «Vom kollektiven Verhalten benehmen wir uns so, als wären nicht wir es gewesen, die die Sowjetunion überfallen, an den Rand einer Niederlage und mit unsäglichem Leid überzogen haben. Die Schuld haben wir nicht auf uns genommen, sondern verdrängt, abgespalten, verschoben und projiziert. Dieser Abwehrvorgang wurde durch die Erinnerung an das Leid, das die Russen uns angetan haben, gebahnt und verfestigt. Immer noch trauen wir den Russen zu, was sie uns angetan haben, aber unbewußt bürden wir ihnen zusätzlich in projektiver Verkehrung auf, was wir ihnen angetan haben.»[9]

Der virulente Antisowjetismus, den die Nachkriegsdeutschen nahezu bruchlos von den Nazis und den amerikanischen Siegern übernommen hatten, diente vor allem der

Abwehr und Verleugnung der eigenen Schuld. Der Kalte Krieg hat über Jahrzehnte, im Grunde bis zum heutigen Tage verhindert, daß die von deutschen Heeren auf sowjetischem Boden angerichteten ungeheuerlichen Zerstörungen wahrgenommen werden: 15 sowjetische Großstädte, 1710 Kleinstädte und 70 000 Dörfer waren ganz oder teilweise verwüstet, ein Drittel der bebaubaren Fläche in Ödland verwandelt und fast die Hälfte des sowjetischen Industriepotentials vernichtet worden. John F. Kennedy verglich 1963 das Ausmaß der Verwüstung mit «einer Zerstörung Amerikas östlich von Chicago». Um das alte Feindbild wieder aufrichten und funktionsfähig halten zu können, mußte die Erinnerung an das, was man selbst dem Feind zugefügt hatte, gelöscht werden.

Ein weiterer Aspekt, der bei der Verdrängung der «Last von 1941» eine wichtige Rolle spielte, hängt – so der Historiker Wolfram Wette – «mit dem Eingeständnis deutscher Schuld am Massenmord an den europäischen Juden zusammen. Dieser Prozeß setzte gleich nach der Kapitulation ein, als die Siegermächte mit Filmvorführungen über die Massentötungen informierten. Auschwitz wurde als ‹unfaßbares Verbrechen› von allen Deutschen eingestanden (‹Kollektivscham›) – der Krieg gegen die Sowjetunion und die damit verbundene Schuld wurde deshalb um so rascher und gründlicher verdrängt.»[10]

Da nach dem Bekanntwerden des Völkermords an den Juden der Antisemitismus als offizielle Ideologie desavouiert war, hielt man in den Westzonen und der späteren Bundesrepublik um so hartnäckiger an den «Sowjets» und «Kommunisten» als nationalen Sündenböcken fest. Ihnen wurde nach bewährtem Muster die Schuld für nahezu alles aufgebürdet, was die Nachkriegsdeutschen bedrückte und was man «den Juden» nun nicht mehr anlasten konnte. Auf das

Schuldkonto der «bösen Sowjets und Kommunisten» wurde nicht nur der Verlust der Ostgebiete, sondern auch die deutsche Teilung abgebucht. Die dagegenstehenden historischen Tatsachen vermochten die Selbstgewißheit, mit der die westdeutsche Nachkriegsgesellschaft kollektiv dieser Schuldprojektion anhing, nicht zu erschüttern.

Die Teilung Deutschlands war nicht nur mit einer überaus disproportionalen Verteilung der gesamten deutschen Kriegsschulden und der Wiedergutmachungszahlungen zu Lasten der DDR verbunden. Zugleich stellte sich auch eine Teilung des deutschen Schuldbewußtseins ein: Während die DDR, stellvertretend für Gesamtdeutschland, die Kriegsschuld gegenüber der Sowjetunion und den osteuropäischen Staaten sowohl im materiellen als auch im moralischen Sinne übernehmen mußte, sah sich der bundesrepublikanische Staat in der alleinigen Schuld Israels. Die Bundesrepublik fühlte sich nicht verpflichtet, auch den sowjetischen Opfern der deutschen Vernichtungsfeldzüge, etwa den 9 Millionen Ostarbeitern, eine Wiedergutmachung zu gewähren. Ex negativo beweist man damit gleichsam, gegenüber der Sowjetunion schuldlos zu sein, nach dem Motto: Wer nicht zahlt und nicht zahlen muß, ist auch nichts schuldig geblieben. Erst 1991 wurde die Frage der Entschädigung von sowjetischen Zwangsarbeitern zum Gegenstand von Verhandlungen zwischen der sowjetischen und der Bundesregierung.

Die Aufspaltung des deutschen Schuldbewußtseins trägt Züge einer kollektiven psychischen Überlebensstrategie. Die Schuld an der Ermordung von sechs Millionen Juden einzugestehen fiel den Deutschen schon schwer genug, die deutsche Kriegsgeneration hätte es wohl kaum mehr verkraftet, sich auch noch zu diesen an Russen und Slawen verübten Jahrhundertverbrechen zu bekennen. Unter der Last dieser historischen

Doppelschuld hätte die westdeutsche Nachkriegsgesellschaft wohl einen depressiven Zusammenbruch erlitten. Der kollektive Kraftakt jener heroisierten Wiederaufbauleistung jedenfalls, mit der die Scham- und Schuldgefühle beiseite gedrängt und kompensiert wurde, wäre dann wohl schwerlich gelungen.

Wider die deutsche «Schlußstrich»-Mentalität

Infolge der Demokratisierungsprozesse in Osteuropa und dank Gorbatschows Abrüstungsinitiativen fühlen sich 90 Prozent der Deutschen heute von der Sowjetunion nicht mehr bedroht. Die Ost-West-Konfrontation scheint überwunden, die Nachkriegsgeschichte beendet zu sein. So erfreulich der Abbau der alten Feindbilder auch ist, ging dieser hierzulande jedoch nicht mit einer breiten öffentlichen Rückbesinnung auf jenes kriminelle Ereignis einher, als das der deutsche Überfall auf die Sowjetunion bewertet werden muß. Geschweige denn, daß eine verspätete Trauerarbeit eingesetzt und man dem nationalen Martyrium die adäquate Anteilnahme gezollt hätte, dessen Beginn sich für die älteren Sowjetbürger mit dem 22. Juni 1941 verbindet.

Nicht wenige Anzeichen deuten darauf hin, daß die lang eingeübte «Entsorgung der deutschen Vergangenheit», die Ende der achtziger Jahre von «Bitburg» und der «Historiker-Debatte» forciert wurde, mit der Herstellung der Einheit und der vollen Souveränität Deutschlands erneuten Auf-

wind erhielt, zumal Rücksichten auf die Siegermächte des Zweiten Weltkriegs nun kaum mehr genommen werden müssen. Vor einem übereilten «Schlußstrich» muß indessen gewarnt werden in einem «einig Vaterland», in dem die «Identifizierung mit dem erweiterten DM-Imperium» auch die Disposition für einen neuen Nationalismus erzeugt, wenn man Jürgen Habermas' Diagnose glauben darf.[11] Jedenfalls gibt es schon etliche Mitbürger, die meinen, weil «wir» die erste Wirtschaftsmacht Europas sind, seien wir auch schon die «erste Nation» des Alten Kontinents.

Nicht wenige Deutsche arbeiten derzeit mit Eifer daran, die «Gnade der späten Geburt» in der «Gnade des deutschen Neuanfangs» aufgehen zu lassen und die vielbeschworene deutsch-deutsche Verantwortungsgemeinschaft in eine deutsch-deutsche Reinwaschungs-GmbH (mit beschränkter Haftung) umzuwandeln. Es kann jedoch nicht ernsthaft darum gehen, die Deutschen mit ihrer unseligen Vergangenheit versöhnen zu wollen, wie Historiker des neokonservativen Lagers dies tun, sondern nur darum, die ehemaligen Kriegsgegner dauerhaft miteinander zu versöhnen. Voraussetzung dafür ist die schonungslose Offenlegung der ganzen Wahrheit über den deutschen Vernichtungsfeldzug im Osten. Denn eine Versöhnung, die auf Verdrängung basiert, kann bekanntlich nicht gelingen, und ihr wäre auch nicht zu trauen, hat doch das Verdrängte, wie wir von Freud wissen, die verhängnisvolle Tendenz, in neuem (etwa im «republikanischen») Gewande wiederzukehren.

**Leningrad, Ende Dezember 1945,
Wyborger Kulturpalast.
Deutsche Wehrmachtsoffiziere werden
in einem Schauprozeß wegen Verbrechen
an der Zivilbevölkerung angeklagt.**

Folgende Doppelseite:
**Leningrad, Kalinin-Platz, 7. Februar 1946.
Öffentliche Vollstreckung des Urteils.
Das Leningrader Kriegsgericht hatte die An-
geklagten der Ermordung von Zivilisten für
schuldig befunden. Fabrikbeleg-
schaften nahmen geschlossen an der
Hinrichtung teil. Dazu kamen Schaulustige.**

Ales Adamowitsch

SCHWEIGEN, HEROISMUS UND WIDERSTAND.
WIE DAS «BLOCKADEBUCH» ENTSTAND

Das Buch über die Leningrader Blockade hat sich ganz von selbst ergeben.

Eine Mutter meldet bis zum Monatsende nicht den Tod ihres Kindes (Brotkarten!), um ihre übrigen Kinder vor dem nahen Tod zu bewahren, und versteckt den gefrorenen Leichnam im Schrank.

Eine Sammelstelle für Waisenkinder, die von Sozialabteilungen aus grausig stillen Häusern geholt wurden. Ein Junge wird gebracht, die Sanitäterin, eine gute Seele, küßt das hungrige, weinende Kind. Dann sieht sie sich um – sämtliche Kinder haben sich in einer Reihe aufgestellt, um auch einen Kuß zu bekommen.

Ich habe viel über die Leningrader Blokkade gelesen, aber wie sich der Mensch dort fühlte, habe ich mit dem Herzen erst erfaßt, nachdem ich diese einfachen Geschichten von Galina Gorezkaja gehört hatte.

Ich erzählte sie auf einer Sitzung in Moskau, einberufen vom damaligen Vorsitzenden des Büros für Publizistik, Konstantin Simonow (das muß 1971 oder 1972 gewesen sein). Ich erzählte sie, als ich über das Buch *Ich aus dem brennenden Dorf* sprach, das wir Weißrussen vorbereiteten, und um zu erfahren, ob die Leningrader etwas Ähnliches vorhatten. Das steht ja nebeneinander, die Tragödie des Dorfes und die der Stadt im modernen totalen Krieg.

Aber es war nicht davon die Rede, daß jemand aus Leningrad sich der Sache angenommen hätte.

Erst später wagte ich, daran zu denken, selber ein Buch über die Leningrader zu machen, ähnlich unserem *Brennenden Dorf*. Natürlich nur zusammen mit jemandem aus Leningrad. Neben Fjodor Abramow, den ich schon seit 1950 kannte, stand mir Daniil Granin am nächsten. Granin wollte mir zunächst nur dabei helfen, geeignete Mitautoren zu finden.

Wir trafen uns in Granins Wohnung, außer ihm und mir noch drei weitere Gäste. Der Hausherr drückte auf die Taste des Tonbandgeräts, wie um die Wichtigkeit des «historischen Moments» zu unterstreichen.

«So, Alexander Michailowitsch, legen Sie Ihre Idee dar.»

«Haben Sie die Bücher über die Blockade gelesen?» wurde ich streng und mißtrauisch gefragt. «Oder wissen Sie wenigstens, wie viele es gibt, auch Dokumentarbände? Nicht Dutzende, sondern Hunderte!»

Ich sah mich von der Seite, mit den Augen der beiden Leningrader Journalisten: Dieser Kauz (wenn nicht schlimmer) kommt in einen fremden Hof gelaufen, dessen Bewohner hier von klein auf leben, und maßt sich an, ihnen zu zeigen, was bei ihnen wo vergraben ist.

Wie viele Bücher, auch gute, sind schon geschrieben, und dieser Mann kommt daher und will etwas Neues entdecken, als hätte noch nie ein Schriftsteller seinen Fuß dorthin gesetzt!

Sie hatten auf ihre Art recht, es war mir wohl nicht gelungen, sie zu überzeugen, daß dieses Buch – obwohl es wirklich schon viele gab – keine Wiederholung oder Ergänzung sein würde, sondern etwas völlig anderes. Nicht wegen meiner Genialität, sondern weil ich mit dem Allereinfachsten anfangen und das Allereinfachste machen wollte: die Blokkade selbst in ihrer eigenen Stimme sich aussprechen, ausschreien, ausweinen lassen.

Schließlich entschied sich Daniil Granin

mitzumachen. Wir fuhren los, um die erste Geschichte einer Blockadeteilnehmerin aufzuschreiben. Das war am 5. April 1975. Daran erinnere ich mich noch genau. Aus Erfahrung wußte ich freilich, daß man sich in Geduld fassen mußte, daß erst aus zehn bis zwölf Erinnerungen eine erschütternde Geschichte entstand. Doch ich wollte gleich auf Anhieb eine solche hören und aufschreiben.

Das Wunder blieb leider aus. Und wirklich, erst die zehnte oder elfte Leningraderin erzählte uns etwas, was sogleich die Wahrheit, die unbedingte Aufrichtigkeit, die Tragik erkennen ließ, aus der sich ein Buch machen läßt. Es war die Geschichte von M. Dmitrijewa, der ehemaligen Kommandeurin einer «Selbstschutzgruppe» der Wohnungsgenossenschaft.

Ich will nicht ausführlich erzählen, wie wir Adressen und Telefonnummern von Blockadeteilnehmern heraussuchten, wie wir Fragen stellten, auf Tonband aufzeichneten. Von einem zum anderen, von einer Wohnung an einem Ende der großen Stadt zu einer Wohnung am anderen Ende. In der endlosen Bassejnaja-Straße, als ich das Haus eines Blockadeteilnehmers nicht fand, sah ich mich plötzlich von der Seite, wie ich mit meinem Tonbandgerät im abendlichen «Petersburger» Nebel stand, und ich hörte ein blödes Lachen: «Wozu bist du hier? Warum gerade du? Wer braucht das?»

Ein Ende der Arbeit war nicht abzusehen, und würde sie überhaupt ein Resultat haben? Immer deutlicher erkannten wir die erschreckende Unmöglichkeit, aus dem, was wir auf Band hatten und was unsere Schreiberin Sofja Sergejewna Lokschina aufs Papier übertrug, etwas Zusammenhängendes zu gestalten (unsere selbstlose Helferin, die selbst durch die Blockade gegangen war, starb, bevor das Buch fertig war).

Je mehr Erinnerungen aufgezeichnet waren, je mehr Tagebücher wir in Händen hatten, desto stärker wurde das Empfinden, daß wir von unserem Ziel weiter entfernt waren als am Anfang, im April 1975. Erinnerungen von 50 und 100 Seiten, Hunderte von Geschichten, das war ein ganzer Berg, aber wie sollten wir daraus etwas machen, was man zur Hand nehmen und lesen konnte? Uns quälte der Wunsch, die Arbeit fertigzustellen, um möglichst schnell davon loszukommen. Zu diesem Zeitpunkt war ich wohl bereit, dem mir verhaßten Schwätzer Zarathustra zuzustimmen: Blickst du in einen Abgrund, blickt er dir ebenfalls in die Seele!

Und ein Abgrund hatte sich vor uns aufgetan – der Massenhunger während der Blockade in seiner erbarmungslosen Realität und Wahrheit.

Es ist bitter und beleidigend, wenn man manchmal zu hören bekommt: «Ha, die Blockadeteilnehmer. Denen muß es doch gutgegangen sein, wenn sie heute noch leben. Die wirklichen Blockadeteilnehmer liegen doch längst auf dem Piskarjow-Friedhof.»

«Blockadeteilnehmer, was ist das? Dieses Wort gibt es nicht mehr. Es gibt die Wortverbindung ‹Menschen, die die Blockade überlebt haben›.»

«Dank sei den Menschen, die Ihnen von der Blockade erzählt haben, Dank Ihnen, daß Sie an die Blockadeteilnehmer erinnern wollen» (aus einem Brief von Olga Kowaljowa).

Wenn das Ohr, wenn das Bewußtsein ständig auf eine Wellenlänge geschaltet ist, erkennt man den Blockadeteilnehmer auch fern von Leningrad. Viele von ihnen lernte ich im Zug von Minsk nach Leningrad kennen, der in den Jahren 1975–1981 mein zweites Zuhause wurde.

Eine alte Frau in Minsk war ständig damit beschäftigt, streunende Katzen, Hunde oder auch Tauben in Straßen und Höfen zu füttern. Daran ist nichts Ungewöhnliches, doch ein überraschender Satz von ihr preßte

mir das Herz zusammen: «Ich kann niemanden hungern sehen, ich war in Leningrad.»

Sie hatte die Blockade miterlebt, das
prägt fürs ganze Leben.

Je mehr Material sich anhäufte, desto
mehr fehlte. Es war zuviel, um es zu druk-
ken, und zuwenig, um das Wesentliche auf-
zudecken.

Wozu wir die Erinnerungen an die Blokkade sammelten, wußten wir. Nämlich um
die Wahrheit des Volkes über die tragischen
und heroischen 900 Tage von Leningrad, die
ganze Wahrheit über den Krieg vor dem Vergessen zu bewahren. Um die Erinnerung an
den unerträglichen Blockadehunger, an die
Qualen, die Verluste und das Heldentum der
Menschen, die die Zivilisation vor der
faschistischen Barbarei retteten, hinauszu-
schreien. Und um ein übriges Mal den Krieg
zu verfluchen, diese «eiserne Bestie», wie der
weißrussische Klassiker Kusma Tschorny
sagte, die den Menschen seit Jahrhunderten,
Jahrtausenden keine Ruhe läßt.

Alles richtig, aber auch unser Genre verlangte wie jedes Werk eine übergeordnete
Idee, eine Zielvorstellung. Es darf dem Material nicht aufgepfropft oder angehängt werden, sondern muß sich organisch aus ihm
erschließen.

Wir suchten lange, bis es sich wirklich
erschloß: Ja, das meinen wir! Das kam nicht
auf einmal. Wir stritten uns darüber, wie der
einfache Leningrader ein so stolzes und
schwieriges soldatisches und menschliches
Dasein durchhalten konnte. Die Leningrader
starben, aber sie starben mit einer besonderen Würde, die nur einer nicht zu schätzen
weiß, der nicht das ganze Ausmaß und den
Abgrund der ihnen auferlegten Prüfungen
nachzufühlen versteht.

Die faschistischen Führer rechneten darauf, daß «Leningrad sich selbst auffrißt»,
das schrien und schrieben sie, weil ihre Panzer nicht weiterkamen, aber der Hunger
schon Einzug gehalten hatte in Leningrad.

Und mit dem Hunger das, was nach ihren
Berechnungen die Leningrader in willenlose,
völlig gleichgültige Wesen verwandeln sollte.
«Der Hunger ist unser Verbündeter!» froh-
lockten sie, und sie warteten rachsüchtig
darauf, daß in der Stadt alles zusammenbrach, weil die Menschen es nicht mehr aus-
hielten.

Die Disziplin, die Organisiertheit stützte
sogar die Schwachen und motivierte die Starken noch mehr für den Kampf bis zum Sieg
– das galt es festzuhalten. Diejenigen aber,
die Leningrad mit der Blockade erwürgen
wollten, erkannten das erst später, als sie
selbst vor der Abrechnung in die eigene
Hauptstadt fliehen mußten.

Und dann ergingen Instruktionen und
Befehle an die Berliner: wie sie sich zu organisieren hätten, um «ebenfalls durchzuhalten» – das Rundschreiben Hitlers und
Himmlers Nr. 40/10. Eifrig erinnerten sie an
die «Erfahrungen der Leningrader» und
zählten die notwendigen Maßnahmen auf,
um die Bevölkerung zum Kampf bis zum
letzten Atemzug zu mobilisieren.

Sie hatten es nicht vergessen: «Der Haß
der Bevölkerung (in Leningrad) war die
wichtigste Triebkraft für die Verteidigung.»
Ja, die Faschisten hatten gründlich dafür
gesorgt, daß ihnen Haß entgegenschlug – in
Europa und in der ganzen Welt! Doch nicht
allein vom Haß nährte sich der «Geist der
Leningrader».

Je mehr wir den Leningradern zuhörten,
Dokumente studierten und Tagebücher
lasen, desto deutlicher zeigte sich uns eine
Hauptstütze des «Geistes der Leningrader».

Leningrad ist eine der wichtigsten Kultur-
städte der Welt, wer wüßte das nicht. Es ist
eine Stadt der Intelligenz, was die kulturellen
Traditionen angeht, die zahlreichen Museen,
Bibliotheken, wissenschaftlichen Einrichtungen und vor allem die Kultur der Einwohner
selbst, ihre Beziehungen untereinander und
zu den Besuchern der Stadt – auch das ist

längst allgemein anerkannt. Die Arbeiterklasse der Stadt Lenins war schon immer berühmt für ihre technische, aber auch allgemeine Kultur.

All das stimmt, und es hat, wie sich herausstellte, nicht nur unmittelbar mit der legendären Standhaftigkeit der Leningrader während der Blockade zu tun, sondern es erklärt auch viele konkrete Situationen und Schicksale, die wir bei der Arbeit am Blockadebuch kennenlernten. Zum Beispiel die «täglichen Aufzeichnungen» des Blockadeteilnehmers Georgi Knjasjew oder das Tagebuch von Juri Rjabinkin: Sehr genau dokumentieren sie, wie der Mensch allmählich den Zustand erreicht, in dem der Hunger imstande ist, die Kräfte und den Willen, das Gewissen und auch den Widerstand gegen den Tod zu zerstören, «aufzufressen». Die physischen, biologischen Kalorien reichen nicht aus, um zu überleben, und erst recht nicht, um der Mensch zu bleiben, der man immer war. Gleichwohl hält etwas den Menschen, läßt nicht zu, daß er die Linie überschreitet, wo alles zerfällt, wo die «moralische Dystrophie» einsetzt. Und dieses Etwas ist vielleicht das, was die Faschisten nicht berücksichtigt haben, obwohl sie alles übrige recht genau berechnet hatten: Wie lange hält eine Bevölkerung von vier Millionen bei grimmigem Frost durch, wenn es in der Stadt keine nennenswerten Vorräte an Lebensmitteln und Brennstoff gibt, wenn die Kanalisation nicht funktioniert und kein Wasser da ist.

Das Leningrad der Blockade hat der Welt vieles deutlich gemacht: die Unmenschlichkeit des Faschismus, der den Hunger zu seinem Verbündeten wählte, ebenso den Terror gegen die friedliche Bevölkerung, aber auch was ein Volk durchzustehen vermag, wenn es um Leben und Tod der Heimat geht, die für eine menschliche Zukunft kämpft.

Was sich uns, den Autoren des Blockadebuchs, nach langer Arbeit auftat, was Leningrad uns zeigte und was wir mit unserem Buch auch sagen wollten, ist der Gedanke, die Überzeugung, daß die innere Kultur die Kraft und nicht die Schwäche der Menschen ist. Die Arbeit des Verstandes, des Geistes rettete zum Beispiel Knjasjew, und die Kraft, die Arbeit der Liebe half Lidia Ochapkina (und nicht nur ihr) zu überleben und ihre Kinder zu retten, als ihnen nichts anderes mehr helfen konnte.

Also, das Ziel des Buches, das wir brauchten, damit nicht nur ein Denkmal der Vergangenheit, sondern auch ein lebendiger Kontakt zur Gegenwart entstand, die zentrale Idee des Blockadebuches formulierten wir so: Die innere Kultur ist die Stärke, nicht die Schwäche des Menschen.

Ich erinnere mich an einen Tag… Damals fuhr ich immer wieder nach Leningrad, im Sommer und im Winter, im Herbst und im Frühjahr, und ich kannte bereits Hunderte Einwohner der Stadt, die einander nie gesehen hatten. Daniil Granin führte mich, zeigte mir Stellen und Winkel der Stadt, die nicht nur mit dem Leben Dostojewskis, Puschkins, Lermontows zu tun hatten, sondern auch mit dem Schicksal ihrer Helden. Ich kenne sogar den Stein, unter dem Rodion Raskolnikow das Geld und die Sachen der ermordeten Greisin versteckte. Damals hatte ich schon eigene Erinnerungen an mein Leben in dieser Stadt. Doch noch immer hatte ich nicht das Gefühl, angenommen zu sein von dieser Stadt und den Millionen, die sie liebten. Liebten als etwas Einzigartiges und Unwiederholbares auf der Welt und zugleich wußten, daß sie selber der Stadt gehörten.

Und dann der Tag, der Moment, der alles änderte (natürlich spielte sich das in mir selbst ab, doch mir schien, die Stadt hätte mich angesehen und mich entdeckt, ich hörte sogar ihre Stimme, die als freudiges Echo in mir widerhallte). Das war 1978. Wir hatten schon die ersten Kapitel des Blockadebuchs veröffentlicht. Hunderte von Blockadeteilnehmern, die wir nicht gefunden hatten, erreichten uns jetzt über die Zeitschrift «Nowy Mir», um etwas hinzuzufügen oder einfach Daniil Granin und seinem «Mitautor aus Weißrußland» freundlich zu danken. Im Frühjahr fuhr ich wieder nach Leningrad, wohnte in der Krasnoputilowskaja und kam wie gewöhnlich auf meinem Weg zur Metro am Denkmal für die Leningrader Blockade vorbei. An diesem Tag war auch das Denkmal anders als früher, es schien sich in der Frühlingsluft zu bewegen, lebendig zu werden: die unrealistisch langgestreckten dünnen Gestalten der Frauen, Soldaten, Arbeiter, Kinder – ich nahm sie sozusagen mit dem Bewußtsein eines Blockadeteilnehmers wahr. Ich fuhr zum Newski und ging die gewundene Moika entlang, gelangte dann über die bucklige Brücke vor dem Puschkinhaus zum Winterpalais, der Eremitage, überquerte die Schloßbrücke zum anderen Newa-Ufer, wo die Universität ist und das Archiv der Akademie der Wissenschaften, und hier begann ich meine Schritte zu zählen. Wie weit ist es vom Archiv bis zu dem Haus voller schwarzer Gedenktafeln, in dem Knjasjew lebte und wohin er mit seinem Rollstuhl fuhr?

Wir hatten schon sein Tagebuch. Da waren die Sphinxe direkt an der Newa, die im Tagebuch des Archivdirektors immer lebendiger wurden, beinahe seine wichtigsten Gesprächspartner waren, als das Leben ringsum nicht einfach abstarb, sondern ausstarb. Jenseits der breiten Newa erhob sich die mächtige Kuppel des Senats. Und nach einem Beschuß hatte Knjasjew den Eindruck, das sei ein gespaltener Schädel.

Als ich über die Schloßbrücke zurückging, stand die Sonne schon über dem Finnischen Meerbusen und verschwand, wie es sich in Leningrad gehört, in Schlechtwetterwolken. Aus den zerfetzten Wolken mit ihren blauen und roten Rändern brachen die letzten Strahlen und entflammten die Fenster der Häuser längs des Ufers. Vor der Eremitage waren ungewöhnlich wenig Menschen, und die Brücke war leer, obwohl es noch nicht Abend war. Hier spürte ich den bewußten Moment – und begriff, daß ich in dieser Stadt kein Fremder mehr war. Sie blickte gewissermaßen zu mir herüber und sagte: «Wenn's so ist, na gut.»

«Moskau hält sich, Leningrad gibt nicht auf!» Wie wichtig war es, das in den Wäldern Weißrußlands zu hören. Für uns war wichtig, daß Leningrad nicht einfach unerschütterlich stand, sondern daß es die Kräfte und das Selbstvertrauen des Feindes wertlos machte. Wir konnten damals nicht wissen, um welchen Preis und mit was für Anstrengungen das geschah. Wichtig war, daß die Stadt sich hielt, nachdem wir mit eigenen Augen den niederschmetternden Anfang des deutschen Marsches nach Osten gesehen hatten. Leningrad hatte diesen Marsch zum Stehen gebracht und auf die Grenzen der deutschen Macht hingewiesen. Diese Grenze war markiert durch die Niederlage der deutschen Armee vor Moskau. Die Stadt an der Newa hatte die Ohnmacht des Feindes demonstriert, diese sich über Jahre hinziehende, für Hitler grauenhafte Ohnmacht, keinen Schritt vorwärtszukommen.

Damals wußten wir nicht, vor wem wir uns dankbar verneigen sollten für diese Standhaftigkeit der Leningrader, die uns aus der weißrussischen Ferne eisern erschien. Die Mitarbeit des weißrussischen Autors am Blockadebuch soll solch eine Verneigung sein, wenngleich verspätet.

1982

Übersetzung: Renate Landa

Peter Brasch
FLUT DER BILDER

1

August 1985. Ich sitze im zwanzigsten Stockwerk des Hotels «Pribaltiskaja». Das Hotel,
ein riesiger Klotz aus Beton, liegt am Finnischen Meerbusen. Es ist gigantisch wie der
freie Platz, der es umgibt und bis ans Wasser
reicht. Die Szenerie ist eher für Truppenauf-
märsche geeignet, jedenfalls kaum dazu
angetan, dem Besucher die Beschaulichkeit
des offenen Meeres näherzubringen.

Es sind die letzten Tage, in denen man noch
einen Eindruck von den weißen Nächten
bekommt. Eine kleine Sonne schleicht im
Westen am Horizont entlang. Schwül liegt
die Luft über dem gigantischen Platz. Das
Wasser des Finnischen Meerbusens glitzert
wie gefroren. Eine seltsame Starrkälte.

Ich gehe über den Platz, unten am Meer ver-
rostete Schiffswrackteile, eingerammt in den
Schlick, den Sand. Ein Bild wie die Ewigkeit.
Vier Menschen stehen am Ufer mit aufge-
krempelten Hosen oder geschürzten Röcken
und starren aufs Wasser hinaus. Im Rücken
die Rudimente der Vergangenheit, den schon
wieder verrottenden Beton von wild in die
Landschaft gesetzten Neubauten. Schwimmen will hier offensichtlich keiner, und als
ich es tue, ernte ich verständnislose Blicke.
Als verletze ich ein uraltes Tabu.

Hier ist die Zeit im wahrsten Sinn des Wor-
tes stehengeblieben, hat die Zeit etwas in
Starre gebannt, das schon über vierzig Jahre
zurückliegt. Caspar David Friedrich fällt mir
ein. Viel zu freundlich für diesen im doppel-
ten Sinn ‹gebannten› Zustand.

2

Wir haben in der Schule gehört von der
Blockade Leningrads, man schwelgte in
heroischen Tönen über den heldenhaften
Kampf der Leningrader Bürger während der
Belagerung. Fotos von bis an die Nase ver-
mummten alten Leuten und Kindern in
Geschichtsbüchern, Kommentare, die die
übermenschliche Aufopferung der Leningrader Bürger bekunden und die bei uns
Kindern zugleich Mitleid und Bewunderung
auslösen sollten. Hätte nicht der Geschichts-
lehrer in der Pause den Nebensatz fallen-
lassen, die Russen seien an dieser Katastrophe selber schuld gewesen, vielleicht wäre
der Zweifel an diesem dubiosen Heldenbild
erst viel später aufgekommen (der Lehrer
war selbst Landser an der Ostfront). Die
wenigen Bilder, die man uns zeigte, sind in
der Flut der Bilder, die die neue Zeit uns
täglich in den Kopf drischt, untergegangen.
Sicher hatten wir in der DDR ein einseitiges
Bild dieser Zeit, anderswo hatten die Leute
gar keines.

Diese Zeit heute mit neuem Abstand zu
sehen ist um so schwerer, je schneller die Bilder verblassen und die Geschichte in einen
Schweinsgalopp verfällt, überwältigt wird,
daß einem der Atem stockt. Je rasanter das
Tempo, desto rabiater das kollektive Vergessen. Fakten werden nur noch technisch
bewertet: Videospielmaterial.
Die Blockade Leningrads ist ein so einmaliger Fall in der Weltgeschichte, sie darf nicht
in den Keller des Vergessens fallen. Zu
einem Zeitpunkt, an dem sich in Deutschland historische Ignoranz gegenüber der Hitlerzeit neu konstituiert und sich die Sowjet-

union anscheinend in ihre Einzelteile auflöst, ist die Erinnerung an diesen letzten Krieg und an die Blockade wichtig. Zu viel wird verniedlicht, verdrängt, Schuld und Schulden werden umverteilt, Sieg und Niederlage wechseln ihre Träger, ein neuer Größenwahn greift um sich.

Ich lese die Geheimen Kommandosachen des Oberkommandos der Wehrmacht oder die Augenzeugenberichte aus dieser Zeit und bekomme eine Ahnung vom Ausmaß des Desasters. Auf der einen Seite die barbarische Entscheidung Hitlers, Leningrad dem Erdboden gleichzumachen, auf der anderen die Beschreibung Lichatschows über Menschenfresserei in der Stadt. Für die Nachgeborenen stellt sich die Frage: War die Blockade nicht zu verhindern? Hätte Stalin die Stadt vielleicht aufgegeben, so wie er später, während des Aufstands in Warschau, ganz bewußt nicht einmarschierte? War Leningrad sogar Gegenstand der Geheimdiplomatie vor dem Krieg? Auf diese Fragen gibt es immer noch keine Antworten. Immer wieder denke ich an die unmittelbare Vergangenheit, an die Schuldzuweisungen eines Siegers an den Besiegten, an den Teufel Hussein und die wunderbaren Bilder von CNN, das Triumphgrinsen Norman Schwarzkopfs vor einer bombardierten irakischen Autobahn. Gegenseitige Massaker, in denen nicht nur Tausende Unbeteiligte sterben, sondern der wie eh und je gern beschworene gesunde Menschenverstand zerrieben wird. Klarheit ins diffuse Dunkel zu bringen, in den ignoranten Bewertungsschwachsinn profilneurotischer Publizisten und scheinbar unparteiischer Historiker, ist vielleicht ein erster Schritt, in Zukunft solche menschengemachten Katastrophen zu verhindern. Vielleicht eine Möglichkeit, dem drohenden geschichtslosen Pragmatismus und der hochtechnisierten Barbarei zu entgehen.

3

Stadtgang. Zeitgang, August 1985. Drei Tage später. Der Himmel ist leergefegt blau. Nachdem ich in Petrodworez war, das die Deutschen besetzt und ausgeplündert hatten, in Repino, vor der berühmten Festung Kronstadt, gehe ich an der Newa entlang über eine Brücke zur Peter-Pauls-Festung. Hunderte von Menschen liegen am Ufer, planschen oder schwimmen im Fluß. Ein Bild, das ich an keinem anderen großen Fluß gesehen habe. Die Strömung treibt die Leute in das Wasser, nicht die Stille.

In den letzten drei Tagen habe ich eine Vorstellung davon gewonnen, was das Besondere der Bewohner dieser Stadt ist. Der Fatalismus der Erstarrung, inmitten lebender Ruinen zu leben, trifft auf die Selbstverständlichkeit, mit eben diesen historischen Nachbarschaften umzugehen, als seien sie überhaupt nicht da (ein kleiner Junge pinkelte genau an der Stelle, an der vor hundert Jahren die Volkstümler von der Peter-Pauls-Festung in die Festungshaft nach Schlüsselburg gebracht wurden).

Gewiß, die fast ausgelassene Stimmung an den Kais, die fröhlich dicksahniges Eis essenden Großmütter in den Parks täuschen über die immer komplizierter werdenden Probleme des Landes hinweg. 1985 ist da noch eine Art Hoffnung, Gorbatschow gerade im Amt. Niemand ahnt, daß fünf Jahre später der Leningrader Bürgermeister die Versorgungslage der Stadt mit der Zeit der Blockade vergleichen wird.

4

Der Tod ist zählbar. Niemand ist sonderlich
berührt, wenn Tausende sterben. Jeder tut
gerührt, wenn einer stirbt. In Leningrad
starben ungefähr eine Million Menschen
während der Blockade. Dafür ist bis heute
keiner verurteilt worden...

«...und er wird abwischen jede Träne von
      ihren Augen
Und es wird keinen Tod mehr geben, auch
      keine Trauer
Keinen Klageschrei, keine Mühsal wird es
      mehr geben
denn das Frühere ist vorbei»

5

...

«Aber die Feiglinge und die Treulosen, die
Gemeinen und die Mörder, die Unzüchtigen
und die Zauberer, die Götzendiener und die
Lügner, alle haben ihren Anteil an dem
Pfuhl, der von Feuer und Schwefel brennt.
Das ist der zweite Tod»

Apokalypse des Johannes

Peter Jahn

«DIE STADT PETERS, LENINS, PUSCHKINS, DOSTOJEWSKIS UND BLOKS». KULTUR ALS ÜBERLEBENSMITTEL

Über die Ursachen des unvorstellbaren Durchhaltevermögens, das die Einwohner von Leningrad während der Hungerblockade bewiesen, ist viel nachgedacht und noch mehr spekuliert worden. Als Erklärung wurde die «traditionelle russische Untertanen»-Mentalität angeführt, die man den durch den Stalinschen Terror der Vorkriegszeit «obrigkeitshörigen» Leningradern unterstellte. Noch 1962 bemühte ein amerikanischer Autor dieses Argumentationsmuster: Vor allem ihre Apathie habe die Leningrader die Belagerung überstehen lassen.

Nun ist unbestreitbar, daß die Bewohner der Stadt von den sowjetischen Behörden unter Androhung drakonischer Strafen zu ihrer Verteidigung gezwungen wurden. Und außer Frage steht auch, daß der legendäre Verteidigungswille der Leningrader überzogen heroisiert wurde. Dennoch kommt man den Ursachen nicht näher, wenn man den Widerstandsgeist der Leningrader einzig mit den Wirkungen sowjetischer Propaganda und den staatlichen Terrormaßnahmen begründet.

Gewiß produzierte die sowjetische Kriegspropaganda unsäglich gestellte Bilder, die die Kulturbeflissenheit der Bevölkerung belegen sollten – von der Schlacht erschöpfte Soldaten, die hingerissen einem Kameraden am Flügel lauschen … Natürlich wurde auch der Widerstandswille der Leningrader in dieser Form vereinnahmt. Die knorrig von den Plakatwänden blickenden Verteidiger der Stadt, die mit blinkendem Bajonett die muskulöse Brust entblößten, dokumentieren durchaus einen wichtigen Teil der Geschichte der Blockade. Doch das Bewußtsein und die Einstellung der Leningrader werden damit nur in *einer* Facette sichtbar. Die Erinnerungen der Betroffenen sind von einem anderen Selbstbewußtsein getragen: In Leningrad verteidigte man nicht allein das vermeintlich fortschrittlichste Gesellschaftssystem, sondern auch die Wiege der Revolution. Es wurde nicht allein für die russische «Mutter Heimat» gekämpft, sondern für eine Stadt, die nach der Vorstellung ihrer Einwohner den höchsten Ausdruck russischer Kultur darstellte und in sich bewahrte. Dieses Selbstbewußtsein der Leningrader schlägt sich ebenso in der offiziellen, staatlich abgesegneten, wie in der inoffiziellen Memoirenliteratur nieder.

Die Leningrader setzten während der Blockade wissenschaftliche und kulturelle Aktivitäten in einer Weise fort, die im nachhinein für Außenstehende fast absurde Züge annimmt: die 500-Jahr-Feier der Eremitage für den usbekischen Dichter Nawoi etwa oder Konzerte, bei denen das Programm von den physischen Kapazitäten der ausgehungerten Musiker abhing. Offensichtlich war kulturelles Engagement ein wesentliches Mittel, um zu überleben. Zumeist richteten sich die Aktivitäten von Künstlern und Intellektuellen an ein gebildetes Publikum; vielfach hatten sie jedoch auch eine enorme Bedeutung für die breite Bevölkerung. Im Radio, dem einzigen öffentlichen Kommunikationsmedium in der eingeschlossenen Stadt, las etwa Olga Bergholz. Ihre Gedichte waren für die Leningrader mehr als Durchhalteparolen, Olga Bergholz verlieh dem Leiden, das alle empfanden, den intensivsten Ausdruck. Bezeichnenderweise ist die Lyrikerin in der Erinnerung der Leningrader bekannter und populärer als die politischen Lenker der Stadt.

Der Drahtfunk, für den Leningrader Schriftsteller arbeiteten, vermittelte in der Stadt, deren Bewohner schon aufgrund ihrer physischen Schwäche kaum noch miteinander kommunizieren konnten, Präsenz der anderen Mitleidenden. Als das Programm im Januar 1942 kurzfristig ausfiel, kamen trotz ihrer Erschöpfung zahlreiche Leningrader zum Funkhaus, um Informationen über die dringend geforderte Fortsetzung der Sendungen zu erhalten.

Zweifelsohne war das Bewußtsein, daß in Leningrad etwas Besonderes und Wichtiges verteidigt wurde, wesentlich für das physische Überleben. So gab Anna Achmatowa einer unter den Leningradern verbreiteten Überzeugung Ausdruck, als sie im September 1941 über den Rundfunk dazu aufrief, «die Stadt Peters, Lenins, Puschkins, Dostojewskis und Bloks» auf keinen Fall den Faschisten in die Hände fallenzulassen. Dieses Selbstbewußtsein, diese Identifikation der Leningrader mit ihrer Stadt geht auf historische Erfahrungen und auf die besondere Geschichte der Metropole zurück, die St. Petersburg, Petrograd und schließlich Leningrad hieß. Im folgenden soll die eigentümliche Geschichte beschrieben und gezeigt werden, was sie so wesentlich von anderen Städten unterscheidet.

Die Stadt entwickelte sich nicht in einem langen Prozeß aus einer feudalen Befestigungsanlage zu einem Markt- und Handelsplatz, sondern wurde kurzfristig von einem mit absolutistischer Zentralmacht ausgestatteten Herrscher geplant. Peter I. gründete die Stadt im bewußten Gegensatz zu Moskau, dem Zentrum traditioneller, religiös gestützter Herrschaft, der Stadt bärtiger Popen und Bojaren. Der Entwicklungsrückstand der russischen Gesellschaft motivierte zu einer forcierten Modernisierung, wobei durch

die politische Rivalität der Großmächte die militärische Modernisierung bald in den Vordergrund geriet.

St. Petersburg, anfangs als Festung im Krieg gegen Schweden ausgebaut, sollte als neue Residenz die Modernisierung des russischen Staates nach dem Vorbild des übrigen Europas repräsentieren; dafür stand die Architektur, im Sinne der Zeit mit klaren überschaubaren Linien und modernen imposanten Staatsbauten. Die Stadt sollte als Handelsplatz die Verbindungsstelle zu den weiterentwickelten Gesellschaften Mittel- und Westeuropas werden. Schließlich sollte das Modell «St. Petersburg» auf das ganze Land ausstrahlen. Die angestrebte neue Gesellschaft Rußlands war in erster Linie am westeuropäischen Vorbild orientiert; man verstand darunter eine durch den Staatsdienst definierte Adelsgesellschaft. Dazu gehörten auch eine Staatsindustrie, ein qualifiziertes Handwerk und Zentren weltlicher Bildung, Kultur und Wissenschaft.

Auf den ersten Blick ähnelt die architektonische Anlage von St. Petersburg anderen absolutistischen Stadtplanungen wie Mannheim und Karlsruhe, doch läßt gerade ein Vergleich zwischen den Reißbrettstädten einen grundsätzlichen Unterschied erkennen. Der enorme Größenunterschied der Projekte ist dabei nicht entscheidend, wesentlicher ist die Distanz zum übrigen Land: Distanz in der räumlichen Dimension, denn St. Petersburg wurde die Hauptstadt am Rande eines Riesenreiches, seine Umgebung war in einem Radius von Hunderten von Kilometern nur dünn besiedelt und nicht in der Lage, ein solches Zentrum zu versorgen. Eine enorme Distanz herrschte auch in der zeitlichen Dimension zwischen der Hauptstadt und dem übrigen Reich: In St. Petersburg wurde das Projekt der modernen Gesellschaft realisiert, während die traditionelle Gesellschaft Rußlands aufgrund des zentralen Vorbilds durch eine beschleunigte Entwicklung überwunden werden sollte. Die damals erlassenen Gesetze vermitteln davon einen Begriff: Steinhäuser hatten an die Stelle der Holzhäuser zu treten, die Stadtbevölkerung, insbesondere der Adel, hatte Kleidung und Haartracht nach westeuropäischem Muster zu tragen, wobei alle Reminiszenzen an die traditionelle Tracht streng verboten waren, auf Befehl mußte der nach St. Petersburg beorderte Adel der Hauptstadt Soireen in Anwesenheit von Damen abhalten, die Ausbildung der Adelsjugend wurde ebenso detailliert geregelt wie die Gründung einer Akademie der Wissenschaften. Auf kaiserlichen Befehl sollte die Petersburger Gesellschaft, die auch einen hohen Anteil von Ausländern aufwies, in kürzester Zeit nach westeuropäischem Muster funktionieren.

Die moderne Armee und Flotte, ein mehr schlecht als recht funktionierender Beamtenapparat sowie der Aufbau der neuen Hauptstadt, deren Unterhalt als Residenz und als Zentrum von Verwaltung, Wissenschaft und Künsten ebenfalls enorme Summen verschlang, wurden von der bäuerlichen Bevölkerung des Reiches durch Steuern finanziert. Diese bäuerliche Bevölkerung wirtschaftete in feudalen Bindungen auf einem Produktionsniveau, das weit unter dem Westeuropas und noch deutlich unter dem Mitteleuropas lag.

Seit der Stadtgründung im Jahre 1703 schuf eine staatliche Zentralgewalt mit absolutistischer Macht im Laufe von 150 Jahren ein Stadtensemble, das nicht allein architektonisch den europäischen Vorstellungen von einer glanzvollen kaiserlichen Residenz entsprach. St. Petersburg repräsentierte im 19. Jahrhundert auch das staatliche und gesellschaftliche Zentrum Rußlands: als Sitz der kaiserlichen Familie und des Hochadels mit zahlreichen Schlössern und Palais; als zentraler Sammelpunkt des russischen Adels (Offiziere, Beamte und zunehmend Privatleute); als Garnison der Garderegimenter

und der Kriegsflotte; als erster Umschlagplatz des Seehandels; als bedeutender Standort von Industrie und Luxushandwerk; als Zentrum von Bildung und Wissenschaft (von der Kaiserlichen Akademie der Wissenschaften über das Gymnasium für Adelstöchter bis zur Gewerbeschule); schließlich als Anziehungspunkt für zahlreiche ländliche Arbeitskräfte, die als Saisonarbeiter, oft von weit her kommend, Broterwerb in der Stadt suchten.

Die Zielsetzung der russischen Obrigkeit seit Peter I., die Gesellschaft nach zentraler Planung zu modernisieren und dabei Petersburg als Modell wie auch als Stimulans einzusetzen, war bis zu einem gewissen Grad den realen Verhältnissen angemessen. Doch war die Diskrepanz zwischen der – im europäischen Maßstab – zurückgebliebenen agrarischen Gesellschaft Rußlands und der obrigkeitlich verordneten Modellgesellschaft derart gravierend und wurde kaum mit Vermittlungsschritten überbrückt, daß die angestrebte Entwicklung weitaus schwächer als erhofft, wenn überhaupt in Gang kam. Schlimmer noch: Die Armee kostete den größten Teil der Staatseinnahmen, darüber hinaus wurde ein Gutteil des gesellschaftlichen Einkommens zum Ausbau und Unterhalt der Stadt verbraucht. Beträchtliche Haushaltsaufwendungen kamen dem gesamten Land also erst gar nicht zugute. Das heißt zugespitzt: Die Alimentierung des hochentwickelten Zentrums am Rande trug dazu bei, die Entwicklungskraft der umgebenden zurückgebliebenen Gesellschaft zu schwächen.

Die Diskrepanz der gesellschaftlichen Entwicklung in Rußland, die auch innerhalb der verschiedenen Gruppen der Petersburger Gesellschaft sichtbar wurde, war bereits im 19. Jahrhundert Gegenstand der Kritik von Ausländern und auch von russischen Slawophilen. Sie stellten dieser «Treibhausentwicklung» das Ideal einer «organischen»

Entwicklung gegenüber. Als Vorbild hierfür wurde häufig auf das «echt russische» Moskau verwiesen, das alte Zentrum des Reiches. Diese Kritik konnte sich auf reale Fehlentwicklungen beziehen. Übersehen jedoch wurde in der Regel, daß die seit Peter I. zum Staatsprogramm erhobene Modernisierung nicht allein auf Herrscherwillkür basierte, sondern durch eine Konstellation erzwungen wurde, in der der Verzicht auf Modernisierung den Abstieg Rußlands zum politischen Spielball und auch zum Ausbeutungsobjekt der weiterentwickelten Staaten Europas nach sich ziehen mußte. Diese Aporie der russischen Entwicklung ist bis heute nicht aufgehoben.

War St. Petersburg bis zur Mitte des 19. Jahrhunderts an erster Stelle Residenz, Garnison und Verwaltungssitz gewesen, so veränderte es bis zum Ersten Weltkrieg deutlich seinen Charakter. Mit der industriellen und kommerziellen Entwicklung der Hauptstadt wurden an die Seite von Palästen und Regierungsbauwerken Banken, Firmenniederlassungen und repräsentative Bürgerhäuser gesetzt, zu den Offizieren, Beamten und Kleinbürgern gesellten sich Unternehmensvertreter, Ingenieure, Intellektuelle und Industriearbeiter. Die Stadt, die, wie andere Metropolen Europas, explosionsartig anwuchs, entwickelte sich nicht mehr vorrangig aufgrund von Impulsen der Obrigkeit, sondern lebte aus ihrer eigenen Dynamik.

Während in der europäischen Öffentlichkeit die veränderte Prägung der Stadt durch ein neues Bürgertum kaum wahrgenommen wurde, traten zu dem Bild der prunkvollen Kaiserresidenz seit den siebziger Jahren des 19. Jahrhunderts als Gegenakzent die Vorstellungen von geheimen Druckereien, intellektuellen Verschwörerzirkeln und bombenwerfenden Terroristen. Übrigens ist es der Obrigkeit zu verdanken, daß das Stadtbild an diese subversiven Aktivitäten erinnert: Sie ließ an der Stelle des Attentats auf Alexander II. eine Kirche im altrussischen Stil erbauen, die zwischen dem geschlossenen Ensemble barocker und klassizistischer Architektur eine scharfe Dissonanz erzeugte. Gegen Ende des Jahrhunderts tauchten die Bilder vom Elend proletarischer Unterschichten und drohender Demonstrationen auf, die in der Revolution von 1905 einen ersten Höhepunkt fanden. Die Holzstiche der «Illustrirten Blätter» zeigten jetzt den Schloßplatz nicht mehr als Ort glänzender Paraden vor der kaiserlichen Familie, sondern als Platz, auf dem Kosaken demonstrierende Arbeiter niedersäbelten. Im Februar 1917, angesichts des fortschreitenden Legitimationsverlustes des alten Staatsapparats, gingen die Truppen dann auf die Seite der Demonstranten über.

An der enormen Entwicklungsdiskrepanz innerhalb der russischen Gesellschaft hatte sich seit der Jahrhundertmitte nichts geändert. Die russischen Bauern, die trotz stärker werdender Marktzwänge noch an vorkapitalistischen Produktions- und Lebensformen festhielten, trennte von den Lebensverhältnissen der qualifizierten Industriearbeiter kaum weniger, als sie 100 Jahre früher von den nach westlichem Muster lebenden bürgerlichen Stadtbewohnern unterschied.

Wenn St. Petersburg am Ende des 19. Jahrhunderts trotz seiner geographisch wie sozial äußersten Randposition als Hauptstadt des Reiches akzeptiert war, galt das für die analphabetische Bevölkerungsmehrheit nur in dem Sinne, daß es augenfällig in der Häufung architektonischer Pracht und herrscherlicher Rituale, Sitz des Zaren als dem von Gott eingesetzten, weltlichen und geistlichen Oberhaupts war. Für die literarisch gebildete Gesellschaft (und Literatur war ein wesentliches Verständigungsmittel) stellte St. Petersburg dagegen das Zentrum einer russischen Kultur dar, die jenseits der traditionellen religiösen Identität eine moderne Nationalität stiftete. Diese vor allem literarische Kultur entwickelte sich seit der ersten Hälfte des 19. Jahrhunderts in bemerkenswerter Vielfalt. Und ihr bevorzugter Handlungsort war die Hauptstadt Petersburg. Puschkins Eherner Reiter und die steinernen Sphinxen am Newakai, Gogols merkwürdig belebter Newski-Prospekt, Dostojewskis Heumarkt stellen für das in hohem Maße an den nationalen Schriftstellern orientierte Lesepublikum im russischen Reich Orte der literarischen Imagination dar. Über sie erhielt die reale Topographie Petersburgs eine besondere Aura. Gerade weil dazu nicht allein die Orte von Repräsentation und Pracht zählten, sondern auch die Kellerwohnungen und Hinterhöfe, die für Dostojewski, den Kritiker westlicher Modernisierung, das Stadtbild bestimmten, oder die Atmosphäre des Verfalls, die Bjelys Bild von Petersburg prägt, bekam der literarische Ort den Charakter eines realen gesellschaftlichen Kosmos, in dem sich ganz Rußland wiederfinden konnte.

Paris hatte für Frankreich im 19. Jahrhundert zweifellos eine vergleichbare Bedeutung als Ort für die kulturelle Identifikation der gesamten französischen Nation. Nur: im Zentrum gelegen, aus der Provinz herausgewachsen und bei aller Spannung vom Rest des Landes nie gelöst, führte Paris der Provinz deren eigene Möglichkeiten vor. St. Petersburg dagegen konfrontierte die russische Provinz immer auch mit einem Anspruch auf Modernität, den diese auf absehbare Zeit aus eigener Kraft nicht erfüllen konnte. Die Entwicklung von St. Petersburg eilte nicht allein dem übrigen Reich weit voraus, tendenziell existierte es vielmehr auch stets als endgültige Alternative zum restlichen Rußland.

Oblomow, der 1859 veröffentlichte Roman von Gontscharow, dessen gleichnamiger Held jedem russischen Schulkind vertraut ist, demonstriert diese Spannung zwischen Petersburg und dem ländlichen Rußland mehr als irgendein anderes Buch.

Der Topographie der Stadt kommt eine herausragende Bedeutung zu, etwa wenn der soziale Abstieg des Helden durch den Umzug aus der gutsituierten Gorochowaja-Straße auf die Wyborger Seite der Stadt verdeutlicht wird oder die Unterbrechung der Newabrücken für die mißlingende Verbindung der Titelfigur mit einer weiblichen Heldin den wesentlichen dramatischen Hebel bildet. Das Hauptthema des Romans, die Unfähigkeit Oblomows zu einer selbstbestimmten aktiven Lebensführung, wird häufig ‹psychologisch› bzw. ‹völkerpsychologisch› interpretiert. Ebenso wichtig ist aber, daß dieser scheiternde schwache Held als Produkt und zugleich auch als Repräsentant traditioneller ländlicher Gesellschaftsstrukturen beschrieben ist, die als geträumte Regression in die idyllische Kindheit ausgemalt werden. St. Petersburg ist hier der Ort der modernen Ansprüche auf bürgerlich vernünftige Aktivität, dem Oblomow, psychisch gefangen in den Lebensverhältnissen der Kindheit, nicht gewachsen ist. Die Heldin wird nicht von ihm, sondern von einem Mann gewonnen, der die moderne Zielstrebigkeit und Aktivität verinnerlicht hat. Bezeichnenderweise ist dieser Gegenspieler Oblomows ein Deutsch-Russe, bei dem der deutsche Anteil seiner Herkunft für die von außen kommende bürgerliche Mentalität steht. Diesem Mann gelingt es, als vollwertiger Bürger den Ansprüchen der Stadt gerecht zu werden, während der russische Titelheld, von Schmarotzern ausgebeutet, seine Schwäche mit dem sozialen Abstieg bezahlt und in einem kindlich regressiven Dämmerleben versinkt.

Mit den Revolutionen von 1917 wurde St. Petersburg-Petrograd eindeutiger als jemals zuvor zu dem Ort, von dem aus die Entwicklung des gesamten Landes geplant und vorweggenommen wurde. Von hier aus wurden dem Land auch Ziele gesetzt, die, unabhängig von der grundsätzlichen Frage ihrer Realisierbarkeit, angesichts der sozialen und ökonomischen Strukturen das Land von vornherein überforderten. Der revolutionäre Sturz der zaristischen Obrigkeit im Februar 1917 schien für einen kurzen Moment die politische Modernisierung nach westeuropäischem Muster zu ermöglichen. Die gesellschaftliche Schwäche der Gruppen, deren Interessen in dieser Verfassung Ausdruck gefunden hatten, ließ die Revolution in Strukturen münden, mit denen die Aufhebung bürgerlicher Herrschaft im Weltmaßstab antizipiert werden sollte. Bestehen blieb die extreme Ungleichzeitigkeit der inneren Entwicklung Rußlands, die, in einzelnen Bereichen und an einzelnen Orten wie Petersburg, diese bürgerliche Gesellschaft zwar weit ausgebildet hatte, überwiegend jedoch in vorbürgerlichen Strukturen existierte.

Mit der Revolution verlor die Stadt keineswegs ihre besondere Aura, diese verstärkte sich eher noch, erfuhr allerdings eine wesentliche Veränderung. Während die literarische Bedeutung von Petersburg trotz sprunghafter Entwicklungsschübe der neuen sowjetischen Literatur als Bedingungsort moderner russischer Kultur nie grundsätzlich in Frage gestellt wurde, trat an die Stelle des Glanzes der kaiserlichen Residenz das Pathos der revolutionären Bewegung. An der Stelle der in den Paraden vorbeigetragenen Regimentsfahnen tauchten die Spruchbänder der Demonstranten auf, an die Stelle von Bauwerken wie dem Generalstabsgebäude oder der Admiralität, die die Staatsmacht verkörperten, trat das Smolny-Institut als Zentrale der revolutionären Exekutive. Durch den Signalschuß des Kreuzers Aurora, mit dem der Oktobersturz ausgelöst wurde, den Sturm auf das Winterpalais veränderte sich die von monarchischen Ritualen bestimmte Bedeutung der Plätze im Stadtzentrum. Die Erinnerung an die Orte kaiserlichen Glanzes wurde von der Sowjetmacht mit einigen Vorbehalten wiederhergestellt,

als der Mythos des revolutionären Umsturzes den von bürokratisch-terroristischer Industrialisierung gekennzeichneten Alltag in der jungen Sowjetunion nicht mehr hinreichend zu legitimieren schien. Zu diesem Zeitpunkt erhielt der Rückgriff auf ältere nationalstaatliche Traditionen für die gesellschaftliche Integration des Landes eine besondere Funktion.

Die Aura der Stadt als Brennpunkt russischer Modernität und Kulturentwicklung *und* als Geburtsort einer Revolution, die zum Wendepunkt der Menschheitsentwicklung mythisiert wurde (die Umbenennung nach dem Lenker der Revolution war so gesehen durchaus folgerichtig), ging allerdings für Leningrad mit dem Verlust des realen Entscheidungszentrums der neuen sowjetischen Macht einher. Die Verlegung des Regierungssitzes in das zentrale Moskau im Moment der akuten militärischen Bedrohung war eine pragmatisch sinnvolle Entscheidung; und auch der Verbleib der Regierung nach dem Bürgerkrieg leuchtete in der Situation des Landes durchaus ein. Der Schwerpunkt politischer Macht befand sich damit nicht mehr in Petrograd, und es war durchaus konsequent, daß auch Bildung, Wissenschaft und Kultur in Moskau ihre wesentlichen Einrichtungen schufen und damit die vormoderne und die wieder neue Hauptstadt zum ersten Anziehungspunkt wurde. Diese institutionelle Schwächung Petrograds/Leningrads war in den ersten Jahren des Bürgerkriegs von einem realen Verfall der materiellen und auch der personellen Substanz der Stadt begleitet worden. Die Bevölkerungszahl halbierte sich, in erster Linie durch Abwanderung aufs Land. Der Zusammenbruch der Verkehrsverbindungen und ein starker landwirtschaftlicher Produktionsrückgang durch den Bürgerkrieg machten das Überleben in Petrograd zu einem großen Risiko. Der Literaturtheoretiker Viktor Schklowski berichtet etwa, daß es zwingend war, die Parkettböden der herrschaftlichen Wohnungen herauszureißen und zu verheizen, um das Überleben im Winter sicherzustellen. Emigration und Terror (so wurde Anna Achmatowas Ehemann, der Lyriker Gumiljow, als Konterrevolutionär erschossen) führten gerade in den gebildeten Schichten zu großen personellen Verlusten.

Doch blieb die Bedeutung Leningrads als zweites Zentrum der Sowjetunion bestehen. Nach wie vor kam der Stadt nicht nur als architektonischem Prunkstück Rußlands, sondern auch, in Konkurrenz zu Moskau, als Sammelpunkt von Wissenschaft, Kultur und Bildung große Bedeutung zu. Leningrad erlebte mit der forcierten Industrialisierung eine neue Wachstumsphase und wurde nicht zuletzt zu einem Anziehungspunkt für die jüdische Bevölkerungsgruppe, der bis dahin der Zuzug gesetzlich stark beschränkt worden war und der die Revolution ein reales Stück Emanzipation brachte.

Durch den deutschen Überfall und die Vernichtungsplanungen von nationalsozialistischen Politikern und der Wehrmachtsführung wurde der Stadt eine neue, vom Grauen gekennzeichnete Bedeutung aufgezwungen. Als sich die Niederlagen der Roten Armee häuften und mit dem Rückschlag der Wehrmacht vor Moskau noch nichts entschieden war, bekam der Leningrader Widerstand eine Signalfunktion für die Sowjetunion, die über seine reale strategische Wirkung hinausging. Das Bewußtsein, im Widerstand gegen den Faschismus eine historische Substanz, eine kulturelle Identität zu bewahren, eben die Stadt Peters, Lenins, Puschkins, Dostojewskis und Bloks zu verteidigen, hat es den Bewohnern von Leningrad gewiß nicht leichter gemacht, Hunger und Zerstörung zu ertragen. Und doch hat dieses Bewußtsein den Widerstand auch dort noch ermöglicht, wo andere sich schon längst aufgegeben hätten.

ANMERKUNGEN

Gerd R. Ueberschär
Der Angriff auf Leningrad und die Blockade der Stadt durch die deutsche Wehrmacht

1 Vgl. u. a.: *Kriegstagebuch des Oberkommandos der Wehrmacht (Wehrmachtführungsstab) 1940–1945.* Hg. v. Percy Ernst Schramm, 4 Bde. (= *KTB/OKW*). München 1982, hier Bd. I, S. 415.

2 Vgl. Weisung Nr. 21. v. 18. 12. 1940, in: *Der deutsche Überfall auf die Sowjetunion. «Unternehmen Barbarossa» 1941.* Hg. von Gerd R. Ueberschär und Wolfram Wette, Frankfurt/M. 1991, S. 244.

3 *Das Deutsche Reich und der Zweite Weltkrieg.* Bd. 4: *Der Angriff auf die Sowjetunion.* Stuttgart 1983, S. 219 f, 229 ff.

4 *Der Angriff auf die Sowjetunion* (wie Anm. 3), S. 242 ff.

5 Ernst Nolte: *Der Faschismus in seiner Epoche.* München 1963, S. 436.

6 Vgl. dazu zusammenfassend Gerd R. Ueberschär: *Hitlers Entschluß zum «Lebensraum»-Krieg im Osten.* In: *Der deutsche Überfall auf die Sowjetunion* (wie Anm. 2), S. 13–43.

7 Adolf Hitler: *Mein Kampf.* Jubiläumsausgabe. München 1935, S. 726 ff, ferner S. 358, 732, 736, 738 f, 757, zum folgenden Zitat S. 742 f.

8 *Hitlers Zweites Buch. Ein Dokument aus dem Jahre 1928.* Hg. von Gerhard L. Weinberg. Stuttgart 1961, S. 62, 153–159, 163.

9 Vgl. die Hinweise bei Ueberschär, *Hitlers Entschluß* (wie Anm. 6), S. 18 ff.

10 Nikolaus v. Below: *Als Hitlers Adjutant 1937–1945.* Mainz 1980, S. 183 ff.

11 Zitiert nach Ueberschär, *Hitlers Entschluß* (wie Anm. 6), S. 28 ff, auch zum Folgenden.

12 Vgl. *Generalfeldmarschall Wilhelm Ritter von Leeb: Tagebuchaufzeichnungen und Lagebeurteilungen aus zwei Weltkriegen.* Hg. von Georg Meyer. Stuttgart 1976.

13 Vgl. *Der Angriff auf die Sowjetunion* (wie Anm. 3), S. 462 und *Geschichte des Großen Vaterländischen Krieges der Sowjetunion.* Hg. v. Institut für Marxismus-Leninismus beim Zentralkomitee der Kommunistischen Partei der Sowjetunion. In 6 Bänden. Berlin 1962–68, hier Bd. 1, S. 552 ff und Bd. 2, S. 93 ff; zur Gesamtdarstellung der Operationen im Rahmen des Ostkrieges siehe auch: *Deutschland im zweiten Weltkrieg.* Hg. von d. Akademie der Wissenschaften der DDR u. a. unter einem Autorenkollektiv unter der Leitung von Wolfgang Schumann und Karl Drechsler. 6 Bde. Berlin-Ost 1974–85, hier besonders Bd. 2; *Geschichte des zweiten Weltkrieges 1939–1945.* In zwölf Bänden. Hg. v. Institut für Militärgeschichte des Ministeriums für Verteidigung der UdSSR u. a. Berlin-Ost 1977 (zuerst Moskau 1975), hier besonders Bd. 4.

14 Vgl. Franz Halder: *Kriegstagebuch. Tägliche Aufzeichnungen des Chefs des Generalstabes 1939–1942.* Bearb. v. Hans-Adolf Jacobsen. 3 Bde., Stuttgart 1962–64 (= *Halder KTB*), hier Bd. III, S. 38 und *KTB/OKW*, Bd. I, S. 1020.

15 *Halder KTB,* Bd. III, S. 53 (8. 7. 1941); *KTB/OKW,* Bd. I, S. 1021; Adolf Hitler: *Monologe im Führerhauptquartier 1941–1944. Die Aufzeichnungen Heinrich Heims.* Hg. v. Werner Jochmann. Hamburg 1980, S. 39; siehe auch David Irving: *Hitler und seine Feldherren.* Frankfurt–Berlin 1975, S. 293, 311; ferner Max Domarus: *Hitler. Reden und Proklamationen 1932–1945.* Bd. II. Würzburg 1963, S. 1754; Fabian v. Schlabrendorff: *Offiziere gegen Hitler.* Frankfurt 1962, S. 61, so am 4. 8. 1941 über die Planung Moskaus.

16 *Der Prozeß gegen die Hauptkriegsverbrecher vor dem Internationalen Militärgerichtshof Nürnberg 14. 11. 1945 – 1. 10. 1946.* Nürnberg 1947 ff, 42 Bde. (zit. *IMT*), hier Bd. 38, Dok. 221–L (Bormann-Aktenvermerk v. 16. 7. 1941), S. 86 ff.

17 Bundesarchiv (= BA) Koblenz, NL 118/90. Nachlaß Goebbels, Tagebucheintragung vom 19. 8. 1941, S. 26, auch zum Folgenden.

18 *Leeb, Tagebuchaufzeichnungen* (wie Anm. 12), S. 302 f; *KTB/OKW,* Bd. I, S. 1029 f, 1041 f; ferner: *Der Angriff auf die Sowjetunion* (wie Anm. 3), S. 468, auch zum Folgenden.

19 Walter Charles de Beaulieu: *Der Vorstoß der Panzergruppe 4 auf Leningrad 1941.* Neckargmünd 1961, S. 161 f.

20 Vgl. *Der Angriff auf die Sowjetunion* (wie Anm. 3), S. 469.

21 Vgl. *Halder KTB,* Bd. III, S. 170 (11. 8. 1941).

22 Hans Meier-Welcker: *Aufzeichnungen eines Generalstabsoffiziers 1939–1942.* Freiburg 1982, S. 123, 126, 137.

23 Vgl. *Hitlers Weisungen für die Kriegführung*

1939–1945. Dokumente des Oberkommandos der Wehrmacht. Hg. v. Walther Hubatsch. Frankfurt 1962, S. 140 ff.

24 Ebd., S. 142 ff, zur «Unstimmigkeit der nunmehr beschlossenen Operationen» vgl. *Halder KTB*, Bd. III, S. 121ff, 129, 142 ff.

25 Vgl. *Halder KTB*, Bd. III, S. 106, siehe dort auch S. 170 (11.8.1941).

26 Vgl. *Hitlers Weisungen* (wie Anm. 23), S. 145 ff, S. 148 ff.

27 *KTB/OKW*, Bd. I, S. 1041 ff.

28 Überliefert sind ausgesprochen scharfe Luftaufnahmen der deutschen Fernaufklärung von der Innenstadt Leningrads vom Juni/August 1939, die aus einer Höhe von 8000–9000 Meter aufgenommen wurden. Da auf den Bildern die Aufnahmedaten geschwärzt wurden, läßt sich allerdings keine exakte Datierung mehr vornehmen. Vgl. dazu auch die Hinweise in diesem Band, S. 92.

29 *Hitlers Weisungen* (wie Anm. 23), S. 150 ff.

30 Bundesarchiv-Militärarchiv Freiburg, RH 19 III/167: Kriegstagebuch der Heeresgruppe Nord, abgedruckt in: *Der deutsche Überfall auf die Sowjetunion* (wie Anm. 2), S. 279, auch zum Folgenden.

31 Ebd./32 Ebd.

33 Vgl. dazu Leeb, *Tagebuchaufzeichnungen* (wie Anm. 12), S. 67, 356 ff, 359; Jörg Friedrich: *Militärische Notwendigkeit und totaler Krieg. Deutsche Generale in Nürnberg.* In: *Die Neue Gesellschaft – Frankfurter Hefte* 37 (1990), S. 133–139.

34 Abgedruckt in: *Der deutsche Überfall auf die Sowjetunion* (wie Anm. 2), S. 279 f.

35 Ebd., S. 280.

36 Ebd., S. 281.

37 Ebd.

38 *Akten zur Deutschen Auswärtigen Politik (= ADAP)*, Serie D: 1937–1941, Bd. XIII/2. Göttingen 1970, S. 424 (Dok. Nr. 327).

39 *Hitler, Monologe* (wie Anm. 15), S. 93 (17./18.10.1941).

40 Ebd., S. 71 (25./26.9.41).

41 Vgl. Domarus, *Hitler* (wie Anm. 15), Bd. II, S. 1756 ff, 1775; Alexander Dallin: *Deutsche Herrschaft in Rußland 1941–1945. Eine Studie über Besatzungspolitik.* Düsseldorf 1958, Nachdruck 1981, S. 88 ff.

42 Vgl. dazu die Hinweise bei Götz Aly/Susanne Heim: *Vordenker der Vernichtung. Auschwitz und die deutschen Pläne für eine neue europäische Ordnung.* Hamburg 1991, S. 381 f, 389, 414.

43 Abgedruckt in: *Der deutsche Überfall auf die Sowjetunion* (wie Anm. 2), S. 282.

44 Vgl. zu deren Einsatz: Raymond L. Proctor: *La Division Azul.* In: *Guerre Mondiales et conflicts contemporains – Revue d'histoire* 41 (1991), S. 55–76; Gerald R. Kleinfeld / Lewis A. Tambs: *Hitler's Spanish Legion. The Blue Division in Russia.* London 1979.

45 Domarus, *Hitler* (wie Anm. 15), S. 1756 ff.

46 Gerd R. Ueberschär: *Das Scheitern des «Unternehmens Barbarossa».* In: *Der deutsche Überfall auf die Sowjetunion* (wie Anm. 2), S. 100 mit Angabe weiterer Belege.

47 Vgl. Ueberschär, *Das Scheitern des «Unternehmens Barbarossa»* (wie Anm. 46), S. 107 ff.

48 Vgl. dazu ausführlich *Der Angriff auf die Sowjetunion* (wie Anm. 3), S. 845 ff, 849 ff (Beitrag Ueberschär).

49 *Hitlers Weisungen* (wie Anm. 23), S. 171 ff; *Halder KTB*, Bd. III, S. 329–331.

50 Ueberschär, *Das Scheitern des «Unternehmens Barbarossa»* (wie Anm. 46), S. 120.

51 Vgl. Leeb, *Tagebuchaufzeichnungen* (wie Anm. 12), S. 73, 438 ff.

52 Zum Schreiben von SS-Obergruppenführer Reinhard Heydrich an Reichsführer SS Heinrich Himmler v. 20.10.1941, in dem er anregte, Hitler solle wegen der intensiven Bombardierung Leningrads «absolut eindeutige und strikte Befehle an die Wehrmacht» geben, siehe Rolf-Dieter Müller, *Hitlers Ostkrieg und die deutsche Siedlungspolitik.* Frankfurt/M. 1991, S. 161

53 Vgl. *Halder KTB*, Bd. III, S. 366 (25.12.1941); siehe dazu auch Günther W. Gellermann: *Der Krieg, der nicht stattfand. Möglichkeiten, Überlegungen und Entscheidungen der deutschen Obersten Führung zur Verwendung chemischer Kampfstoffe im Zweiten Weltkrieg.* Koblenz 1986, S. 148 ff.

54 *Hitlers Weisungen* (wie Anm. 23), S. 183 ff, auch zum folgenden Zitat.

55 Ebd., S. 196 ff, hier S. 199; vgl. ferner: Andreas Hillgruber: «*Nordlicht*» – *Die deutschen Pläne zur Eroberung Leningrads im Jahre 1942.* In: Ders.: *Deutsche Großmacht- und Weltpolitik im 19. und 20. Jahrhundert.* Düsseldorf 1977, S. 295–316.

56 Vgl. *Der globale Krieg. Die Ausweitung zum Weltkrieg und der Wechsel der Initiative 1941–1943 (= Das Deutsche Reich und der Zweite Weltkrieg, Bd. 6).* Stuttgart 1990, S. 899 (Beitrag Wegner); *KTB/OKW*, Bd. II, S. 618.

57 *KTB/OKW*, Bd. III, S. 634 (24. 8. 1942
Gespräch Hitlers mit Feldmarschall v. Manstein über «Nordlicht»).
58 Hillgruber, *Nordlicht* (wie Anm. 55), S. 314.
59 Vgl. *Der globale Krieg* (wie Anm. 56), S. 1089 ff
(Beitrag Wegner). Die Zahl der Todesopfer ist in
der wissenschaftlichen Literatur umstritten; anzunehmen sind 630 000 bis mehr als eine Million
Tote. Zur umfangreichen internationalen Literatur über die Blockade Leningrads siehe die anschließende Literaturübersicht:

Stepan Michajlovič Bardin:
...i štatskie nadeli šineli
(...sogar Zivilisten zogen Uniformen an. Leningrad 1941–1944). Izd. 2–e, dop.
Moskva 1978

Władysław Bortnowski:
W Pierścieniu blokady. Kartki z dziejów obrony
Leningradu 1941–1944
(Im Ring d. Blockade. Blätter z. Geschichte d.
Verteidigung Leningrads 1941–1944). Łodź 1976

Werner Buxa:
Der Kampf am Wolchow und um Leningrad
1941–1944. Eine Dokumentation in Bildern.
Dorheim 1969.

Boris Vladimirovič Byčevskij:
Gorod-front (O bojach pod Leningradem v 1941–
1943 gg.). Moskva 1963
(Stadt-Front. Über die Kämpfe bei Leningrad
1941–1943).

The Defence of Leningrad. Eye-witness accounts
of the siege (1942/43). By *Nicolai Tikhonov*
(Tichonov) and others. London 1943

Ryszard Dzieszyński:
Leningrad 1941–1944. (Historyczne bitwy).
Warszawa 1986

Vera Michajlova Felisova:
Stojali nasmert' (Sie kämpften für Tod u. Leben).
Leningrad 1984

Na Volchovskom Fronte. 1941–1944 gg.
(An der Wolchow-Front. 1941–1944)
(Otvet. red. A. I. Babin). Moskva 1982

Leon Goure:
The Siege of Leningrad (1941–1944).
Stanford, Calif. 1962

Werner Haupt:
Leningrad, Wolchow, Kurland. Bildbericht der
Heeresgruppe Nord 1941–1945.
Friedberg (Dorheim) 1976

Werner Haupt:
Leningrad. Die 900-Tage-Schlacht. 1941–1944.
Friedberg 1980

Vera Inber:
Fast drei Jahre. Aus einem Leningrader Tagebuch
(1941–1944). 2. Aufl. Berlin 1947

Operacija «Iskra» (Proryv blokady Leningrada).
(sost.: Semen Moiseevič Bojcov, Semen Nikolaevič
Borščev).
Leningrad 1973

Istorija ordena Lenina Leningradskogo Voennogo
okruga (Geschichte des mit dem Leninorden aus-
gezeichneten Leningrader Militärbezirks).
Moskau 1974

Georgij Nikolaevič Karaev,
Jurij Nikolaevič Jabločkin,
Tichon Il'ic Vorob'ev:
Po Mestam boevoj slavy. Leningrad i Leningrad-
skaja oblast' (An Orten des Kampfruhmes.
Leningrad und der Leningrader Distrikt).
Leningrad 1962

A(leksandr) V(asil'evič) Karasev:
Leningradcy v gody blokady 1941–1943
(Die Leningrader in d. Jahren d. Blockade. 1941–
1943). Moskva 1959

Valentin Michailovič Kovalčuk:
Doroga Pobedy osaždennogo Leningrada.
Zeleznodorožnaja magistral' Šlissel'burg –
Poljany v 1943 g.
(Der Siegesweg. Die Belagerung von Leningrad.
Die Eisenbahnlinie Šlissel'burg – Poljany 1943).
Leningrad 1984

Georgij Andreevič Kulagin:
Dnevnik i pamjat'. O perežitom v gody blokady
(Tagebuch u. Erinnerung. Vom Überleben in den
Jahren der Blockade Leningrads). Leningrad 1978

Pavel Nikolaevič Luknickij:
Skož vsju Blokadu (Blokada Leningrada 1941–
1944 gg.). Leningrad 1964

Vladimir Viktorovič Michajlov:
Leningrad. Geroičeskaja oborona goroda v 1941–
1944 gg. (Leningrad. Die heldenhafte Verteidigung der Stadt von 1941 bis 1944).
Moskva 1980

Oborona Leningrada 1941–1944. Vospominanija
i dnevniki učastnikov
(Die Verteidigung von Leningrad 1941–1944.
Erinnerungen und Tagebücher der Verteidiger von
Leningrad). Leningrad 1968

Dmitrij Vasil'evič Pavlov:
Leningrad v blokade (1941 god)
(Leningrad während der Blockade. 1941).
Moskva 1961

Dmitrij Vasil'evič Pavlov:
Leningrad 1941. The blockade.
Chicago 1965.
Dt. Ausgabe u. d. T.: Die Blockade von Leningrad
1941. Frauenfeld 1967

Slavnaja Pobeda pod Leningradom. Vospomina-
nija, stat'i i dokumenty ...
(Der berühmte Sieg bei Leningrad.
Erinnerungen, Aufsätze und Dokumente ...)
(Sost: L. G. Vinnickij). Leningrad 1976

Hartwig Pohlman:
Wolchow. 900 Tage Kampf um Leningrad
1941–1944. Bad Nauheim 1962

Vissarion Sajanov:
Leningradskij Dnevnik (1941–1944)
(Leningrader Tagebuch 1941–1944).
Moskva 1963

Harrison E. Salisbury:
The 900 Days. The siege of Leningrad
(1941–1944). New York 1969

Harrison E. Salisbury:
900 Tage. Die Belagerung von Leningrad.
Frankfurt 1970, 1989

Arif Vasil'evič Saparov:
Doroga Žizni. Dokumental'naja povest'.
(Der «Lebensweg». Dokumentar. Erzählung).
Moskva 1961

Elena Skrjabin:
Leningrader Tagebuch. Aufzeichnungen aus d.
Kriegsjahren 1941–1945 (aus d. Russ.).
München 1972

Nikolaj Dmitrievič Šumilov:
V Dni blockady (In den Tagen der Blockade).
Moskva 1977

Vladjmir Petrovič Sviridov,
Vjačeslav Petrovič Jakutovic,
Vladimir Emel'janovič Vasilenko:
Bitva za Leningrad. 1941–1944
(Die Schlacht um Leningrad. 1941–1944).
Leningrad 1962

Neunhundert Tage. Zeugnisse von der heldenhaften Verteidigung Leningrads im Großen Vaterländischen Krieg (1941–1944). (2. Aufl.)
Berlin 1960

900 Tage Blockade Leningrad: Leiden und Widerstand der Zivilbevölkerung im Krieg. 3 Bde.
Hg. v. Pädagogischen Zentrum Berlin. Redaktion:
Hans-Norbert Burkert und Hans-Jochen Mark-
mann, Berlin 1991

Alan Wykes:
The Siege of Leningrad: epic of survival.
New York 1968

Nikolaij Nikolaevič Voronkov:
900 Days – the siege of Leningrad.
Moscow 1982

Vasilij Efimovič Zubakov: Leningrad – gorod-
geroj (Leningrad – Heldenstadt). Moskva 1981

Peter Jahn
Schattenstadt. Der deutsche Blick auf
St. Petersburg – Petrograd – Leningrad

1 *Der Entschluß Hitlers.* In: Franz Halder:
   Generaloberst Halder. Kriegstagebuch. Hg. v.
   Hans-Adolf Jacobsen. Stuttgart 1964, Bd. II,
   S. 53.
2 BA-MA, RW 4/v. 578. Abgedruckt in: Gerd R.
   Ueberschär / Wolfram Wette: «*Unternehmen*
   Barbarossa». Der deutsche Überfall auf die
   Sowjetunion 1941. Paderborn 1984. S. 33.
3 BA-MA, RH 20–18/1204.
4 *Der Prozeß gegen die Hauptkriegsverbrecher*
   vor dem internationalen Militärgerichtshof
   Nürnberg, Nürnberg 1948. Bd. XXXVI,
   S. 145.
5 BA-MA, RH 19 III/167, in: Ueberschär/Wette,
   Barbarossa (wie Anm. 2), S. 335 f.
6 BA-MA, RH 20–18/1204.
7 BA-MA, LVI. AK. 17956/7a., abgedruckt in:
   Ueberschär/Wette, *Barbarossa* (wie Anm. 2),
   S. 305.
8 BA-MA, RH 20–17/44, abgedruckt in: Ueber-
   schär/Wette, *Barbarossa* (wie Anm. 2),
   S. 341 ff.
9 Ausführliches Material zu diesem Zeitabschnitt
   in: *Russen und Rußland aus deutscher Sicht.*
   Hg. v. Mechthild Keller, München 1985. Bd. I
   9.–17. Jahrhundert, München 1985; Bd. II 18.
   Jahrhundert: Aufklärung, München 1987
10 Seumes Werke in zwei Bänden. Berlin und
   Weimar 1983. Bd. II, S. 64 f.
11 Peter Jahn: *Russophilie und Konservatismus.*
   Die russophile Literatur in der deutschen
   Öffentlichkeit 1831–1852. Stuttgart 1980,
   S. 94 f.

12 Bismark: *Die Kaiserlich Russische Kriegsmacht im Jahre 1835 oder meine Reise nach St. Petersburg.* Karlsruhe 1836, S. 9.
13 Ebd., S. 11.
14 Zit. nach der Auswahl unter dem Titel: Astolphe de Custine: *Russische Schatten. Prophetische Briefe aus dem Jahre 1839.* Nördlingen 1985, S. 20.
15 Ebd., S. 26.
16 Ebd., S. 34.
17 Bismark, *Kriegsmacht* (wie Anm. 12), S. 23, 70
18 Custine, *Schatten* (wie Anm. 14), S. 45, 110, 125, 185, 285.
19 Bismark, *Kriegsmacht* (wie Anm. 12), S. 56 f.
20 Custine, *Schatten* (wie Anm. 14), S. 103, 265.
21 (anon. = Aurelio Buddeus) *Rußland und die Gegenwart.* Leipzig 1851. Bd. I, S. 57 f.
22 Artikel *Rußland* in: Carl Rotteck / Carl Welcker: *Staats-Lexikon oder Enzyklopädie der Staatswissenschaften.* Bd. XIV, S. 121. Zur Funktion von Russophobie im Vormärz s. Jahn, *Russophilie* (wie Anm. 11), S. 63 ff.
23 Max Nordau: *Vom Kreml zur Alhambra. Kulturstudien.* Leipzig 1881, Bd. I, S. 37.
24 Ebd., S. 34, 48.
25 Ebd., S. 38 f.
26 Ebd., S. 24 f.
27 Ebd., S. 25.
28 *Korff's Weltreise.* X. Band: Rußland, Berlin o. J., S. 152.
29 Ebd., S. 9 f.
30 Peter Jahn: *Zarendreck, Barbarendreck – Peitscht sie weg!*, in: *August 1914. Ein Volk zieht in den Krieg.* Hg. v. d. Berliner Geschichtswerkstatt, Berlin 1989, S. 147 ff.
31 Walter Klinkmüller: *Ein deutscher Offizier im revolutionären Rußland. Meine Fluchtabenteuer.* Berlin–Wien 1918, S. 146 ff.
32 Alexander Moster: *In den Sturmtagen der russischen Revolution,* Berlin–Wien 1918, S. 142 ff.
33 Wilhelm Lieven: *Das Rote Rußland. Augenblicksbilder aus den Tagen der Großen Russischen Revolution.* Berlin 1918, S. 106.
34 Herbert und Elsbeth Weichmann: *Alltag im Sowjetstaat. Macht und Mensch. Wollen und Wirklichkeit in Sowjetrußland.* Berlin 1931, S. 10.
35 Ebd., S. 10 f.

Michael Schneider

Leningrad und die verdrängte Erblast von 1941

1 Vgl. hierzu Rady Fish / Michael Schneider: *Iwan der Deutsche. Eine deutsch-sowjetische Reise aus der Vergangenheit in die Gegenwart.* Frankfurt/M. 1989.
2 J. de. Castro: *Die Geopolitik des Hungers.* Zitiert nach Ales Adamowitsch / Daniil Granin: *Das Blockadebuch.* Berlin/DDR 1987, S. 41 f.
3 Zitiert nach Helmut Wolfgang Kahn: *Die Deutschen und die Russen.* Köln 1984, S. 136.
4 Zitiert nach Helmut Wolfgang Kahn, ebd.
5 Vgl. hierzu R.-D. Müller: *Das «Unternehmen Barbarossa» als wirtschaftlicher Raubkrieg.* In: Gerd R. Ueberschär / Wolfram Wette (Hg.): *«Unternehmen Barbarossa». Der deutsche Überfall auf die Sowjetunion 1941.* Paderborn 1984, S. 180 ff.
6 Die *Neue Zeit.* Außenpolitische Wochenzeitschrift der UdSSR. Januar 1961.
7 Vgl. hierzu Manfred Messerschmidt: *Militärgeschichtliche Aspekte der Entwicklung des deutschen Nationalstaates.* Düsseldorf 1988. Nachwort, S. 251.
8 Vgl. hierzu ausführlicher den 3. Teil meines Buches: *Das «Unternehmen Barbarossa». Die verdrängte Erblast von 1941 und die Folgen für das deutsch-sowjetische Verhältnis.* Frankfurt/M. 1989, S. 97ff.
9 Carl Nedelmann: *Von deutscher Minderwertigkeit:* In: ders. (Hg.): *Zur Psychoanalyse der nuklearen Bedrohung.* Göttingen 1987, S. 29.
10 Wolfram Wette: *Erobern, Zerstören, Auslöschen.* In: *Die Zeit,* 20. 11. 1987.
11 Jürgen Habermas: *Der DM-Nationalismus.* In: *Die Zeit,* 30. 3. 1990.

CHRONOLOGIE

1941

22. 6. Beginn des deutschen Angriffs auf die Sowjetunion.

Mitte Juli
Die Lebensmittelrationierung wird in der Sowjetunion eingeführt.

20. 8. Die Bahnlinie zwischen Moskau und Leningrad wird von den Deutschen bei Tschudowo unterbrochen.

21. 8. In der *Leningradskaja Prawda* erscheint ein Artikel, der die Leningrader vor dem bevorstehenden deutschen Angriff auf die Stadt warnt und sie zur Verteidigung aufruft, unterschrieben vom Oberbefehlshaber der Leningrader Front, Marschall Woroschilow, dem Leningrader Parteisekretär, Schdanow, und dem Vorsitzenden des Leningrader Stadtrats, Popkow.

29. 8. Das Oberkommando der Heeresgruppe Nord gibt den «Befehl für die Einschließung der Stadt Leningrad» heraus.

30. 8. Der Eisenbahnknotenpunkt Mga wird von den Deutschen eingenommen, damit ist die letzte Bahnverbindung zwischen Leningrad und dem Hinterland unterbrochen.

September
In den deutschen Oberkommandos werden verschiedene Strategien zur Zerstörung Leningrads und zur Vernichtung der Bewohner diskutiert.

2. 9. Kürzung der Brotration in Leningrad auf 600 g für Arbeiter, 300 g für Angehörige und Kinder. Im September sind die Läden leer, die Lebensmittelknappheit macht sich bemerkbar.

4. 9. Erste Artillerieangriffe, zwei Tage später erste schwere Luftangriffe.

8. 9. Schlüsselburg wird von den Deutschen eingenommen, Leningrad ist damit vom Hinterland abgetrennt und vollständig eingeschlossen.

8.–10. 9. Bei schweren Luftangriffen werden die Badajew-Lagerhäuser getroffen, riesige Lebensmittelvorräte verbrennen.

12. 9. Die Finnen überqueren den Fluß Swir, nehmen Podporozhe ein.

12. 9. Kürzung der Brotrationen auf 500 g pro Tag für Arbeiter, 250 g für Angehörige und 300 g für Kinder.

13. 9. Schukow übernimmt von Woroschilow den Oberbefehl an der Leningrader Front.

Oktober
Extrem früher Wintereinbruch. Elektrisches Licht gibt es nur noch in Militär-, Partei- und Verwaltungsbüros, Strom wird knapper. Die Bevölkerung Leningrads hungert. Die Heizungen funktionieren nicht mehr und werden durch improvisierte Burschuikas ersetzt, Brennmaterial wird knapp.

1. 10. Kürzung der Brotrationen auf 400 g für Arbeiter und 200 g für Angehörige und Kinder.

7. 10. Das Oberkommando der Wehrmacht übermittelt dem Oberbefehlshaber des Heeres Hitlers Entscheidung, eine Kapitulation Leningrads sei nicht anzunehmen.

11. 10. Fedjuninski übernimmt von Schukow den Oberbefehl an der Leningrader Front.

November
Der Prozentanteil der Zusätze im Brot (schimmeliges Mehl, Baumwollsamenkuchen, Zellulose) steigt auf 68 Prozent. Offiziell wurden bis Ende des Monats über 11 085 Hungertote registriert. Die tatsächliche Zahl der Toten liegt wesentlich höher.

3. 11. Schulbeginn in 96 der 408 Leningrader Schulen.

8. 11. Tichwin wird von den Deutschen erobert und damit die Bahnlinie zum gegenüberliegenden Ufer des Ladogasees unterbrochen.

13. 11. Kürzung der Brotrationen auf 300 g für Arbeiter und 150 g für Angehörige und Kinder.

12. 9.–15. 11.
Über den Ladogasee werden auf Schiffen 25 000 t Lebensmittel nach Leningrad gebracht, die für 20 Tage reichen.

15. 11. Der Ladogasee beginnt zuzufrieren. Eine Woche später überqueren erste Wagen mit Lebensmitteln das brüchige Eis. Im Laufe des Winters werden es mehr, aber erst ab Februar 1942 kommen ausreichend Lebensmittel über die «Straße des Lebens» nach Leningrad.

20. 11. Kürzung der Brotrationen auf 250 g für Arbeiter und 125 g für Angehörige und Kinder, ansonsten gibt es keine Nahrungsmittel.

Dezember
Offiziell gemeldet wurden in diesem Monat über 53 000 Hungertote.

8./9. 12.
Tichwin wird von einer sowjetischen Armeegruppe unter General Merezkow zurückerobert.

14. 12. Seit Beginn des deutschen Angriffs wurden in Leningrader Fabriken 318 Flugzeuge, 713 Panzer und auch Geschütze, Gewehre und Munition hergestellt.

25. 12. Erhöhung der Brotration auf 350 g für Arbeiter und 200 g für Angehörige und Kinder.

1942
Januar Die Bahnlinie von Tichwin zum Ladogasee wird wiederhergestellt, dadurch verkürzt sich der Weg der Lastwagen über die «Straße des Lebens».

Wasserversorgung und Kanalisation brechen zusammen, erst im Juni werden sie teilweise wiederhergestellt.

17. 1. Von Leeb wird durch Küchler als Oberbefehlshaber der «Heeresgruppe Nord» abgelöst.

24. 1. Erhöhung der Brotration auf 400 g für Arbeiter und 250 g für Angehörige und Kinder.

Januar/Februar
Im Januar und Februar schwanken die offiziellen Angaben über die Anzahl der Toten zwischen 3000 und 8000 täglich.

11. 2. Erhöhung der Brotration auf 500 g für Arbeiter und 300 g für Angehörige und Kinder.

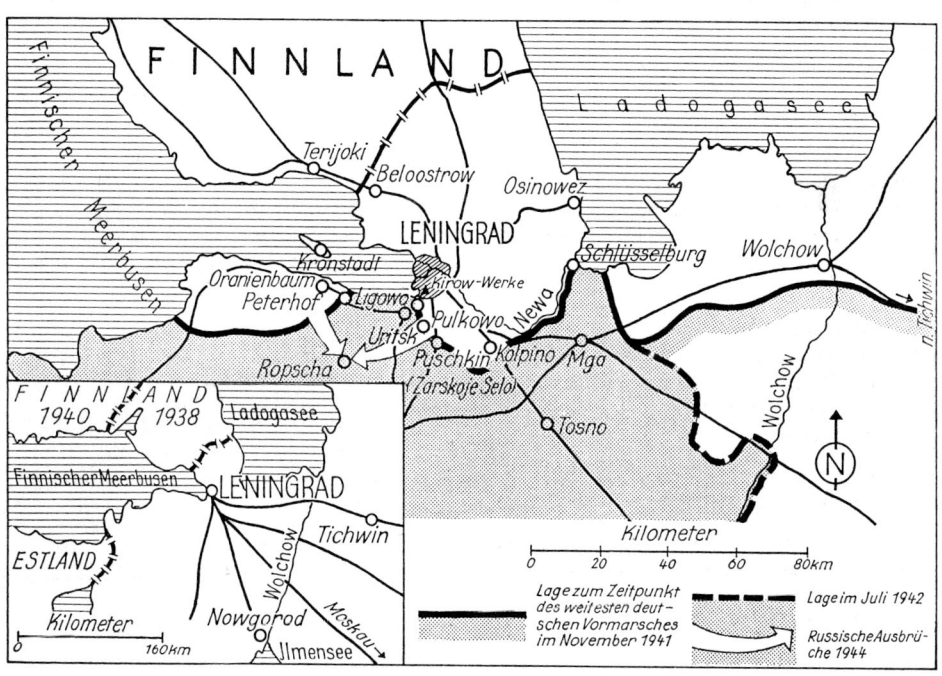

253

Frühjahr

Goworow übernimmt von Fedjuninski den Oberbefehl an der Leningrader Front.

4.–30. 4.

Die Deutschen greifen an sechs Tagen mit 162 Stukas und 434 Bombern die Hafenanlagen an.

Sommer

Hunger bleibt die Haupttodesursache in Leningrad. Bis zum Sommer 1945 wird in Parks und öffentlichen Anlagen Gemüse angebaut.

Wiederbelebung der Industrie, in der vor allem Frauen und Mädchen arbeiten.

Von November 1941 bis Ende 1942 hat das Leningrader Beerdigungsinstitut 460 000 Tote begraben. Soldaten und Freiwillige transportierten in dieser Zeit 228 263 Tote zu den Friedhöfen. Für die Wintermonate 1941/42 liegen keine genauen Zahlen vor, da viele Opfer in Massengräbern begraben wurden.

9. 8.   Aufführung der Siebten Sinfonie (der «Leningrader») von Schostakowitsch, an der der Komponist während der ersten Blockademonate gearbeitet hat.

1943

18. 1.   Schlüsselburg wird von sowjetischen Truppen unter Goworow und Merezkow zurückerobert, der Belagerungszustand ist durchbrochen.

7. 2.   Der erste Zug fährt über die schmale Landbrücke am Ladogasee entlang nach Leningrad.

1944

14. 1.   Beginn des Großangriffs der Roten Armee gegen die «Heeresgruppe Nord».

22. 1.   Letzter deutscher Artilleriebeschuß Leningrads.

27. 1.   Leningrad wird vollständig von der Blockade befreit. Ungefähr eine Million Menschen sind während der deutschen Belagerung an Hunger, Kälte und Artilleriebeschuß gestorben, möglicherweise noch mehr.

1945

9. 5.   Gesamtkapitulation der deutschen Wehrmacht und Kriegsende in Europa.

1946

August   Schdanow hält vor dem Leningrader Parteiaktiv eine Rede, in der drastische Änderungen angekündigt werden.
Die Leningrader Zeitschriften *Swesda* und *Leningrad* werden verboten, Anna Achmatowa und Michail Soschtschenko aus dem Schriftstellerverband ausgeschlossen.

31. 8.   Schdanows Tod wird bekanntgegeben.

1949–1951

«Leningrader Affäre»
In Leningrad werden 2000 Parteifunktionäre und leitende Angestellte städtischer und wissenschaftlicher Einrichtungen verhaftet und zum Tode oder zu Gefängnisstrafen verurteilt.
Auch außerhalb Leningrads werden Personen, deren Karriere mit Schdanow oder mit Leningrad verbunden war, verurteilt.

Die Historikerin Aileen Rambow erarbeitete die Chronologie unter Bezug auf folgende Quellen:

Bernd Bonwetsch: «*Die ‹Leningrad-Affäre› 1949–1951: Politik und Verbrechen im Stalinismus*». In: *Deutsche Studien: Vierteljahreshefte*. Dezember 1990;
Das Deutsche Reich und der Zweite Weltkrieg. Bd. 4: *Der Angriff auf die Sowjetunion*. Hg. Militärgeschichtliches Forschungsamt. Stuttgart 1983/1987/1991;
Goure, Leon: *The Siege of Leningrad*. Stanford 1962;
Hitlers Weisungen für die Kriegsführung 1939–1945: Dokumente des Oberkommandos der Wehrmacht. Hg. Walter Hubatsch. Frankfurt am Main 1962;
Karasev, A. V.: *Leningradcy v gody blokady*. Moskau 1959;
Kriegstagebuch des Oberkommandos der Wehrmacht (Wehrmachtsführungsstab). Bd. I: *1. August 1940 – 31. Dezember 1941*. Hg. Hans-Adolf Jacobsen. Frankfurt am Main 1965;
Leningradskaja Pravda. 1941, 1942;
Pavlov, D. V.: *Leningrad v Blokade*. Moskau 1969;
Salisbury, Harrison E.: *900 Tage. Die Belagerung von Leningrad*. Frankfurt am Main 1970/1989;
V gody surovych ispytanij: Leningradskaja partijnaja organisacija v Velikoj Otečestvennoj vojne. Hg. V. M. Kovalčuk. Leningrad 1985.

DIE AUTOREN

Ales Adamowitsch (*1927), belorussischer Schriftsteller und Literaturkritiker, Mitglied des Kongresses der Volksdeputierten, lebt in Moskau. Zusammen mit Daniil Granin veröffentlichte er 1981 das «Blockadebuch».

Wladimir Admoni (*1909 in St. Petersburg), Literaturwissenschaftler und Germanist, Professor an der Universität Leningrad.

Peter Brasch (*1955 in Cottbus), lebt als freier Autor, Dramaturg und Regisseur in Berlin.

Peter Jahn (*1941), Historiker, arbeitet über deutsch-russische Beziehungen. Zur Zeit Mitarbeiter der Berliner Ausstellung «Der Krieg gegen die Sowjetunion 1941–45».

Walentin Kowaltschuk (*1916), Teilnehmer am Großen Vaterländischen Krieg, arbeitet in der Leningrader Abteilung des Instituts für die Geschichte der UdSSR bei der Akademie der Wissenschaften.

Dmitri Lichatschow (*1906 in St. Petersburg), Literaturwissenschaftler und Kulturhistoriker, Vorsitzender des Kulturfonds, Mitglied der Akademie der Wissenschaften und des Obersten Sowjet.

Michael Schneider (*1943 in Königsberg, Ostpreußen), lebt als freier Schriftsteller in Süddeutschland und ist Autor von «Das ‹Unternehmen Barbarossa›. Die verdrängte Erblast von 1941 und die Folgen für das deutsch-sowjetische Verhältnis» (1989).

Andrej Tschernow (*1953 in Leningrad), Literaturwissenschaftler, arbeitete als Journalist für «Ogonjok», jetzt als Leningrad-Korrespondent der «Moskau News».

Gerd R. Ueberschär (*1943) ist wissenschaftlicher Mitarbeiter am Militärgeschichtlichen Forschungsamt in Freiburg und Lehrbeauftragter an der dortigen Universität. Zusammen mit Wolfram Wette gab er «Der deutsche Überfall auf die Sowjetunion. ‹Unternehmen Barbarossa› 1941» (1984/1991) heraus; er ist ferner Mitautor des Bandes «Der Angriff auf die Sowjetunion» (Stuttgart 1983/1987 und Frankfurt 1991).

Juri Woronow (*1929 in Leningrad), Schriftsteller, Journalist und Kulturpolitiker, war u. a. «Prawda»-Korrespondent in Ost-Berlin, Leiter der Abteilung Kultur am ZK der KPdSU und Chefredakteur der «Literaturnaja Gazeta». Heute ist er Mitglied des Kongresses der Volksdeputierten und des Kulturkomitees des Obersten Sowjets.

QUELLENNACHWEIS

Abbildungen

Privatsammlung Dr. H. Becker, München: S. 93
Bundesarchiv Koblenz: S. 12, 211-215
Copyright © 1965 Droemer Knaur Verlag, München. Aus: A. Werth: Rußland im Krieg 1941–45:
S. 255

Natalja Nikolajewna Kotschergina, Leningrad:
S. 55/56

Lehrsammlung «Luftaufklärung», Luftbildlehrstaffel Fürstenfeldbruck: S. 36/37, 38–43,
106–111, 124/125

Alle übrigen Abbildungen dieses Bandes trug
Thomas Kufus im Rahmen der Recherchen für
den Dokumentarfilm «Blockade» aus folgenden
Archiven zusammen:
– Archiv Lenfilm-Studio
– Medizinisch-Historisches Institut der
  Stadt Leningrad
– Museum der Geschichte der Stadt
  Leningrad
– Zentralarchiv für Kino-, Foto- und
  Phonodokumente der Stadt Leningrad

Die Fotos auf den Seiten 7–9 stammen aus dem
obengenannten Film (zero-film, Thomas Kufus
und Martin Hagemann, Berlin).

Texte

Kriegstagebuch der Heeresgruppe Nord:
BA-MA, RH 19 III/167

Tagebuch der Quartiermeisterabteilung der
18. Armee: BA-MA, RH 20-18/1204

Der Beitrag von Dmitri Lichatschow wurde in
der Sowjetunion erstmals in: *Literator*, Nr.1,
Leningrad 1991 publiziert

Der Text von Ales Adamowitsch erschien in:
Dodumywat do konza. Moskau 1988